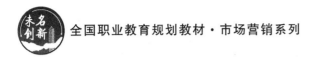 

全国职业教育规划教材·市场营销系列

广告学理论与当代实务

主　编　徐世江
副主编　沈秀东　温　莹　项　旭
参　编　赵永杰　毛用春　王玉霞

内 容 简 介

本书以广告活动的基本过程为线索,基于系统性、简明性和实用性的原则,针对广告环境、广告受众、广告媒介、广告调查、广告心理、广告创意、广告文案、广告制作、发布与代理、广告效果测度、广告战略与策略、广告规制等广告业务,全面介绍了广告经典理论、当代实务规律与技巧等。在编写过程中,本书注重基本原理、职业观念和实用经验的有机融合,突出理论培养与技能提升的双重目标,力求内容的丰富性与灵活性。

本书既可以作为高等院校经济和管理类专业的教学用书,也可作为从事相关经济管理工作的专业人士的自学用书和指导用书。

图书在版编目(CIP)数据

广告学理论与当代实务/徐世江主编. —北京:北京大学出版社,2019.3
全国职业教育规划教材·市场营销系列
ISBN 978-7-301-25530-8

Ⅰ. ①广… Ⅱ. ①徐… Ⅲ. ①广告学—高等职业教育—教材 Ⅳ. ①F713.80

中国版本图书馆 CIP 数据核字(2015)第 033776 号

书 名	广告学理论与当代实务
	GUANGGAOXUE LILUN YU DANGDAI SHIWU
著作责任者	徐世江 主编
责任编辑	桂 春
标准书号	ISBN 978-7-301-25530-8
出版发行	北京大学出版社
地 址	北京市海淀区成府路 205 号 100871
网 址	http://www.pup.cn 新浪微博:@北京大学出版社
电子信箱	zyjy@pup.cn
新浪微博	@北京大学出版社
电 话	邮购部 010-62752015 发行部 010-62750672 编辑部 010-62756923
印 刷 者	北京市科星印刷有限责任公司
经 销 者	新华书店
	787 毫米×1092 毫米 16 开本 14.75 印张 326 千字
	2019 年 3 月第 1 版 2020 年 7 月第 2 次印刷
定 价	37.00 元

未经许可,不得以任何方式复制或抄袭本书之部分或全部内容。
版权所有,侵权必究
举报电话:010-62752024 电子信箱:fd@pup.pku.edu.cn
图书如有印装质量问题,请与出版部联系,电话:010-62756370

前　言

市场经济条件下,激烈的行业竞争几乎是任何一家企业都无法回避的现实问题。如何有效地实现对客户和市场占有份额的争夺,已经成为决定企业持续发展的关键所在。在这样的背景下,服务于企业的经营与管理人员,就必须储备更多的市场理论和市场实践技能,而广告学理论与实务知识当然不可或缺。本书就是一本主要针对高校经济和管理类专业学生开发的、集广告学经典理论介绍与广告职业技术能力提升双重目标于一体的实用性教材。本书是在2009年出版的《广告学理论与实务》一书基础上修订完成的。之所以进行此次修订,原因在于如下几点:第一,《中华人民共和国广告法》已经于2015年进行了修订,而且2009年至今我国陆续修订、新增或废止了一系列广告法律、法规,广告活动的法律环境已经发生了很大变化。第二,近年来,广告的形式日益增多,特别是新媒体广告已经呈现出方兴未艾之势,有必要对其进行补充介绍。第三,《广告学理论与实务》一书中很多案例和数据已经随着时间的推移而变得陈旧,启发作用有所下降,如果不及时进行更新和补充,恐怕将愧对广大读者。

在继续坚持"简化理论、强化技能"的原则基础上,本书着重突出了以下三个基本特点。

第一,实用性。本书以基本广告理论和实务过程为线索,重点介绍了广告环境,广告受众,广告媒介,广告调查,广告心理,广告创意,广告文案,广告制作,发布与代理,广告效果测度,广告战略与策略,广告规制等应用性较强的理论知识和实践活动规律,有利于学生把握广告业务的重点。

第二,灵活性。为了增强本书的可读性和重要结论的可接受性,本书每一章均以经典案例引入,以技能训练项目终止,其间根据需要运用(引用)了大量应用性案例、背景资料和解释性图片,可以充分保证教学过程的灵活性。

第三,任务驱动性。本书竭力避免了可能令人感觉枯燥的说教,而且如果将各章相对独立的技能训练项目和最后一章综合实训项目结合起来的话,那么本书实际上就是一本基于任务驱动模式的高效技能开发读本,具有较强的可操作性,可以全面激发学生的主动性和参与性。

本书由徐世江教授(潍坊科技学院)任主编,沈秀东(辽阳职业技术学院)、温莹(潍坊科

技学院)、项旭(辽东学院)任副主编。各章编写具体分工如下:第一、二、三、十三章,徐世江;第四、五章,沈秀东;第六、七章,温莹;第八、十一章,赵永杰(宁波工程学院);第九章,项旭、王玉霞(辽宁对外经贸学院);第十章,项旭;第十二章,毛用春(辽阳职业技术学院)。全书由徐世江教授设计结构,初稿完成后,温莹、项旭参与了修改定稿工作。在本书编写过程中,北京大学出版社桂春编辑提出了诸多宝贵意见,并提供了全面帮助,在此表示衷心的感谢!

由于编写者水平有限,书中的疏漏乃至错讹在所难免,恳请同行专家和广大读者斧正。

编　者

2018年9月

目　　录

第一章　广告与广告学概述 ·· (1)
　　第一节　广告概述 ·· (3)
　　第二节　广告学概述 ·· (10)
　　本章小结 ·· (13)
第二章　广告环境 ·· (15)
　　第一节　广告环境概述 ·· (17)
　　第二节　广告内部环境 ·· (19)
　　第三节　广告外部环境 ·· (22)
　　本章小结 ·· (25)
第三章　广告受众 ·· (26)
　　第一节　广告受众概述 ·· (28)
　　第二节　广告受众与广告诉求 ·· (29)
　　第三节　广告定位 ·· (33)
　　本章小结 ·· (37)
第四章　广告媒介 ·· (39)
　　第一节　广告媒介的含义与功能 ·· (40)
　　第二节　广告媒介的类型与特点 ·· (41)
　　第三节　广告媒介的选择与组合 ·· (52)
　　本章小结 ·· (57)
第五章　广告调查 ·· (58)
　　第一节　广告调查的含义与任务 ·· (59)
　　第二节　广告调查的内容 ·· (62)
　　第三节　广告调查的常用方法 ·· (66)
　　第四节　广告调查报告 ·· (71)
　　本章小结 ·· (73)
第六章　广告心理 ·· (74)
　　第一节　消费者心理与广告策略 ·· (75)
　　第二节　社会心理与广告策略 ·· (83)
　　本章小结 ·· (88)

第七章 广告创意 (90)
　　第一节 广告创意的含义与原则 (91)
　　第二节 广告创意理论 (97)
　　第三节 广告创意的基本技巧 (111)
　　本章小结 (118)

第八章 广告文案 (120)
　　第一节 广告文案概述 (121)
　　第二节 广告文案的创作 (125)
　　本章小结 (143)

第九章 广告制作、发布与代理 (144)
　　第一节 广告的制作 (145)
　　第二节 广告的发布 (153)
　　第三节 广告代理 (157)
　　本章小结 (160)

第十章 广告效果测度 (161)
　　第一节 广告效果测度的含义和原则 (162)
　　第二节 广告效果测度的内容和方法 (165)
　　本章小结 (176)

第十一章 广告战略与策略 (177)
　　第一节 广告战略 (178)
　　第二节 广告策略 (187)
　　本章小结 (194)

第十二章 广告规制 (195)
　　第一节 广告的社会效应与广告规制 (196)
　　第二节 广告规制的内容 (198)
　　第三节 广告规制的途径 (203)
　　本章小结 (209)

第十三章 综合实训 (210)
　　第一节 实训建议与实训流程 (210)
　　第二节 实训项目 (210)

附录 (214)
参考文献 (226)

第一章　广告与广告学概述

 知识要点

1. 广告的含义和基本特征；
2. 广告的分类和基本功能；
3. 广告学的产生和发展历程；
4. 广告学的研究方法。

 能力要点

联系我国实际,理解广告在企业经营过程中的重要作用。

 实用链接

1. 中国广告网；
2. 媒体资源网。

 关键概念

1. 狭义广告：即"商业广告"或"经济广告",是由明确的出资人通过各种媒介采取艺术手段和非人际传播方式,传播企业及其产品(商品、劳务和观念)信息,塑造品牌形象以满足消费者需求的营销传播活动。

2. 广义广告：包括所有以广告名义和形式进行的信息发布活动,可理解为将广告主(或称广告客户)付出某种代价的信息,经过艺术加工并通过不同媒介向大众传播,以期达到改变或强化人们观念和行为的信息传播活动。

广州恒大：创造跨界经营起跑线上的奇迹

当今，国内越来越多的企业，特别是大型企业，纷纷拓展业务范围，甚至延伸到同原来主营业务毫不相干的行业，力图获得多元化的收益。但是，如何才能在短期内跨越进入新市场的壁垒，对每一家企业而言，都是艰难的第一步。2013年，广州恒大集团（以下简称"恒大"）为解决这一难题提供了独特的方案。

众所周知，恒大是以民生住宅产业为主，集商业、酒店、体育、金融、健康及文化产业为一体的特大型企业集团。自恒大接手广州队之后，就有了"金元足球"这个新概念。重金投入、引进名帅球星，恒大砸钱的力度令人咋舌。某个赛季，恒大登顶亚冠之路更是用1.57亿元人民币铺就。之前很多人对恒大的做法充满质疑，它如此不惜血本到底为了什么？积弱不堪的中国足球到底能给恒大带来什么？

其实在商业领域，恒大的"金元足球"很快就显现出它的威力。在成为中超当之无愧的霸主之后，恒大地产的品牌实力得到了极大的提升，已经成为与万科齐名的地产公司。人们在热衷谈论恒大足球的同时，已经不知不觉认可了恒大地产的品牌。很显然，恒大的"野心"不仅仅局限于地产和足球，在登上亚洲之巅的同时，恒大开始涉足矿泉水领域。

2013年11月9日，恒大亚冠夺取冠军的新闻沸腾了整个中国。作为长期以来相对薄弱的体育项目，恒大登冠无疑是国足史上一次"意外惊喜"，也是继1990年辽宁队后，中国球队再度称霸亚洲。借助万众瞩目的亚冠决赛平台，恒大为他们的新产品举行了一次成功的广告盛典——队服胸前广告、夺冠庆典上数百表演者拉出的巨幅喷绘矿泉水瓶、恒大冰泉Logo、巡游花车上的大幅广告……与此同时，无论是电视还是网络，只要与亚冠决赛有关的版面均会出现"恒大冰泉"的广告。次日，刚刚称雄亚洲足坛的恒大正式宣布，他们不仅卖楼，也开始卖水啦！到12月上旬全国铺货，短短一个月时间内，恒大冰泉的订货金额已经达到57亿元，经销商超过3000家。"恒大冰泉要在今年实现100亿元的目标，以后每年增加100亿元，3年实现300亿元，恒大冰泉要创造矿泉水中更多的奇迹。"恒大集团董事局主席许家印2014年1月12日在全国经销商大会上表示。谈及恒大进入饮用水产业，许家印的回应是"从恒大长远的发展战略"来考虑，民生住宅产业和快消产品行业是恒大未来决策方向。"但任何产业都会有饱和状态，我们将不惜代价做好恒大冰泉矿泉水这个快消品牌，只许成功，不许失败。""我们春节前还会再进行一轮轰炸式广告宣传，而且以后也会根据市场需求不定时进行多次轰炸式投放恒大冰泉广告。"

现在我们不禁要问：广告的魔力为何这么大啊？恒大集团铺天盖地的广告攻势能够确保跨界经营起跑线上的奇迹一直延续下去吗？

第一节　广告概述

在成熟市场经济条件下,广告已经成为一种司空见惯的商业现象,联系着各类企业和几乎每一个家庭与个人的日常活动。可以说,就形式而言,目不暇接的路牌广告和店面广告、生动形象的电视和网络广告、随处可得的报刊广告、旅行途中的车载广告等,可谓不胜枚举,在相当大程度上冲击和影响着人们的生活观念与生活行为(参见图1.1a、图1.1b)。

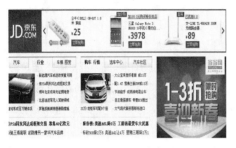
图1.1a　网络广告

图1.1b　户外广告

一、广告的含义、构成要素与特征

（一）广告的含义

通常认为,广告早在17世纪末期就随着英国商业活动的规模化而得到了广泛流行和使用。不过,人们对广告的理解和认识仍然存在很大差异,较具代表性的看法主要包括如下几种。

美国市场营销协会定义委员会认为,"广告是由可确认的广告主,对其观念、商品或服务所做的以任何方式付款的非人员性的陈述与推广"。

美国专业广告杂志——《广告时代》认为,广告是"由广告主支付费用,通过印刷、书写、口述或图画等形式,公开表现有关个人、商品、劳务或运动等信息,用以达到影响并促成销售、使用、投票或赞同的目的"。

《简明不列颠百科全书》对广告的定义是:广告是传播信息的一种方式,其目的在于推销商品、劳务,影响舆论,博得政治支持,推进一种事业或引起刊登广告者所希望引起的其他反应。广告信息通过各种宣传工具,其中包括报纸、杂志、电视、广播、招贴海报及直邮等,传递给其想要吸引的观众或听众。广告不同于其他传递信息的形式,它必须由登广告者付给传播信息的媒介一定的报酬。

哈佛管理丛书中的《企业管理百科全书》认为:广告是一项销售信息,指向一群视听大众,为了付费的广告主的利益,去寻求有效的说服力来销售商品、服务或观念。

由上可见,对于广告的定义经常会由于观察视角的不同和时代的变化而发生变化。不过,从现有广告定义的共性出发,结合我国广告活动的实际情况,可以认为广告其实有广义广告和狭义广告之分。其中,狭义的广告就是我们通常所说的"商业广告"或"经济广告",是由明确的出资人通过各种媒介采取艺术手段和非人际传播方式,传播企业及其产品(商品、劳务和观念)信息,塑造品牌形象以满足消费者需求的营销传播活动。而广义的广告则包括所有以广告名义和形式进行的信息发布活动,可理解为将广告主付出某种代价的信息,经过艺术加工并通过不同媒介向大众传播,以期达到改变或强化人们观念和行为的信息传播活动。因为狭义广告在各类广告中所占比例极高,而且其社会影响和经济功能又非常强大,因此本书以狭义广告为研究对象。

(二) *广告的构成要素*

为了对现代广告的含义有一个更为深刻的认识和了解,有必要分析其基本的构成要素。考虑到商业广告具有较强的代表性,不妨就以商业广告为例进行具体分析。可以发现,作为一则商业广告,其必不可少的构成要素可概括为如下几个方面。

(1) 广告主。一则商业广告必须明确广告的信息是由谁发出的,即广告主是谁。所谓广告主,是指为推销商品或服务,自行或委托他人设计、制作、代理发布广告的组织或个人。比如,CCTV 每天发布的广告数量尽管非常庞大,但其绝大多数的广告主并不是 CCTV,而是广告所宣传的商品或服务的制造商或服务提供者。

(2) 广告信息。广告信息即广告内容,主要包括商品、服务、观念的信息。对于特定的广告主而言,尽管广告的形式可以千差万别,但其所要传达的信息却应该同时取决于广告主对自己商品、服务或观念的认识和对广告受众的心理特征的理解。

(3) 广告媒介。广告活动是一种有计划的大众传播活动,其信息要运用一定的物质技术手段才能得以广泛传播。广告媒介就是广告信息发布的载体和平台。目前广泛采用的广告媒介主要有电视、报纸、杂志、广播、互联网等。通常,由于不同人群获得各类信息的途径在特定期间内基本不变,故而,如何选择适当的广告媒介来传递广告信息,从而保证广告的发布效果,就成为广告主必须解决的问题。

(4) 广告受众。所谓广告受众,又称广告对象,它是广告宣传必须针对的企业营销的目标市场。一般情况下,企业所生产的产品或提供的服务,因受其性能、用途、价格、销售方式等种种原因所限制,只能适合一定地理区域或某些层次的客户需求。这些客户就是企业整体营销的目标市场,也是广告进行劝说的主要对象。争取广告受众中尽可能多的客户知晓和接受企业的产品或服务,通常是广告主追求的基本目标。

(三) *广告的特征*

广告的特征是指广告作为一种独立的社会现象所具有的特点。广告的本质尽管是通过广告现象表现出来的,但是它却具有隐蔽性,不能简单直观地通过现象来加以认识。或者说,只有清楚地认识了广告的特征,才能更准确地理解广告的含义及其功能。一般来说,广义的现代广告具有以下特征。

第一,广告是一种以公开的、非面对面的方式向目标受众传达特定信息的信息传播活动,而且这种特定信息是付出了某种代价的特定信息。或者说,广告必须有明确的广告主,它是广告行为的主体,是广告行为的法律负责人。这是广告与新闻等其他信息传播活动的不同之处。

第二,广告是一种通过科学策划和艺术创造将信息高度形象化的、带有科学性和艺术性特征的信息传播活动。

第三,广告的发布必须借助于各种传播媒介。现代广告是非个人的传播行为,一定要借助于某种传播媒介才能向特定的目标受众广泛传达信息。这一特征决定了广告是一种公开而非秘密的信息传播活动,同时也决定了传播者必须置身于公众和社会的公开监督之下。

第四,广告是为了实现传播者的目标而带有较强自我展现特征的说服性信息传播活动,它通过改变或强化人们的观念和行为来达到其特定的传播效果。

第五,广告是一种劝说性活动。无论何种广告,也无论它选择何种信息发布媒介,其发布信息的目的是唯一的,即要劝说信息接收者知晓、熟悉进而接受广告主的产品、服务或观念。

二、广告的类型

根据不同的观察视角和观察需要,广告可以划分为不同的类型。事实上,现实中各类广告的界限是模糊的,但是通过对其进行类别划分,有利于找到分析广告活动规律的切入点,从而有利于明确广告的功能,了解广告策略的可选择空间。

(一)按照所使用的广告媒介分类

按所使用的广告媒介进行分类是较常使用的一种广告分类方法。使用的媒介不同,广告就具有不同的特点。在实践中,选用何种媒介作为广告载体是制定广告媒介策略所要考虑的一个核心内容。传统的媒介划分是将传播性质、传播方式较接近的广告媒介归为一类,因此一般有以下七类广告。

(1)印刷媒介广告:又称平面媒介广告,即刊登于报纸、杂志、招贴、海报、宣传单、包装等媒介上的广告。

(2)电子媒介广告:指以电子媒介如广播、电视、电影等为传播载体的广告。

(3)户外媒介广告:指利用路牌、交通工具、霓虹灯等户外媒介所做的广告,还有利用热气球、飞艇甚至云层等作为媒介的空中广告。

(4)直邮广告:指通过邮寄途径将传单、商品目录、订购单、产品信息等形式的广告直接传递给特定的组织或个人。

(5)售点广告:又称销售现场广告或POP(Point of Purchase)广告,指在商场或展销会等场所,通过实物展示、演示等方式进行广告信息的传播,有橱窗展示、商品陈列、模特表演、彩旗、条幅、展板等形式。

(6)新媒体广告:是指以数字化技术平台为传播媒体的广告。新媒体广告的名称由来,关键在于广告投放的媒体不同于报纸、杂志、广播、电视等传统大众媒介。截至目前,因为学术界尚没有明确而统一的新媒体概念,因此对新媒体广告的形式划分一直存在较大差别。但是,从普遍接受的角度来说,新媒体广告大体可以通过两种方法加以分类。

其一是从新媒体广告的制作和发布平台的区别出发,可以将新媒体广告划分为三类:一是网络广告,是指以互联网为传播载体的广告,主要包括网站广告、网络名片、博客广告、搜

索引擎广告、电子邮箱广告、聊天平台广告、网上即时通信群组广告、虚拟社区广告、电子报刊广告等；二是通信媒体广告,主要包括手机短信(含彩信)广告、手机游戏广告、手机报刊广告、手机短剧广告等；三是移动媒体广告,主要包括数字电视广告、卫星电视广告、移动电视广告、手机电视广告、交互网络电视广告、楼宇广告、公交广告等。

其二是从信息发布的信源差异出发,可以将新媒体广告划分为三类：一是有线类广告,如有线电视广告和宽带网络广告等；二是无线类广告,广告信息主要通过卫星、无线电波或无线通信运营商传送至相关媒体的广告；三是内置于成型商品的植入式广告,如光碟或录像带附加的广告,电影、电视或视频内植入的广告等。

(7) 其他媒介广告：主要是指利用新闻发布会、体育活动、年历、各种文娱活动等形式而开展的广告活动。

(二) 按照广告的目的分类

制订广告计划的前提是必须首先明确广告目的。只有根据广告目的确定广告的内容、投放时机、发布形式及媒介等,才能做到有的放矢。据此,可以将广告分为产品广告、企业广告、品牌广告和观念广告等。

(1) 产品广告：又称商品广告,是以促进产品销售为目的,通过向目标受众介绍有关商品信息,突出商品的特性,以引起目标受众和潜在消费者的关注的广告。它力求产生直接和即时的广告效果,在目标受众的心目中留下美好的产品形象,从而为提高产品的市场占有率,最终实现企业的目标埋下伏笔。

(2) 企业广告：又称企业形象广告,是以树立企业形象,宣传企业理念,提高企业知名度为直接目的的广告。虽然企业广告的最终目的是为了实现利润,但它一般着眼于长远的营销目标和效果,侧重于传播企业的信念、宗旨或是企业的历史、发展状况、经营情况等信息,以改善和促进企业与公众的关系,增进企业的知名度和美誉度。企业广告对产品的销售可能不会有立竿见影的效果,但由于企业声望的提高,使企业在公众心目中留下了较好印象,从而对加速企业的发展具有其他类别的广告所不可具备的优势,是一种战略意义上的广告。企业广告具体还可以分为企业声誉广告、售后服务广告等。

(3) 品牌广告：是以树立产品的品牌形象,提高市场占有率为直接目的,突出传播品牌的个性以塑造品牌良好形象的广告。品牌广告不直接介绍产品,而是以品牌作为传播的重心,从而为铺设经销渠道、促进该品牌下的产品销售起到很好的配合作用。

(4) 观念广告：指企业对影响自身生存与发展的,并且也与公众的根本利益息息相关的问题发表看法,以引起公众和舆论的关注,最终达到影响政府立法或制定有利于本行业发展的政策与法规,或者是指以建立、改变某种消费观念和消费习惯的广告。观念广告有助于企业获得长远利益。

(三) 按照广告信息传播的目标群体分类

企业在组织市场营销活动时,应首先确定一个目标市场,并以这个目标市场中的潜在顾客为信息接收者,传递企业的各种信息。作为市场营销活动中的常用手法,广告信息的传播也需要针对不同的目标群体(即广告受众)而采用不同的策略。依据广告所指向的目标群体的不同,广告可以划分为**工业企业广告、经销商广告、消费者广告、专业广告**等类型。

(1) **工业企业广告**:又称生产资料广告,主要是向工业企业传播有关原材料、机械器材、零配件等生产资料的信息,常在专业杂志或专用媒介上发布。

(2) **经销商广告**:就是以经销商为目标群体的广告。它以获取大宗交易订单为目的,向相关的进出口商、批发商、零售商、经销商提供样本、商品目录等商品信息,比较注重在专业贸易杂志上刊登。

(3) **消费者广告**:其目标群体直接指向商品的最终消费者,是由商品生产者或是经销商向消费者传播其商品的广告。

(4) **专业广告**:主要是针对职业团体或专业人士而设计的广告。他们由于专业身份、社会地位的特殊性和权威性而具有一定的社会消费影响力,是购买决策的倡议者、影响者和鼓动者。此类广告多介绍专业产品,选择专业媒介发布。

(四) 按照广告诉求方式分类

按照广告诉求方式来分类,是指根据广告借用什么样的表达方式以引起消费者的购买欲望并采取购买行动的一种分类方法。它可以分为理性诉求广告、感性诉求广告与情理结合诉求广告。

(1) **理性诉求广告**:是指广告诉求定位于受众的理智动机,通过真实、准确、公正地传达广告企业、产品、服务的客观情况,使受众经过分析、判断、推理等思维过程,理智地做出决定。例如,惠泉一麦啤酒强调由头道麦汁酿造,很好地向消费者传达了该品牌啤酒的原料特性,很容易令消费者从品质角度考虑优先购买其产品。(参见图1.2a)。

(2) **感性诉求广告**:是指广告诉求定位于受众的情感动机,通过表现与广告企业、产品、服务相关的情绪与情感因素来传达广告信息,以此对受众的情绪与情感带来冲击,使他们产生购买产品或服务的欲望和行为。例如,为了抓住2008北京奥运会所提供的巨大商机,青岛啤酒制作了充满奥运激情的一系列广告,及时地传达了产品的情感诉求(参见图1.2b)。

图1.2a 理性诉求广告

(3) **情理结合诉求广告**:这是一种结合上述两种广告的优点并同时弥补各自不足而出现的第三种广告。在此类广告诉求中,既采用理性诉求传达客观的信息,又使用感性诉求引发受众的情感,结合二者的优势,以达到最佳的说服效果。例如,中国劲酒在其广告宣传中始终强调"劲酒虽好,可不要贪杯",从而较好地照顾了理性诉求和感性诉求(参见图1.2c)。

事实上,以上广告分类只是依据一些常见标志而进行的,如果从不同的目的和出发点来观察,那么广告还可以有很多分类方法。同时,随着广告实践活动的不断发展,广告的分类也会不断地发展变化。

图1.2b 感性诉求广告

图1.2c 情理结合诉求广告

三、广告的作用

(一)广告在现代经济生活中的作用

市场交换的产生和不断发展,是广告产生与发展的根本原因。不过,在市场经济条件下,广告并不是一种从属性的经济活动,它在促进市场经济发展方面的作用已经越来越明显。

究其原因在于,广告活动极大地便利了交易信息的传递,大大促进了消费需求的增长和升级,并在相当大程度上促进了经济增长。

现代经济发展比任何时候都更依赖于高效的信息沟通,其意义在于确立社会生产的明确市场目标,减少生产盲目性,加速商品的流转和更新换代,提高企业效益。与此同时,通过刺激消费需求,推动经济增长。换言之,广告利用媒介及其先进的传播技术,沟通产、供、销之间的联系,加强消费者与企业之间的相互作用,促进社会消费的发展;同时通过广告信息反馈,为企业经营提供决策依据。可以说,广告已成为现代社会和现代人生活不可缺少的一部分。

当今,广告业的发展水平已成为衡量一个国家或地区经济发展水平的重要标志之一。中国广告业目前正在成为发展最快的行业之一,其在日益发达的市场经济中扮演着越来越重要的角色。

(二)广告对现代企业竞争与发展的作用

随着市场竞争的日趋激烈,广告已成为企业生存、发展和参与市场竞争的重要手段,因此备受企业重视。

第一,广告是企业与市场互相沟通的桥梁。在商品经济欠发达阶段,企业与市场的联系主要依靠销售人员,但这种联系方式带有很大的局限性,无法适应现代社会企业的竞争需要,而广告在这方面却可以发挥巨大的优势。通过广告活动,企业可以了解同行业的生产经营与发展状况、价格情况、市场情况以及市场资源情况,为企业决策和计划提供依据。

第二,广告是塑造企业形象、品牌形象的重要手段。现代企业的竞争主要是企业形象的竞争和品牌形象的竞争。而广告是建立企业形象和品牌形象最直接、最有效的方法。尽管公关宣传、新闻报道也是企业形象、品牌形象塑造的重要途径且具有很强的说服力,从而受到现代企业的高度重视,但是这些宣传方式不能被企业完全控制。因此,单纯利用这些宣传方式来塑造企业及品牌形象是相当困难的。特别是当一个企业面临形象重塑或转换时,更需要靠广告这种直接可控的信息传播手段才能在短期内有效地把企业形象传播出去。

第三,广告对企业改善生产经营活动具有强大的推动力量。由于广告可以迅速而直接地反馈市场变化及竞争对手的产品和企业状况,因而要求企业不断完善生产技术与产品质量,不断进行产品的更新换代,并不断强化经营管理创新。唯有如此,企业才能适应激烈的市场竞争而实现长期发展。

第四,广告是促进企业产品销售增长、扩大市场占有率的重要途径。众所周知,广告最重要的功能在于加速商业流通和扩大商品销售。广告历来被喻为"运用先进媒介的推销术"。广告的这种促销作用首先是从引起消费者的注意开始的,继而诱发其对商品的兴趣,激起其购买欲望,进而促成购买行动。成功而持续不断的广告宣传活动,通常会带动产品销售量的快速增长,而这对处于激烈市场竞争的产品而言尤为重要。

(三) 广告对消费者的作用

广告业流行这样一种说法,即"市场不喜欢无名英雄"。事实上,这种流行说法不仅清楚地道出了广告对于企业开拓市场的现实必要性,而且道出了广告对于消费者行为的深远影响。

第一,广告已经成为消费者最主要的商品和服务需求信息源。现实生活中,消费者获得商品信息的渠道有很多,但归纳起来不外乎两大类,即内部信息源与外部信息源。其中,内部信息源是指消费者自身获得的知识与经验。在市场经济日益发达的今天,消费者单纯依赖内部信息源作为评价和选择商品的依据已经远远不够,必须借助大量的外部信息。而消费者外部信息主要来自于三个方面:其一是经营者利用广告或其他宣传手段工具向消费者传达的商品信息;其二是消费者之间相互传递的商品信息,即口传信息;其三是有关部门对商品所做的鉴定、检测报告所形成的公开信息。在这些信息中,口传信息是消费者最信任、最有效的信息源。但由于口传信息的局限性,它无法在更大的范围、以更快的速度把信息传递给消费者,以满足公众对商品认知、识别、选择性购买的要求。因此,综上所述,在商品经济发达的社会里,真正对消费者影响最广泛、最有力、信息量最大、传播速度最快的信息源只能是广告。这一点已得到了广泛的证实。

第二,广告正在影响和改变人们的消费观念、消费习惯、消费方式以及价值观念。现代社会,广告已经逐渐演化为一种文化形式,深刻地影响消费者,这种影响又表现在多个层次。

首先,广告对受众消费观念和消费习惯的影响。从某种意义上讲,广告因素已经超过产品质量、价格等主体因素而日益成为人们的消费依据。这一现象背后所反映的则是对广告所渲染的生活方式、价值观念的认同和选择。

其次,广告对受众的消费方式、消费行为的影响。广告通过示范与诱导,不仅可以造成消费流行趋势,而且可以带来公众消费方式与消费行为的改变。广告正以一种文化力量的形式影响社会成员。

最后,广告对消费者的影响还体现在对消费者价值观念的影响方面。众所周知,价值是文化的内核,具有较强的稳定性。广告对公众价值观念的影响,并非是指某条具体的广告所

产生的一朝一夕的撼动作用,而是指其作为整体的广告文化,在较长的时期内对社会文化所产生的潜移默化式的内在冲击。目前,随着人们消费水平的提高及个性的张扬和自我意识的提高,消费的作用已经不仅仅在于满足日常生活需求,而其更是体现个人身份、地位和品位的重要途径。在这种背景下,广告提供的不仅是商品信息,还是一种社会角色和社会价值的信息。通过广告,消费者在炫耀性消费中获得了人生价值的肯定,而企业也因此获得了丰厚的利润。

总之,尽管有些学者认为广告活动可能引发资源的浪费性使用,但从客观现实来看,人类社会经济活动已经越来越离不开广告活动。因此,认识和发现广告活动的客观规律,无论是对于企业还是对于消费者来说,都有利于进一步利用广告活动来提高自身的利益、促进自身的发展。

第二节 广告学概述

一、广告学的产生与发展

任何一门学科都是在与特定人类实践的互动过程中形成并逐渐发展和成熟起来的,广告学也不例外。广告学的产生,与商品经济迅速发展的客观推动、心理学发展的理论支撑密切相关。一方面,商品经济的迅速发展有力地推动了广告研究的开展。20世纪初,专业广告公司在主要西方发达国家的迅速发展,推动了商品经济的进一步繁荣;而商品经济的飞速发展又对广告业的进步提出了新的要求,这就急需从理论上对广告实践活动中的经验加以总结和系统化,形成自成体系的广告学。另一方面,心理学理论的发展为广告学的产生奠定了必要的理论基础。不言自明,缺乏对购买者心理活动规律的分析,广告的基本功能也就无从谈起。自1879年德国学者冯特创立第一家心理学实验室之后,人类的心理机制和心理活动的实证研究开始全面展开,心理学作为一门独立的学科从哲学中分离出来。将现代心理学引入到消费心理的分析过程中来,极大地强化了广告学的理论根基,促进了广告研究的不断深化。

可以认为,从原始社会开始,人类就出现了广告活动。[①] 但是,将广告活动作为研究对象,以总结其中蕴含的客观规律的专门学科,即广告学,直至19世纪中后期才开始出现在美国。在美国经济迅速发展、广告活动随之不断开疆扩土的背景下,1866年由J.劳沃德和C.哈特合作完成了《路牌广告史》,1874年H.辛普森的《广告的历史》也正式出版。这两部著作较早地系统研究了广告活动的发展历史,为后来的广告学研究预设了一系列命题。概括而言,广告学的产生和发展历程,可以划分为如下三个阶段。

(一)创立阶段

1900年,美国心理学家哈洛·盖尔在历经多年的广泛调研基础上,撰写了《广告心理学》

---

① 限于篇幅,关于广告活动详细发展历程的介绍,请参阅:威廉·阿伦斯.当代广告学[M].7版.北京:华夏出版社,2001:30。

一书，突出了心理学原理在商品广告中的地位和作用。1901年，美国社会心理学家瓦尔特·狄尔·斯科特在芝加哥的一次集会上，首次提出应将现代广告运动和工作实践提高到科学层次加以研究的观点，并于1903年出版了《广告原理》（又称《广告论》）一书，率先提出了科学广告的一般原则。之后，美国经济学家席克斯出版了《广告学大纲》，对广告活动进行了较为系统的探讨。通常，人们将《广告原理》和《广告学大纲》合并视为世界上最早的广告学著作，也正是这两部著作的出版标志广告学作为一个新的学科开始正式形成。在此基础上，1902—1905年，美国的宾夕法尼亚大学、加州大学、密歇根大学和西北大学开始讲授有关广告学方面的课程。

不过，19世纪末到20世纪30年代期间，广告学理论研究还基本停留在提出问题、简单论证阶段，完整的学科体系还远未形成。

（二）成熟阶段

20世纪30年代至60年代，通常被认为是广告学的成熟发展时期。1929年开始蔓延的世界性经济危机，造成企业产品之间的销售竞争变得异常激烈。这时，广告活动和市场营销活动逐渐走上了扭转企业乾坤的前台，加之市场学和传播学的迅速出现，客观上推动了广告学的进一步成熟。这一时期，一大批广告专家和学者从研究和解决企业面临的诸多现实问题出发，形成了诸多广告理论流派，并有力地推动了现实经济的发展。

20世纪前期，美国最富影响力的文案撰稿人约翰·肯尼迪创立了情理广告派，为广告确定了"纸上推销员"的经典定义。克劳德·霍普金斯[①]则发展了约翰·肯尼迪的情理广告，成为情理流派的代表人物。他认为，广告之于商品，犹如戏剧之于人生，它既是商品，又高于商品。罗瑟·瑞夫斯[②]则首创了广告是"独具特点的销售说辞"的理论，他明确指出广告就是用可能最低的费用把一项信息传递并灌输给最大多数人心中的"艺术"。威廉·伯恩巴克[③]提出广告写作一定要有创造力，在广告上最重要的东西就是要有独创性与新奇性。李奥·贝纳[④]则建立和发展了"芝加哥广告学派"，他认为在广告表现方式上应力求更为坦诚而不武断，应力求热情而不感情用事。大卫·奥格威[⑤]创立了"形象设计"理论，被誉为"形象设计时代的建筑大师"，他的《一个广告人的自白》自1962年出版至今已被译成二十余种文字，在欧美几乎成为专修广告的学生必读参考书。

---

① 克劳德·霍普金斯（Claude C. Hopkins，1867—1932），美国广告史上著名的文案撰稿人，他注重广告和文学的区别，注重广告文案研究，使广告摆脱了盲目性。

② 罗瑟·瑞夫斯（Rosser Reeves，1901—1984），广告界大师，是获得"纽约广告名人堂"荣誉的5位广告人之一，曾任达彼思广告公司的董事长，并提出了著名的"USP理论"（即"独特销售主题"理论）。这一理论，对广告界产生了经久不衰的影响。

③ 威廉·伯恩巴克（William Bernbach，1911—1982），与里奥·贝纳和大卫·奥格威共同被誉为20世纪60年代美国广告"创意革命"的三大宗师，是广告文学派的代表，倡导广告创意的先锋作用。

④ 里奥·贝纳（Leo Burnett，1891—1971），从事广告工作长达半个多世纪，被誉为美国20世纪60年代广告创意革命的代表人物之一，芝加哥广告学派的创始人及领袖，著有《写广告的艺术》。

⑤ 大卫·奥格威（David Ogilvy，1911—1999），被誉为"广告教父"，其创办的奥美广告公司是当今世界上最大的广告公司之一。

（三）创新阶段

20世纪70年代以后,在新技术革命席卷全球的背景下,广告的表现手段和表现技巧日益现代化,广告学理论也日益丰富,创新成为广告研究活动的主题,而其中最为令人瞩目的莫过于广告定位理论的提出和不断发展。

20世纪70年代初,艾尔·列斯和杰克·特罗在美国《广告时代》发表了名为《定位时代》的系列文章。之后,二人又把系列文章中相对零散的观点和理论集中化,出版了《广告攻心战略》一书,从而明确提出了广告定位理论。这里,所谓定位就是为产品、服务或者企业本身在未来的潜在顾客的心目中确定一个合理的位置,以吸引顾客关注并购买企业产品。1996年,杰克·特罗在总结25年工作经验的基础之上,出版了《新定位》一书,提出了更符合时代要求的定位策略。

与此同时,广告理论研究的视角也变得越来越丰富化。关于广告媒介、广告心理、广告策略等方面的研究连同广告经济学、广告社会学、广告文化学一道不断涌现,使广告学的基本理论内涵日益深刻,其对广告活动的指导性也由此越来越具有现实意义。

二、广告学的研究对象与方法

（一）广告学的研究对象

按照我国权威广告学专家陈培爱的看法,广告学是研究和探讨一切社会制度下所共有的、各种不同社会制度下所特有的广告活动及其发展规律的一门综合性科学,是经过人们长期实践,在经济学、市场学、心理学、社会学、美学等学科发展的基础上逐渐形成和发展起来的。根据这一观点,我们认为广告学的研究对象主要包括两个层面,即广告活动和广告理论。

其中,广告学对于广告活动的研究,主要是从广告在产品营销过程中所发挥的功能出发,分析和探索广告信息的传播过程、效果及其发展运动规律,具体内容包括广告策划、广告创意、广告制作、广告发布、广告效果测度、广告战略与策略、广告规制等。

另一方面,广告学对于广告理论的研究,则主要是对广告活动中具有一般性特点的、带有根本性特征的问题进行研究,内容主要包括广告的概念和分类、广告在社会和经济发展中的地位与作用、广告活动的基本规律和原则等,具体涉及广告活动与经济、社会、文化、伦理、法律等一系列宏观、微观环境的关系及其演化规律。

（二）广告学的研究方法

既然广告学的研究对象包括广告活动和广告理论两个方面,那么在研究方法方面,也必须从认识两大研究对象的本质需要出发,在科学的方法论指导下,有所选择,有所综合。

一方面,从正确认识广告活动本质的角度看,必须坚持运用观察分析法和比较分析法,通过对各种实用广告案例(包括成功或失败的经典案例、反映特定时间或区域市场特性的案例)的综合考察和评价,总结广告活动中各个环节所提出的客观要求,从而明确恰当的应对策略。

另一方面,从发现和总结广告理论的角度看,必须坚持抽象分析法、定性分析与定量分析相结合的方法以及系统分析法。通过这些研究方法的运用,可以在纷繁复杂的广告现象

第一章 广告与广告学概述

和与之相关联的社会经济现象中,有效描绘出作为一种独立社会现象的广告活动的真正面貌,并科学认识其发展历史和发展趋势,提出具有前瞻性、原则性和指导性的广告方法、广告手段和广告技巧,从而促进广告实践活动的不断发展和完善。

 技能训练

1. 比比谁说出的广告语更多。为了利用以前听到、看到的各种广告实例来加深对本章内容的理解,我们何不来一次广告词背诵比赛?建议班级同学自动分成若干组,每组以5~6人为宜。各组组长抽签决定胜者首先提出一种产品类别(如食品),然后各组比赛谁说出的相关广告语更多;随后每次胜出组组长提出一种产品类别(如家用电器),继续比赛……依此类推,比赛至大家尽兴为止。

2. 阅读下述资料,然后回答问题。

星光闪耀,瓶内跃跃欲试的气泡不安分地跳动着,在欢快的旋律下,晶莹剔透的啤酒因子瞬间迸发!在万花筒七彩镜像的变化中追溯足球的起源,在古今切换中细细品味足球激情四射、令人热血沸腾的独特魅力。这便是雪花啤酒为2010年南非世界杯精心推出的广告片,广告片中不乏大量经典的中国元素,象征看门护院的古代门神更是对守门员职责的精准诠释,这些带有"中国范儿"的演绎正是这一知名啤酒企业迎接世界杯的独特视角,无疑令世界足坛的这一盛宴更富民族和地域色彩,雪花啤酒用自己特立独行的方式诠释着自身的价值理念,再次清晰明确了自己民族企业的定位。

啤酒和足球天生就有着不解之缘,每届世界杯又如同四年一次的球迷狂欢节。在中国,啤酒是舶来品,很多的外国啤酒公司在进驻中国后,也将西方的啤酒文化和生活方式带入其品牌文化之中。雪花啤酒认为,品牌背后的文化内容可以是更丰富的。在中国历史上,兼收并蓄的中华文明,在接纳一种新的生活方式之余,必然会为其注入自己的文化内涵。中国企业创造有中国文化内涵的品牌,既是中国历史的传统,又是新时代的文化责任。当足球、篮球运动的推广都惯用美女、激情的战术和字眼,雪花啤酒广告中经典的中国元素以强烈的视觉冲击力让审美疲劳的中国球迷眼前一亮。

近年来,雪花啤酒推出富有中国文化特征和内涵的新标识与全新的产品包装,在主要产品的设计上也大量采用中国印章、中国笔触、中国窗洞和戏剧脸谱等元素,强化、突出了自己"中国制造"的精品形象,引发了广泛的舆论关注度,强化了品牌的识别性。

问题(1):雪花啤酒广告突出足球世界里"中国元素"的目的何在?
问题(2):雪花啤酒广告对于在华投资的国外企业有何启示?

本 章 小 结

1. 通常所说的广告,是由明确的出资人通过各种媒介,采取艺术手段和非人际传播方

式,传播企业及其产品(商品、劳务和观念)信息,塑造品牌形象以满足消费者需求的营销传播活动。广告一般包括四个基本要素,即广告主、广告信息、广告媒介和广告受众。

2. 按照所使用的广告媒介分类,广告可以划分为印刷媒介广告、电子媒介广告、户外媒介广告、直邮广告、售点广告、互联网广告和其他媒介广告等七类。

3. 按照广告的目的分类,广告可以划分为产品广告、企业广告、品牌广告和观念广告等四类。

4. 按照广告信息传播的目标群体分类,广告可以划分为工业企业广告、经销商广告、消费者广告和专业广告等类型。

5. 按照诉求方式分类,广告可以划分为理性诉求广告、感性诉求广告和情理结合诉求广告等三类。

6. 广告已成为现代社会和现代人生活不可缺少的部分,特别是随着市场竞争的日趋激烈,广告已成为企业生存、发展、参与市场竞争的重要手段,备受企业重视。同时,广告已经成为消费者最主要的商品和服务需求信息源,正在影响和改变人们的消费观念、消费习惯、消费方式以及价值观念。

7. 广告学的产生,与商品经济迅速发展的客观推动、心理学发展的理论支撑密切相关。广告学的产生和发展历程,可以大体划分为创立阶段、成熟阶段和创新阶段。

8. 广告学的研究对象主要包括广告活动和广告理论两个层面,而广告学的研究方法主要包括观察分析法、比较分析法、抽象分析法、定性分析与定量分析相结合的方法以及系统分析法等。

第二章　广 告 环 境

 知识要点

1. 广告环境的含义和构成；
2. 广告环境对广告活动的现实影响。

 能力要点

总结各类广告主体适应广告环境的基本策略。

 实用链接

1. 中国广告协会网；
2. 中国广告网；
3. 中华人民共和国国家工商行政管理总局官网。

 关键概念

1. 广告外部环境：又称广告宏观环境，它处于广告环境的最外层，从根本上决定广告的存在空间和发展趋势；而其又由政治环境、经济环境、法规环境、社会环境、文化环境、科学技术环境、消费环境等子环境构成。

2. 广告内部环境：又称行业内部环境，系指广告行业的一系列内部特征的总和；其反映了广告行业的总体现状和趋势，具体包括竞争环境、合作环境、自律环境、批评环境、人才环境和技术环境等子环境。

3. 广告微观环境：是指某一条或某一类广告赖以生存的条件以及在某种特定媒介中影响其预期效果的所有因素的组合。

2016年中央电视台新媒体广告招标超6亿

经过9个小时、7个轮次的竞争,中央电视台(以下简称"央视")2016黄金资源广告招标大会于11月18日(2015年,编者注)晚6时许落幕。此次招标会上,央视拿出了创新节目、王牌新闻、事件性项目(体育、春晚等)以及新媒体产品等四种类型的资源。从现场竞标结果来看,春节贺岁套装、体育项目等事件类产品由于稀缺性备受关注。新闻联播"王牌"价值犹在,创新节目《挑战不可能2》《了不起的挑战》冠名权也拍出了高价,此次推出的新媒体产品除了客户端等传统资源外,互动类产品种类繁多并颇受欢迎。

在广告售卖策略上,央视今年仍延续了招标竞购加签约认购的成熟模式,但备受关注的招标竞购从往年的"一天定乾坤"改为"细水长流"。

在央视招标会之前,湖南卫视、浙江卫视等强势卫视黄金资源招标会已揭标,5亿元的冠名数字频频出现于卫视的宣传捷报中,单个节目招标额过10亿元的也有。从此次央视招标会结果来看,并没有其他电视台能超越央视。更重要的是,根据CTR媒介智讯的最新发布,2015年前三季度中国广告市场规模出现3.5%的同比缩减。其中,传统广告市场(电视、电台、报纸、杂志、传统户外)降速达到惊人的7.3%,电视广告花费同比减少4.9%。电视广告的大盘不升反降,因此,央视不得不面临内容创新、机制创新、广告经营方式创新等一系列挑战。平台价值、未来方向如何更是业界关心的话题。

因为被强势卫视夺去一些光芒,近些年来唱衰央视的论调时有发生,但最能给出务实结果的力量其实是来自广告主的态度。从现场广告主的反应来看,优质稀缺资源,尤其是春晚、体育、王牌新闻节目等几乎是独一份的央视资源仍然备受关注。

……

央视举全台之力打造的大型季播节目《挑战不可能》第二季冠名权争抢激烈,最终长安福特以3亿元中标。传统节目《新闻联播》标版广告资源招标稳中有升,第一单元第一标超出9000万元成交。央视一系列新媒体广告资源也吸引了众多企业竞投,《央视影音》移动端合作伙伴、《财经频道》新媒体合作伙伴、《央视新闻》客户端合作伙伴、《助阵欧罗巴》互动合作伙伴等等,加上此前单独招标的春晚互动项目,央视2016年新媒体广告产品招标预售总额估计超过6亿元。

……

第二章 广告环境

第一节 广告环境概述

一、广告环境的内涵

在不同的学科体系中,"环境"一词总是有着自身的特定含义,但无论在何处使用,"环境"总是相对于某一研究对象而言的。或者说,环境会因为研究对象的差异而有所不同,研究对象所存在的外部时间、空间和条件,就构成了其发生和演化的环境。"广告环境"一词的含义也不例外。

所谓广告环境,通常有广义的广告环境和狭义的广告环境两种基本解释。广义的广告环境是指广告行业发展和广告活动开展所存在和演化的空间与条件;而狭义的广告环境指具体广告活动所发生的时间、地点、条件和存在于当时、当地而对广告活动策略具有现实或潜在影响力各种因素的总和。

毋庸置疑,广告活动尽管从本质上来说是一种经济活动,但它同时又是一种社会活动和信息传播活动,甚至还是一种文化活动和艺术活动。鉴于此,广告产业和广告活动就同时受到一系列外部因素的影响和制约,并在客观上反映这些外部因素的影响和制约。也就是说,广告活动的成败,不仅仅取决于广告调查和广告预算的严密性、广告策划和创意水平的高低,也不仅仅取决于广告制作的精良程度,而且还要取决于广告本身是否与外部环境相适应,充分体现合理性原则、合法性原则和艺术性原则。很多情况下,看似完美的一则广告一经发布,不但没有达到预期效果,反而可能会引发一系列意想不到的负面效应,这其实就反映了广告是多元因素共同影响下的社会活动过程。

二、广告环境的构成

从对广告产业和广告活动的影响机制角度看,广告环境大体可以划分为如下三个层次,即广告内部环境、广告外部环境和广告微观环境。

(一)广告内部环境

广告内部环境又称行业内部环境,系指广告行业的一系列内部特征的总和。它反映了广告行业的总体现状和趋势,具体包括竞争环境、合作环境、自律环境、批评环境、人才环境和技术环境等子环境。

现实表明,在面对广告内部环境的约束时,广告主体并不是绝对处于被动地位。恰恰相反,广告主体完全可以通过个体行为或有组织的行为来改造(至少是部分改造)周边的业务环境,使之不断向有利于自身的方向发展。广州是我国广告业先行发展的重要城市之一,早在1996年就在全国率先成立了4A广告行业协会,协会成员包括广东黑马、广州天进、广州蓝色创意、广东广旭等一大批业务实力雄厚的广告公司。该协会针对协会成员所进行的自律约束、专业培训、信息传播与发布等活动在相当大程度上促进了协会成员的协同发展。这充分说明,内部环境中的很多因素其实是可以加以控制和调节的。

（二）广告外部环境

广告外部环境又称广告宏观环境，它处于广告环境的最外层，从根本上决定广告的存在空间和发展趋势。它由政治环境、经济环境、法规环境、社会环境、文化环境、科学技术环境、消费环境等子环境构成。

一般来说，广告外部环境中的各种因素，尽管对广告的影响既可以是直接性的，又可以是间接性的，但它们往往是各类广告主体无法控制的外生变量，广告主体只能通过调整自身的广告活动来适应这些因素所形成的约束机制或激励机制。如若不然，广告本身就会失去合理性甚至是合法性。

当然，尽管广告外部环境对广告主体的行为具有刚性约束机制，但是其本身也会随着时间或地域的变化而发生变化，从而使得广告活动的开展边界发生变动。比如，根据中国互联网络信息中心（CNNIC）历年发布的《中国互联网络发展状况统计报告》，截至2017年6月，我国网民数量达到7.51亿，更为可喜的是，网络购物用户人数已经达到5.14亿人。可见，一个规模和潜力巨大的互联网市场俨然已经形成。这一新兴市场的形成，对于广告主体来说无疑意味着继电视、报纸、杂志、广播等传统媒介之后，一个全新的独立广告媒介的真正诞生、一个全天候的广告发布空间的真正确立。

（三）广告微观环境

广告的微观环境，是指某一条或某一类广告赖以生存的条件以及在某种特定媒介中影响其预期效果的所有因素的组合。以电视广告为例，其微观环境就可以具体化为广告投放的媒体广告理念、广告时段安排、广告长度设置、广告插播频率和竞品广告情况等。由于广告微观环境更多地与本书后续内容中的广告创意、广告策划、媒介策略等部分联系较为紧密，因此本章不作过多讨论。

> **4A公司**
>
> 4A的全称是美国广告代理协会（American Association of Advertising Agencies）。该协会于20世纪初由美国各大著名广告公司协商成立。该组织成员凭借非凡的创意和精心周到地为客户服务，创造了众多经典而美妙的广告创意。
>
> 20世纪80年代末90年代初，诸多国际知名的4A公司纷纷进入中国，并在业界获得了良好的声誉。因此，后来在广告行业内推而广之地将具有国际性影响力的广告公司或者以代理国际知名品牌广告业务为主的广告公司（无论是本土公司还是外资公司抑或合资公司）通称为"4A公司"。

当前，很多报纸读者会发现同类产品广告扎堆出现在某一报纸版面的现象，令其读报兴趣大大降低，一瞥而过甚至直接跳过的情形就成为其理性选择。不过，美国全国性大报《今日美国》的分类广告版却颇具创新,它在该广告版的一角总是会留出一小块版面安排"填字游戏"内容,其目的无外乎为本版众多互为竞品的广告创造一个更为吸引受众的阅读环境,以提高广告的到达率。

三、广告环境的作用

无论是何种广告环境,其对广告行业发展和广告活动开展的作用基本可以概括为三个方面,即制约作用、促进作用和引导作用。

第一,广告环境的制约作用。任何一种广告环境,其实都是一系列显性制度和隐性制度的集合。比如,《中华人民共和国广告法》就是一种显性的广告制度,它在第二章、第三章和第四章中明确划定了各类广告活动主体的行为界限,而第五章则清晰界定了违反上述三章规定的广告行为所应该承担的法律责任。另一方面,诸如消费习惯、群体偏好、公共道德等广告环境要素构成了一种隐性的广告制度,违背这些隐性制度约束的广告活动,往往会以失败的结局收场。

第二,广告环境的促进作用。广告环境是一把"双刃剑",在其发挥制约作用的同时,也会促进各类广告主体本着"趋利避害"的原则,不断加深对相关环境要素的理解,改善对广告环境的适应能力,并以此来增强自身的公平竞争能力和发展能力。

第三,广告环境的引导作用。广告环境是一种综合性环境,其中每一种要素的变化都可能会对广告环境整体造成较剧烈的震荡性变化。此时,广告环境的变化就会为广告活动主体创造新的竞争机遇,把握这些竞争机遇的各类广告创新活动,就会为相关广告主体带来超常规回报。总之,由于广告环境时时刻刻在发生着变化,因此它也时时刻刻在引导着广告主体不断创新、不断成长和发展。

第二节 广告内部环境

广告内部环境其实就是对整个广告行业和行业内部各类机构的生存与发展起到制约、促进和引导作用的各种因素的总和。一般来说,广告内部环境由竞争环境、合作环境、自律环境、人才环境和批评环境构成(见图2.1)。

一、竞争环境

与绝大多数产业情况类似,广告行业由于存在众多的广告机构,它们在广告活动中存在诸多相同或相似业务,因此相互之间的竞争同样异常激烈,竞争的内容则将从广告业务收入出发,多样性地分解为诸如阅读率、收视率、广告到达成本、代理费率、优惠政策等一系列指标。这样,广告行业内部不同竞争者的竞争理念、竞争策略和竞争行为,连同其各自的竞争条件就构成了竞争环境(见表2.1)。

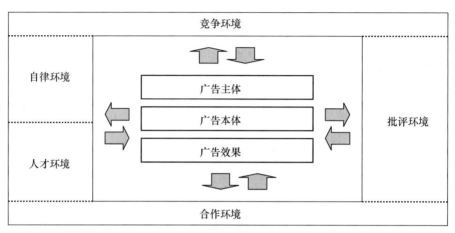

图 2.1 广告内部环境的构成及影响

表 2.1 广告的竞争环境

要 素	主要内容		
竞争者	广告公司与广告公司	广告公司与媒体	媒体与媒体
竞争理念	参与竞争的目的和基本态度		
竞争策略	应对新进入机构策略	议价策略	应对替代机构的策略
竞争行为	独立竞争	联合竞争	借助行业外力量竞争
竞争条件	资金、技术、规模、机遇、声誉、组织能力		

通常,广告行业的竞争激烈程度与广告行业自身的发育程度之间存在较强的相关性。行业发展越成熟,竞争者的数量就越多,其各自的竞争理念、竞争策略、竞争行为和竞争条件也就越丰富,因而内部竞争也就越激烈。这时,规范而有序的竞争将促进整个行业的进一步发展,"优胜劣汰"机制也越容易发挥其应有的调节功能;反之,行业发展初期,竞争者的数量较少,竞争格局较为混乱,这时就需要行业外部力量(特别是政府的法律力量)来规范竞争者的竞争行为。唯有如此,整个广告行业才能步入良性发展轨道。

二、合作环境

合作环境一般表现为广告行业内研究机构、行业协会成员、业务伙伴之间的交流与合作关系的现状和趋势。

广告行业内部不同主体之间合作意愿的产生,根源于各自竞争能力不断提高的利益诉求。现实世界中,哪怕是实力最为雄厚的广告主体,相对于整个行业而言,其竞争资源仍然是匮乏的。行业竞争越激烈,这种资源匮乏的相对程度就越高。因此,在自身竞争资源不够充分的情况下,为了不断提升竞争实力,一个重要的途径就是谋求各种形式的合作。当然,合作的形式可能是较为复杂的,既可以是行业内部人员的合作和信息的合作,也可以是业务链的合作,还可以是行业内部与外部力量的合作等,不一而足。

三、自律环境

自律环境就是广告公司和广告媒体依据相关法律、法规而创设的,能够有利于提高自身和广告本体合法性的各类条件的总和。

自律环境通常是在广告行业进入较为成熟阶段才不断形成并日趋完备的,其重要作用就在于对竞争环境的调整,保证并促进公平有序的业内竞争。

一般而言,自律环境需要行业外部的法律法规环境作为前提条件。或者说,作为广告行业内部子环境的自律环境,是广告外部环境作用于广告主体的过渡性环境。但是,由于自律环境对广告主体所形成的只是一种软约束,因此它必须同其他子环境协同演进,才能真正发挥其自身的竞争调节功能。

四、人才环境

通常,服务业在总体上具有劳动密集型特点。但是,广告产业却是一个特例,它是一种高度的知识密集型产业。无论是这个产业本身的发展,还是产业内部各类广告主体的发展,都需要具有高度专业知识和技能的人才作为智力支撑。

广告业的人才环境,主要包括广告行业内部从业人员的数量、结构比例、业务素质、流动性、人才培养和选择手段等内容。近年来,随着我国市场经济的不断发展,广告产业的人才需求总量在不断上升,人才需求的规格也在不断提高。与此同时,我国广告产业的人才培养力度也在日益加强,从而在相当大程度上促进了广告行业的整体进步和广告质量的不断提高。但是,不容忽视的一点是,与广告业较为发达的国家相比,我国广告业人才环境还远未达到理想状态,仍然制约着广告业的进一步优化和升级。

五、批评环境

所谓广告批评,就是由专门从事广告批评活动的相关学者、广告作品的创作人员、广告主和广告受众借助于广告行业内部的专业媒介、大众媒介、各类广告研讨会和评奖活动而对广告作品所进行的批评。而广告批评环境就是各种广告批评活动的开展现状和趋势,它的完善程度,在某种意义上可被视为广告行业成熟程度的标志。

现实中,由于所有广告活动的成果最终都要表现为通过各种媒介所发布的广告作品,因此针对广告作品而进行的广告批评活动,就形成了对广告调查、广告策划、广告创意、广告制作、广告发布等整个广告实务链条的评价和判断,故而也最能客观地反映广告公司的服务能力和服务水平,并由此促进广告水平的提高。

我国广告业主要奖项

（排序不分先后）

- 中国广告长城奖(中国广告协会主办的国家级广告最高奖)
- 中国艾菲(Effie Awards)奖(中国广告协会主办的实效广告奖项,2003年创设)
- 中国广告协会学院奖(简称"学院奖",1999年创设)
- 中国媒体企划奖(中国广告协会2004年创设)
- "广州日报杯"全国报纸优秀广告奖(《广州日报》主办,1991年创设)
- "中国元素"国际创意大奖(中国广告协会主办,2006年创设)

诚然,因为广告作品融合了社会学、心理学、经济学、传播学、美学等多学科知识,因此对广告作品的批评标准也可能是多元的,正所谓"仁者见仁,智者见智"。但是,成熟的批评环境无疑为广告创作人员或团队提供了重新审视自身作品的新视角,从而为提高广告人才专业素质和能力,并由此为提高广告业整体素质奠定了良好基础。

第三节　广告外部环境

广告是一个处在多元世界中的综合性社会活动。广告活动的每一个环节都需要各种有形与无形社会资源的投入,因此这些社会资源的组合状态和变化规律,都将左右广告活动的成败得失,因此可以将其理解为广告的外部环境。广告的外部环境主要由规制环境、经济环境、社会文化环境、科学技术环境等众多子环境构成(见图2.2)。

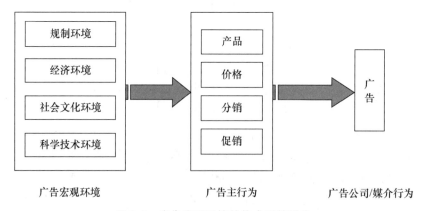

图2.2　广告宏观环境的构成及其影响

一、广告的规制环境

随着广告行业的发展和现代广告活动范围的扩展,广告具有越来越强大的社会功能,其社会影响力也因此而不断提升。在这种情况下,如果不对广告行业和广告活动进行合理的规制,那么混乱的广告行为必然会给社会、经济乃至一国的政治秩序带来较大的负面影响。基于此,政府就有必要借助于体系完整的规制手段来调节广告行业和广告活动,使之在各类法律、法规的约束下有序发展,这样也就形成了广告的政治法律环境。

一般来说,广告的规制环境主要由国家法律的强制规制和受众监督两个子系统组成。其中,广告法律法规通常会由政府指定的专门机构进行监督执行,并通过这些部门来确认广告违法行为,追究相关主体的法律责任。受众监督主要是借助于非官方的、以保护消费者合法权益为目的的各类组织,基于其社会存在理性诉求而展开的舆论监督、抵制和批评活动。

二、广告的经济环境

回顾广告的发展历程,我们可以发现社会对作为广告主流部分的商业广告的需求,其实是一种引致性需求。或者说,经济发展状况决定了社会需求水平,而后者又决定了广告的存在和发展。因此说,决定一国经济发展状况和发展趋势的各类因素,就构成了广告的经济环境。

毋庸讳言,社会商品需求总量和生产规模越庞大,商品需求和商品供给之间的矛盾也就越突出,因而有利于调节社会供需平衡的广告行业和广告活动的存在及发展空间就越广阔,而此时社会对广告组织活动的严密性、广告媒介的多样性、广告制作的合理性要求也就越高。简单地说,经济发展进程会极大地影响广告发展进程。

与此同时,在现代经济社会进入到买方市场阶段后,企业之间的竞争不断趋于强化,由此带动了企业营销观念和营销策略的不断演进。当然,作为广告主的企业营销观念和营销策略的变化,必然会带来广告观念、广告策略、广告内容、广告制作以及广告表现手法等一系列广告内在要素的变化,由此推动广告理论和实践的深入和完善。

三、广告的社会文化环境

社会背景和文化背景是广告信息传播的最基本背景,也是广告作品发挥其经济作用的前提条件,并构成了广告的社会文化环境。基本原因在于,广告就自身的根本目标而言,就是要向社会特定的人群(即广告受众或称目标市场)传递商品或服务的关键信息,引发其注意,激发其购买欲望并诱发其购买行为。

但是,无论是消费者的消费理念还是消费方式,都受到其自身生活理念和生活方式的深刻影响,而后两者又在相当程度上取决于消费者的种族、民族、宗教信仰、道德观念、价值观和生活习俗等诸多居于主流地位的社会和文化要素。

因此,只有顺应了广告发布当时和当地特有的社会文化环境,才能谈及广告的成功可能。以可口可乐公司近年来投放于中国市场的广告作品为例,无论是深入中国人内心深处的"大阿福"形象,还是反映中国人传统审美情趣的中国红,都构成了其"以情动人"的成功元素。这一点恰恰说明了广告对于社会文化环境的依赖性和后者对于广告的潜在约束力。

四、广告的科学技术环境

可以说,广告作品表现手法的丰富、广告制作水平的提升、广告媒介信息传播能力的提升、广告理论研究的拓展大致可以表现出广告的进步趋势。然而,如果深入探究上述现象的引发原因,我们就会自然地得出如下结论,即广告理论和实践的发展,都在相当大程度上受到科学技术变革和变化的深刻影响。

一方面,广告由一种自发现象发展为科学现象,从一种简单社会活动发展为复杂的社会现象,都要归因于指导广告实践活动的广告理论的产生、发展和完善。可以想象,离开了社会学、心理学、市场营销学、传播学、美学、信息科学等相关科学的兴起和成熟,广告实践活动必然徘徊在低水平状态。

另一方面,人类生产活动中的技术变革,也在相当大程度上全面改变着广告。比如,印刷技术的出现和发展是印刷广告不断兴起的源头,影音技术的出现和发展在广播广告和电视广告形成当前主流广告的过程中居功至伟,计算机技术的跃升是网络广告得以出现的命脉所在……所有这些现象实际上都诠释着技术环境及其变化对于广告的深刻影响。

 技能训练

1. 寻找一份当地的报纸或杂志,阅读其广告栏目内容,总结其优点和缺陷。
2. 观看中国中央电视台和某家地方电视台播映的电视剧后,请大体比较一下二者电视剧插播广告的平均长度设置及频率状况,并说明其效果如何。
3. 阅读下述材料,然后回答问题。

2014年中国经济增速有所回落,处于结构调整阶段。整体经济运行中亮点包括:经济结构继续优化,第三产业增速提高;就业与居民收入增长较快;消费热点保持热度,网络零售增长旺盛。在此背景下,中国网络广告市场于2013年保持相当增速,整体市场规模达到1540亿元,同比增长达到40.0%。

在整体进入成熟稳定阶段之后,网络广告市场仍然呈现出一些新的发展态势。各个网络媒体细分领域表现各异,一些传统领域呈现出成熟态势下的增速放缓,一些领域在新的广告技术与广告形式共同驱动下,迸发出强劲的增长势头。与此同时,品牌广告主预算进一步向数字媒体倾斜,均推动网络广告市场规模达到新的高度。

在新的划分口径下,2014年中国网络广告市场中占比最大的为搜索关键字广告(不含联盟),达到28.5%,较2013年上升2个百分点。份额排名第二的广告形式为电商广告,占比为26.0%,较2013年小幅下降。品牌图形广告份额位居第三,占比为21.2%。

从增长速度来看,门户及社交媒体中的效果广告增长迅速,表现突出。腾讯广点通及新浪微博广告是其中的最主要的增长力量。这在一定程度上反映出互联网企业在依靠数据分析和技术驱动,达成更加智能的广告匹配以及更加高效的广告资源配置,实现广告营收进一步提高。该部分增长主要体现在"其他形式广告"中。

问题(1):简要说明材料中所提各类广告业务的市场环境状况。

问题(2):请通过分组讨论预测网络广告的未来发展趋势。

本 章 小 结

1. 广告是多元因素共同影响下的社会活动过程。

2. 从对广告产业和广告活动的影响机制角度看,广告环境大体可以划分为如下三个层次:即广告内部环境、广告外部环境和广告微观环境。

3. 广告环境对广告行业发展和广告活动开展的作用基本可以概括为三个方面,即制约作用、促进作用和引导作用。

4. 一般来说,广告内部环境由竞争环境、合作环境、批评环境、自律环境和人才环境构成。

5. 广告的外部环境主要由规制环境、经济环境、社会文化环境、科学技术环境等众多子环境构成。

第三章 广告受众

 知识要点

1. 广告受众的基本含义和分类；
2. 广告受众的信息接受方式；
3. 广告受众的动机对广告诉求的影响；
4. 广告受众策略的内容。

 能力要点

1. 深入理解广告诉求的策略；
2. 全面掌握广告定位的策略和方法。

 实用链接

1. 广告主网；
2. 中华广告网；
3. 中国广告网。

 关键概念

1. 广告受众：是指广告传播活动中的信息接收者，广告受众同时又是广告信息的"译码"者、参与者和反馈者。

2. 广告诉求：是指广告宣传所要特别强调的内容，它集中体现了广告的整体策略，是决定广告活动成败与否的关键所在。

3. 广告定位：是指广告主从消费者的需求出发，把社会人群按照不同的标准细分为不同的购买群体，并选择其中一个或几个市场作为目标市场，通过具体的广告活动，使企业或其

第三章 广告受众

产品或产品的品牌在目标市场的消费者心目中确定合理位置的策略和方法。

网上汽车用品广告受众特点分析

汽车用品主要包括汽车内饰产品(汽车坐垫、脚垫、方向盘套、车用香水等)、汽车电子产品(GPS 导航、行车记录仪、车载充气泵、车载吸尘器、车载空气净化器等)、汽车美容养护产品(车蜡、车贴、机油、汽车贴膜、车衣等)以及汽车改装用品(改装饰条、SUV 踏板、底盘装甲等)。网上汽车用品广告的受众为计划或者已经购买汽车用品的消费者。

(一) 心理动机特点分析

汽车用品的消费者在网上购物时心理情况比较复杂,考虑的因素很多。研究发现,其中考虑价格因素高居榜首,占 70.3%。同时,商家信誉、商品质量、运费等也是消费者经常考虑的问题。有趣的现象是用户或亲友点评(口碑)排在其他因素之下,这说明消费者在购买决策中是带有"既有倾向"的,尽管受人际传播的影响,但这种影响是有选择性地接受。消费者做购买决策前是有主观意向的,当他人意见与既有意见相悖时,消费者更倾向于坚持自己的意向。

(二) 网站访问特点分析

通过统计数据发现,消费者在采取搜索这一行为时更多是通过自主搜索,而不是商家发布的详情页广告链接。网络赋予了消费者更多的自主选择权,消费者可根据自身需求直接搜索目标产品,一方面提高了购买效率,另一方面也方便商家通过后台数据检测出曝光率最高的关键字,并通过购买关键字获取更高的商品曝光率。

(三) 消费能力特点分析

车龄大于 1 年的车主车品消费能力比新车车主强。大多数人认为,新车消费者在汽车用品上的消费是刚性和冲动的,但实际上新车(车龄小于 1 年)车主的汽车用品支出低于平均支出水平。新车消费者对于汽车用品虽然有需求,但消费过程更为谨慎小心。随着用车经验的丰富,车龄大于 1 年的车主,汽车用品需求更为明确,消费能力也较强。

车主在刚买车之后有一定的汽车用品刚性需求,之后会有一段沉寂期。随着车龄增长,车主汽车用品知识越来越丰富,原本的汽车用品也相继需要更换,所以 4—5 年后又会迎来汽车用品的第二次销售热潮。

数据显示,从年龄与汽车用品花销的关系来看,18—20 岁车主平均花销明显高于其他年龄段车主。其次是 21—25 岁年龄段的车主,家庭压力较轻,观念前卫,追求时尚,是中国汽车用品商家投放广告的重点目标受众。

第一节　广告受众概述

一、广告受众的含义

"受众"一词本为传播学术语,是指各种信息的接受者,如书籍和报刊的读者、广播的听众、电视电影的观众、互联网用户等。这一概念被引入广告学体系后,就转化为"广告受众"一词,意指广告传播活动中的信息接收者、"译码"者、参与者和反馈者。在行业竞争异常激烈的市场环境下,以顾客为中心的营销模式成为主流,而是否贯彻了以受众为导向的基本原则也成为衡量广告创意与制作水平高低以及广告效果优劣的最关键的标志。

鉴于此,广告受众分析至少应该包括如下三个方面的基本内容。

第一,发现并确认广告受众。由于任何人群在构成上总是具有异质性和分散性,且个体之间会因为偏好、职业、行为习惯等个人特征方面存在显著差异而导致各自的需要有所差别,进而对同一种商品的信息反应敏感度也就各不相同,因此广告受众与人口、居民等概念存在着本质差别。只有明确了哪些人对广告产品存在潜在需求,广告活动主体才能有针对性地通过各种手段来激发其购买欲望,并引导其潜在需求转化为现实需求。简单地说,只有从总人口中筛选并明确广告信息的目标群体,广告活动才有可能同时兼备经济性和实效性。

第二,发现广告受众的需求决定因素。受众需要是广告活动的真正起点和归宿。决定消费者需求的因素可谓纷繁复杂。性别、年龄、民族、职业、偏好、收入水平等个人特征,文化习俗、家庭背景、组织环境等群体共性特征,甚至社会公众人物的行为特征,都可能左右一个消费者对特定产品的需求形成机制。因此,发现广告受众的需求决定因素,挖掘广告受众的关注点,并有的放矢地强调产品对于满足消费者特定需求的价值,就构成了广告信息由发布者向潜在购买者顺畅传递的突破口。例如,金德管业集团在其音乐会篇广告中的广告语"金德管,管用一生",就非常简洁地概括了受众对产品的期望,并集约地概括了产品的耐用性特征,从而有效地拓展了产品的市场空间。

第三,分析广告受众的心理活动规律。广告界流传着一句名言,"科学的广告术遵循心理学法则"。一则优秀广告不但要满足消费者内在的心理需求,而且还要运用各种技术来吸引受众的注意力和兴趣点,并有效促进受众的"记忆"和"联想"。换言之,只有抓住受众的心理活动规律,并依其进行全面的策划,才能使受众的认知和情感转化为有利于企业的行为。

二、广告受众的分类

通过对广告受众进行适当的分类,有利于广告活动主体科学认识不同类型的消费群体对广告信息的接受特点,并据此形成有效的应对策略。

第一,根据广告信息发布媒体的不同,可以将广告受众划分为报纸杂志广告受众、广播广告受众、电影电视广告受众、户外广告受众、互联网广告受众等。显然,不同媒体的广告受众在接受广告信息的习惯和思维模式方面存在显著差别,需要媒体和广告公司精心考察、周密策划。如为了提高广播广告受众的广告接受效率,音乐、背景声音和广告播报者的语音、语调等因素的合理组合就显得极其重要,而为了提高电影电视广告受众对广告信息的接收效率,除了声音之外,色彩、场景、人物等图像信息就显得异常重要。

第二,根据广告信息所处的传播环节的不同,广告受众可以划分为直接受众和间接受众。广告直接受众,是指直接接触媒体广告信息的受众;而广告间接受众,则是指通过广告直接受众的口碑相传而获得广告信息的受众。比如,某超市通过户外广告发布商品打折信息的情况下,直接看到户外广告信息的群体即为直接受众。如果某位直接受众将该商场打折信息告诉了10位同学,则这10位同学就是该商场广告的间接受众,以此类推。一则优秀的广告,不但要考虑其信息对直接受众的影响,而且还要考虑其对间接受众的潜在影响。从而,广告公司在广告调查、广告策划、广告文案等众多环节必须格外关注广告信息在再传播过程中可能面临的表达障碍,并千方百计加以克服。

第三,根据广告受众的市场形态的不同,可以将广告受众划分为一般消费者受众、中间商受众和组织受众。从市场营销学角度看,普通消费者与中间商、组织机构在购买决策的形成机制上存在相当大的差异。普通消费者的购买决策更富于情感性和冲动性,而后两者的购买决策则更趋理性,产品专业化知识和信息主导着其购买行为。鉴于此,广告公司的广告活动必须综合考虑产品的属性和目标受众的市场性质,明确产品的消费群体及其消费特征,并有针对性地进行广告管理活动。例如,服装企业在发布广告信息时,应主要突出产品的流行性和时尚性;建筑材料生产企业在广告制作过程中则要重点突出产品的耐用性;征求代理商和加盟商的广告,毫无疑问地应该强调相应产品的市场前景。

第二节 广告受众与广告诉求

一、广告受众

(一)广告受众的信息接收

任何受众在接收信息时,都会根据个人需要而有所选择和加工,以求获得的信息同自己既定的思维定式和价值标准尽量协调。广告受众的信息接收过程亦是如此。理解广告受众的信息接收过程,对于广告主体而言,具有重要的现实意义。

广告受众的信息接收,一般要相继经过下述三个基本过程,即选择性注意、选择性理解和选择性记忆。

1. 选择性注意

选择性注意,是指广告受众在面临大量广告信息时,排除和避开与个人观念不一致的广告信息,并尽量接触和关注同自身观念相协调的广告信息的过程。一则广告能否在各种广告之间的竞争中被消费者注意到(无论是有意注意还是无意注意),是广告效果实现的首要目标。当前,广告信息可谓铺天盖地。但是通常情况下,消费者在面对大量广告信息时,并不会平均分配自身的注意力,而是会在快速接触的基础上有所取舍。比如,我们经常可以看到,男士在化妆品店门前接收到促销广告单时,通常会不加浏览就随手将其扔进垃圾桶。

2. 选择性理解

选择性理解过程又称译码过程,是广告受众在接触广告信息时,依据个人价值判断和思维定式而对相关信息进行重新组织,并做出个人解释与理解的过程。一般情况下,同样的广告内容会因为受众个人在心理、感情、经历、情绪、所处的环境的不同而被赋予不同的理解方式。也就是说,广告受众此时对广告信息的解释和理解,同广告主的初衷未必完全吻合,甚至可能会发生冲突。所以,广告主和广告公司在组织和传播广告信息时,务必要考虑到广告受众的选择性理解,尽力防止或尽可能地减少广告受众对广告信息的曲解。

3. 选择性记忆

在广告信息的传播过程中,那些已经过选择性接触和选择性理解这两个过程的部分信息,要想顺畅地进入广告受众的大脑并储存起来,还必须经过选择性记忆过程。选择性记忆就是广告受众根据自己的需求(潜在的需求和现实的需求),在已经被接收和理解的信息中筛选出对自己有用的信息储存在大脑中的过程。

一般来说,选择性接触和选择性理解是广告受众的有意识的行为,而选择性记忆则是广告受众的无意识行为。广告受众记忆的结果,通常只是那些符合广告受众需要的、对自己有利的和自己愿意记住的信息。在选择性记忆阶段,那些对广告受众而言属于无意义的、附加的、不利的信息,将会从消费者的知觉体系中消失。

有研究表明,影响选择性记忆的因素大体包括三类,即广告受众自身的主观因素、广告信息的客观因素和广告发布的媒体因素。只有同时注重这三类因素的现实影响,自觉把握广告的适量和适度原则,科学地选择并综合运用广告媒介,科学处理文字、声音与图像的组合关系,才能实现广告信息的有效传播和持久效力。

综上所述,选择性注意、选择性理解和选择性记忆是广告受众对广告信息最基本的内在处理机制。认识并把握这种内在处理机制及其客观规律,是广告主和广告公司提高广告表现力和吸引力的真正起点和关键前提。

(二)广告受众的购买动机

从本质上说,广告对于消费者而言只是一种刺激手段,而消费者购买商品的原因在于购买动机已经形成。所谓购买动机,就是直接驱使消费者实现某种购买活动的一种内部动力,是消费者需求与心理满足的媒介。一般而言,消费者由于各种原因产生了需求,而这些需求在没有得到满足之前,他(或她)就会产生不同程度的紧张感,促使其寻找缓解这种紧张感的现实途径。如果外部环境恰好为其创造了需求的满足条件的话,那么他(或她)就会产生对特定商品的购买动机。

马斯洛的需求层次论

美国心理学家马斯洛(Abraham H. Maslow,1908—1970)在其1943年出版的《人类动机的理论》一书中,将人的需求划分为由低到高的五个层次,即生理需求、安全需求、社交需求、尊重需求和自我实现需求。马斯洛认为,当人的某一级需求得到最低限度的满足后,高一级的需求就会随之产生,如此循环上升,成为推动其不断努力的内在动力。

第三章 广告受众

从上述购买动机的形成机制看,购买动机的产生和确立,通常需要同时具备两个基本条件,即消费者的内在需求和外在的诱因强化。这时,作为外在诱因的广告信息就发挥了如下两个方面的基本作用,从而一定程度上促成了消费者的购买动机。

第一,"唤醒"消费者尚未认识到的内在需求。事实上,消费者未必能够全部发现自身的需求,或者即使已经对自身需求有了较为模糊的认识却不清楚如何满足这些需求。此时,广告就可以扮演召唤者角色,将消费者的潜在需求激发为现实需求,并提供满足这些需求的现实途径,进而达到促销特定商品的目的。比如,宝洁公司初入中国市场时,广大消费者似乎并未对头屑问题给予充分重视,而宝洁公司通过一系列运作,借助"飘柔,就是这样自信"的广告语,首次向中国受众传递了头屑对社交活动的负面影响,有效激发了消费者对社交场合的自信需求,使飘柔迅速成为"自信、乐观、积极"的代表,也使其成为职业人群的洗发水优选对象,堪称经典。

第二,促进消费者选购特定品牌的产品。在已经确知自己的内在需求时,消费者通常还会面临着如何在众多能够满足其需求的商品之间进行选择的现实问题。众所周知,除了价格之外,很多因素会成为左右一种商品对其他同类产品的替代能力。这种情况下,广告无疑具有增强某种特定产品竞争能力、促进消费者选择特定品牌产品的强大功能。比如,进行家居装修时,人们对于管材最为关心的就是其耐久性。近年来,金德管业集团在其猛烈的广告攻势中,恰恰为人们提供了一种耐久性承诺,"金德管,管用一生"的广告语对金德集团迅速成为行业佼佼者可谓功不可没。

二、广告诉求

在了解了广告受众的基本购买动机之后,广告运作主体只有顺势而为,才能对消费者产生强烈的吸引力,激发起消费者购买广告产品的欲望。而要实现这一目标,关键在于要选准广告的诉求点。

所谓广告诉求,就是广告宣传所要特别强调的内容,它集中体现了广告的整体策略,是决定广告活动成败与否的关键所在。通常,一种商品包含了多重特征,但其中最能吸引消费者的可能仅仅是一种或两种特征。因此,根据广告受众的信息接收规律,即使将商品全部特征都通过广告表现出来,广告受众也不一定为之动心。相反,以艺术性手段集中表现商品最能吸引广告受众的一面,反而有利于目标受众接受和认可广告产品。比如,宝洁公司将其舒肤佳护肤品同家庭温暖有效结合起来,精练出了"舒肤佳,爱心妈妈,呵护全家"的广告语。不言自明,这句广告语的主角其实并不是"爱心妈妈",而是"爱心妈妈"所选择的"舒肤佳"。无论如何,这条短短的广告语,既没有谈舒肤佳的成分,也没有明确提及舒肤佳的功效,但它却恰到好处地将舒肤佳护肤品与浓厚的人情味整合在一起,诉求独特却让人倍感温暖。因此,该广告一经播出,就引起了广大消费者的心理共鸣,收到了很好的广告效应。可见,有效的广告诉求,既要明确诉求的重点,又要选择正确的诉求方法,还要充分考虑诉求的表现方法。

(一)广告的诉求重点

广告活动的时间和范围、广告刊播的时间和空间、广告受众的注意时间和记忆程度往往

都是有限的,因此期望通过一次广告活动向广告受众有效传递产品的全部信息既是不可能的,也是不经济的。这就要求广告活动必须有明确的诉求重点。

广告的诉求重点,就是广告向目标受众所要重点传达的信息。一般情况下,影响广告诉求重点选择的因素主要有二:广告目标和目标受众的需求。

第一,广告目标。广告目标是确定广告诉求重点的前提和基础。如果产品处于介绍期,广告目标在于扩大产品的认知范围,那么广告就应该重点介绍产品的品牌信息和产品的独特性;如果产品处于成长期和成熟期,广告的目标在于扩大产品的市场空间,那么广告诉求的重点就应该在于宣传对于购买利益的承诺和保证;而如果广告目标在于短期促销,那么诉求的重点就应该在于向目标受众传递尽快购买可能得到的特殊利益的信息。

第二,目标受众的需求。不言自明,广告主对自身产品某种特性的偏爱,或者说广告主认为重要的信息,对目标受众来说可能并不值得一提。反之,目标受众最为关注、最能够引发其注意、兴趣和欲望的产品信息,无论广告主认为多么无关紧要,也都应该成为广告的诉求重点。

(二) 广告的诉求策略

广告的诉求策略多种多样,但其中最基本的策略莫过于理性诉求策略、感性诉求策略和情理结合诉求策略。

1. 理性诉求策略

理性诉求策略,是指广告诉求定位于受众的理智动机,通过真实、准确、公正地传达企业、产品、服务的客观情况,使受众经过概念、判断、推理等思维过程来理智地做出决定。比如,哈药六厂"新盖中盖"广告,就是理性诉求方法运用的典型。其中,"这人啊,一上年纪就缺钙,过去一天三遍地吃,麻烦!现在好了,有了新盖中盖高钙片,一片顶过去五片,方便!"说明了新产品的含钙量高于老产品的含钙量;"你看我一口气上五楼,不费劲儿!"说明的是产品的功效;"高钙片,水果味"说明的是新产品的味道已经进行了改良;而"一天一片,效果不错,还实惠!"则表明了新产品的相对价格优势。总之,理性诉求策略重视对目标受众的理性思维的影响,并借助于后者成功地将产品推向消费者。

广告的理性诉求强调目标受众的概念、判断、推理等思维过程和理智决策的重要性。它主要是在广告诉求中告诉受众如果购买某种产品或服务,由此可获得什么样的利益。在某种程度上,可以认为理性诉求广告带有一定的强制性,需要消费者通过理性思考,进行分析、比较进而做出最终选择。恰当地使用该种方法,可以起到良好的劝服效果,但是如果使用不恰当或频繁使用,则有可能被消费者理解为啰唆的说教,造成广告效果低下。

2. 感性诉求策略

感性诉求策略,是指广告诉求定位于受众的情感动机,通过表现与企业、产品、服务相关的情绪与情感因素来传达广告信息,以此对受众的情绪和情感带来冲击,诱发其购买动机。消费者出于"合乎自己的感觉""流行""气氛""印象"等类似着眼点才会选购的商品,通常称之为感性型商品。

感性诉求试图激发起某种否定情感(如害怕、内疚或羞愧)或肯定感情(如幽默、热爱、骄傲和高兴)以促使其购买。具体来讲,感性诉求所传达的情感通常包括爱情、亲情、乡情、同情、生活情趣以及个人的其他心理感受(如满足感、成就感、自豪感、归属感)等。比如,雕牌系列产品的广告活动就经历了从理性诉求向感性诉求的转变过程。上市之初,雕牌洗衣粉宣传"只买对的,不买贵的",强调产品在质优价廉方面的吸引力;而随后推出的雕牌产品在广告诉求方面则进行了方法转换,一系列以关爱亲情、关注社会问题为主题的广告,极大震撼了广大消费者的内心世界,使消费者在感动之余而对雕牌青睐有加,其相关产品的销售排名长期居于同类产品销量的前列。

广告的感性诉求强调通过影响消费者的情感、情绪而影响广告产品在目标受众中的心理地位来形成或改变目标受众的品牌态度与偏好。在感性诉求广告中,目标受众首先得到的是某种情绪和情感的体验,而后这种情绪或情感的体验会映射为产品的形象而植入消费者的意识之中,潜移默化地改变消费者对产品的态度。可以说,"润物细无声"的效果构成了感性诉求广告的最高境界。不过,正像理性诉求方法不能过分使用一样,感性诉求方法同样不可一味应用。对于高档消费品、工业品和投资品而言,理性诉求的效果自然会更显著。

3. 情理结合诉求策略

实际上,理性诉求策略在完整、准确地传达商品信息方面非常有利,但由于注重事实的传达和道理的阐述,又往往会使文案显得生硬枯燥,进而降低了受众对广告信息的兴趣。感情诉求策略贴近受众的切身感受,易引起受众的兴趣,但由于过于注重对情绪和情感的描述,往往会掩盖商品信息的传达。

因此,在实际的广告策划中,时常将两种诉求策略结合起来,形成情理结合的广告诉求策略。比如,瑞典沃尔沃汽车的报纸广告"放心篇",非常完美地将理性内容(沃尔沃汽车最突出的安全性能信息)与感性内容(驾驶沃尔沃汽车令人倍感安全及增添驾驶者的自我满足感)结合起来,既传达了准确客观的信息,又能引发受众的情感,可以说是一则典型的情理交融的广告。

(三) 广告诉求的表现手法

在广告创意、制作和发布等一系列环节中,如何科学而艺术性地表现出广告诉求的初衷,是广告主与广告公司必须面对的重大问题。概括而言,广告诉求的表现手法主要有两类,即单一表现手法和综合表现手法。前者是指在理性诉求和感性诉求中二者择一的表现手法,而综合表现手法则是并用理性诉求和感性诉求的表现手法。实际上,综合表现手法存在着以理性诉求为主还是以感性诉求为主的选择,从而又可以细分为两种形式,即以理性诉求为主、感性诉求为辅的表现手法和以感性诉求为主、理性诉求为辅的表现手法。

第三节 广 告 定 位

一、广告定位的内涵

毋庸置疑,尽管具有同一种需求的社会人口总量可能是相当庞大的,但是却没有任何一种产品能够满足所有人的同一种需求。因而,如何为产品找到最大数量的、具有相似特征的目标受众,并有效地将产品形象深深植根于这些目标受众的心目之中,就应该成为广告主和广告公司进行广告活动所要解决的第一个问题,即广告定位问题。的确,在现代广告活动中,广告定位已经形成广告决策中具有关键意义的环节,其合理与否不仅关系着广告运作整体的效果,也决定着广告诉求的基本方向。

所谓广告定位,是指广告主从消费者的需求出发,把社会人群按照不同的标准细分为不同的购买群体,并选择其中一个或几个市场作为目标市场,通过具体的广告活动,使企业或其产品或产品的品牌在目标市场的消费者心目中确定合理位置的策略和方法。

市场细分的含义与方法

市场细分就是根据消费者的消费需求和购买习惯的差异,将整体市场划分为若干个相互分割的子市场(又称细分市场)的市场分析方法。在每一个细分市场内部,消费者通常具有相对类同的需求。

市场细分的基本方法可概括为四种:第一,地理细分;第二,人口细分;第三,心理细分;第四,行为细分。

目前,广告定位理论已经成为现代广告理论的核心基石之一。广告定位理论的创始人艾·里斯和杰·特劳特曾经做出过如下经典表述,"定位是一种观念,它改变了广告的本质""定位从产品开始,可以是一种商品、一项服务、一家公司、一个机构,甚至于是一个人,也许可能是你自己。但定位并不是要你对产品做什么事,定位是你对未来的潜在顾客心智所下的功夫,也就是把产品定位在你未来潜在顾客的心中。所以,你如果把这个观念叫作'产品定位'是不对的。你对产品本身,实际上并没有做什么重要的事情"。可见,广告定位就是要在广告宣传过程中,为企业和产品创造和培养一定的特色、树立独特的市场形象,争取获得目标市场中消费者的认同,甚至使其对企业或产品产生特定偏好。

二、广告定位的作用

(一)准确的广告定位是说服消费者的关键

在现代经济活动中,生产和销售同类产品的企业数量众多,品牌之间的竞争也异常激烈。广告主通过准确的广告定位,可以在众多的同类产品中突出自身产品的出众之处和特色所在,从而有利于目标受众快速识别并购买本企业的产品。

比如,成功的市场定位理念造就了宝洁公司"没有打不响的品牌"这句经典名言。在洗发水的广告宣传中,宝洁公司分别为飘柔、潘婷、海飞丝这三大品牌进行了特色化的功能定位,海飞丝强调"头屑去无踪,秀发更出众",飘柔突出"飘逸柔顺",而潘婷则强调"营养头发,更健康更亮泽"。这样,三种品牌就各自具有相互补充的市场个性,不仅有利于消费者根据个人需要而主动选择,而且成功避免了自身同类商品的竞争。

(二)准确的广告定位有利于提升产品的市场竞争力

任何消费者在满足自身需求的过程中,都必然因为自身的特征和外部信息的刺激而形成对特定产品的偏好,而且这种偏好通常具有一定的持久性。这种情况下,准确的广告定位可以使企业产品在消费者心目中树立起有别于其他产品的独特魅力,进而使消费者形成对产品的特殊偏好,并由此确立产品的市场竞争优势。

(三)准确的广告定位有利于树立和巩固产品形象与企业形象

从表面上看,消费者购买某种产品是因为这种产品的性价比较其他产品更具竞争力;但是从深层次看,消费者的购买过程其实更是对企业价值观、经营管理文化和服务水平的综合判断过程。鉴于此,准确的广告定位不仅可以树立和巩固产品的市场形象,而且可以通过产品市场形象的确立和改善而促使消费者形成对企业形象的认同和赞誉。

(四)准确的广告定位是广告表现和广告评价的基础和基准

实践证明,任何广告定位的确立,均是建立在详细而严密的市场调查、论证和预测基础之上的,这也决定了广告定位在整个广告活动中的先导性。因此,任何与广告定位相偏离的广告表现形式都必然缺乏足够的市场分析基础,从而难以实现广告的预期效果。同样,对广告效果进行科学的评价,也必须从广告定位的主题出发,综合考虑广告行为是否真正体现了广告的定位思想。

(五)准确地进行广告定位有助于企业经营管理活动的科学化

广告作为现代企业行为中的重要组成部分,是企业宏观战略目标得以实现的重要手段和有力保证。通常情况下,为了保证广告定位的长期有效性,企业就必须适应消费者消费观念和消费行为的调整与变化,进行连续的适应性调整,不断改善经营管理的理念、策略和手段,从而使企业的经营管理活动不断趋于科学化。

三、广告定位的策略

(一)市场定位策略

所谓市场定位策略,就是广告主在整合市场、确定目标受众的基础上,将产品宣传对象定位于最有利的目标市场的策略。现实中,广告主和广告公司可以根据消费者的地域特点、文化背景、经济状况、心理特点、行为习惯等一系列标志对市场进行细致划分,并据此策划和创作出有针对性的广告作品,影响目标公众的购买心理和购买行为。

比如,"万宝路"香烟最初将目标市场确定为女性,并宣传产品"像五月天空一样温和"。但是由于这种市场定位过于狭窄,忽略和排除了男性烟民,导致宣传和销售效果不佳,"万宝路"品牌一直名不见经传。鉴于此,"万宝路"及时调整了目标市场定位,强调产品的男子气概,并且用马车夫、潜水员、农夫、西部牛仔等具有男子汉气概的广告男主角,进一步烘托了产品的男性化特征,使其一跃成为全美国第十大香烟品牌。

(二)产品定位策略

产品定位策略强调最大限度地挖掘产品自身特点,把最能代表该产品的特性、性格、品质、内涵等个性作为宣传形象定位。现实操作过程中,可以从以下几个方面切入:如产品的特色定位、文化定位、质量定位、价格定位、服务定位等。总之,产品定位策略就是通过突出自身优势,通过树立品牌独特形象来赢得市场的定位策略。比如,内蒙古草原兴发股份有限公司抓住了绿色消费理念不断深入人心的市场机遇,将其绿鸟鸡产品的特色定位为"三好",从而在短期内就获得了令人瞩目的市场表现。

(三)观念定位策略

观念定位策略,就是在广告策划过程中,将与产品特性相关联的思想、道德、情感和观念等因素融入产品之中,以此来满足目标受众的物质和心理双重需要,进而提升产品市场竞争力的定位策略。在金六福酒的所有广告中,例如"春节回家篇"和"婚嫁篇",都很好地表现了中国酒文化与中国人对"福""喜"和"运"的心理需求之间的契合关系,这也是金六福酒长期畅销的关键原因之一。

(四)企业形象定位策略

企业形象定位策略是将企业文化、企业情感、企业信誉、企业特色等因素注入广告之中,以此来提高企业的社会认同感和美誉度,并由此提升企业产品的市场竞争优势的广告定位策略。比如,"海尔,真诚到永远"这句经典广告语,尽管没有直接对海尔集团的产品进行宣传和介绍,但却通过对海尔集团企业理念和企业文化的凝练概括,一下子拉近了企业与目标受众的心理距离。

(五)品牌定位策略

品牌定位策略就是将产品定位的着眼点落在扩大和宣传品牌(而不是简单的产品)上的一种广告定位策略。从产品层面看,当前的市场竞争已进入同质化时代,很多同类商品使消费者眼花缭乱,无法从简单的识别中辨别出优劣,就如人们很难区分可口可乐和百事可乐哪个更好喝些一样。这时,品牌就成了企业在竞争中胜出的一把利器,对于赢得目标受众、抢占市场制高点就显得尤为重要。比如,目前很多资金实力雄厚的新创企业不惜重金在央视投放品牌广告,其原因主要在于力图通过央视的媒体优势来迅速获得品牌效应,尽快步入行业领导者之列。

四、广告定位的方法

概括而言,广告定位的方法主要包括如下五种,即:抢先定位、强化定位、比附定位、逆向定位和补隙定位。

(一)抢先定位

抢先定位是指广告主在进行广告定位时,力争使自己的产品品牌率先进入目标受众的心目之中,借此抢占市场第一位置的定位方法。经验证明,最先进入人们心目中的品牌,平均比第二的品牌在长期市场占有率方面要高很多,而且这种关系很难在短期内得到改变。

第三章 广告受众

（二）强化定位

强化定位是指企业在成为市场领导者后,继续通过广告活动,进一步加强产品在购买群体心目中的印象,以确保第一位置的定位方法。比如,在面临百事可乐严峻挑战的情况下,可口可乐公司推出的强化广告语是"只有可口可乐,才是真正可乐"很好地解决了应对市场新进入者的棘手问题。

（三）比附定位

比附定位是指企业在广告定位中,在明确自己当前市场地位的基础上,用直接比较或类比的方法,在目标受众心目中开拓和建立自己的产品形象和产品地位的定位方法。无铅汽油、无糖食品等都是新观念相对于老观念的比附定位,而宁城老窖在广告中宣称自己是"塞外茅台"的做法,则是一种借行业领先者声誉开创自我品牌的比附定位手段。

（四）逆向定位

逆向定位是指企业在面对强大的竞争对手而进行广告定位时,寻求与竞争者截然不同的"非同类"构想来确立自身产品或品牌独特形象的定位方法。"七喜"的广告定位堪称逆向定位的典范,其区别于"可口可乐"和"百事可乐"的"非可乐"定位,一举使其占据了美国饮料市场的探花位置。

（五）补隙定位

补隙定位是指企业在进行广告策划时,根据自己的产品特点,寻找消费者心目中的空隙,并力求在产品的各种特征上有别于竞争对手,以此填补竞争对手留下的市场空白的定位方法。事实上,当前各类产品之间的市场竞争尽管异常激烈,但只要通过对市场的悉心研究,就可以找到竞争对手的薄弱之处和留出的市场空间。

技能训练

1. 分组讨论,列举三条自己认为成功的广告,并从广告诉求和广告行为策略与方法角度分析其成功的原因。

2. 分组讨论,列举三条自己认为失败的广告,并从广告诉求和广告行为策略与方法角度分析其失败的原因。

3. 请通过网络搜索李宁公司"90后李宁"系列广告图片和李宁公司品牌重塑的相关背景新闻,从产品定位和广告受众两个角度分析该系列广告的得与失。

本 章 小 结

1. 广告受众是广告信息的接受者,广告受众分析的任务在于发现目标受众、了解目标受众的需求以及总结目标受众的心理和行为活动规律。

2. 广告受众的信息接收过程大致包括选择性注意、选择性理解和选择性记忆三个基本环节。

3. 广告诉求是广告宣传所要特别强调的内容,它集中体现了广告的整体策略,是决定广告活动成败与否的关键所在。广告诉求的基本方法有两种,其一为理性诉求,其二为感性诉求。

4. 广告定位是指广告主从消费者的需求出发,把社会人群按照不同的标准细分为不同的购买群体,并选择其中一个或几个市场作为目标市场,通过具体的广告活动,使企业或其产品或产品的品牌在目标市场的消费者心目中确定合理位置的策略和方法。广告定位策略主要包括市场定位策略、产品定位策略、观念定位策略、企业形象定位策略和品牌定位策略五种。

第四章　广 告 媒 介

 知识要点

1. 广告媒介的类型；
2. 广告媒介的评价指标；
3. 广告媒体的特点。

 能力要点

1. 在实践中正确选择广告媒介；
2. 灵活运用广告媒介组合。

 实用链接

1. 中国广告媒体网；
2. 国际4A广告网；
3. 广告买卖网；
4. 媒体资源网。

 关键概念

广告媒介：就是指用来传递广告信息,实现广告客户与广告对象之间联系的工具和手段。

鸡蛋上也能做广告

柯达一贯注重运用广告媒体争夺市场,其技巧之妙,令人叹为观止。美国柯达摄影器材公司曾与以色列耶路撒冷的一家禽蛋出口公司签订了一份合约,双方约定用1000万只鸡蛋做广告。人们十分奇怪,怎么使用鸡蛋做广告呢?原来,柯达公司自有打算:它的柯达胶卷及摄影器材在南美市场的销量总是落后于日本富士公司,而以色列这家禽蛋公司的产品在南美地区颇受欢迎,如果能将柯达广告植入到出口南美的鸡蛋上,岂不是可以达到事半功倍的效果吗?毕竟鸡蛋作为大众消费品,人们日常生活中接触非常频繁,完全可以作为一种新奇的广告媒体,不仅可以实现非常高的到达率,而且容易引起人们的好奇心,从而在消费者心中留下较深的印象。于是,柯达公司与该出口公司约定,在其出口到南美洲的鸡蛋上先印上"柯达"彩色胶卷的商标,然后运到南美各国销售。柯达公司为此付给这家公司500万美元,这家公司当然乐意接受,因为它平时每只鸡蛋只售0.1美元,现在可卖到0.5美元,升值5倍。而柯达公司此举也不吃亏,从此使其产品打入了南美市场。

第一节　广告媒介的含义与功能

一、广告媒介的含义

所谓媒介,就是把信息传输给社会大众的工具。媒介又称为媒体,前者是英文 media 的意译,后者为其音译,是外来语,在实际工作中已应用多年。

广告是一种非人际的信息传播活动,必须借助于一定的传播手段和媒介载体才能完成。因此我们现在所拥有的,已经被历史所保留下来的传统媒介——电视、报纸、杂志、广播,以及互联网等新兴媒介,都具备一定的传播效果,也就自然成为广告媒介。随着科学技术的发展,广告媒介更加细分化,非传统媒介也被广泛利用。在广告活动中,媒介充当着桥梁的作用,它沟通了消费者和经营者之间的信息。所以,广告媒介就是指用来传递广告信息,实现广告客户与广告对象之间联系的工具和手段。

二、广告媒介的功能

广告媒介既是传播广告信息的物质基础手段,又是沟通广告主与消费者的桥梁。现实中,无论是哪一种广告媒介,在传播广告信息的过程中,一般都具备以下基本功能。

(1)传达功能。美国著名传播专家施拉姆在《传播学概论》中写道:"媒介就是在传播过程中,用以扩大并延伸信息的传播工具。"可见,广告媒介具有筛选、加工和扩散信息的功能。由于广告媒介不受时空的限制,故其传播的范围和对象具有广泛性和渗透性,也就是说,不论受众在什么地方,广告媒介都会发挥作用。

(2) 吸引功能。广告媒介是传播一定信息或宣传特定内容的工具与手段,因而广告媒介自身就具有一定的特色和吸引力。这种特色和吸引力,会强有力地吸引特定的消费者。因此,如果能将符合这种媒介特色的广告刊登其上,其宣传效果就会成倍增长。

(3) 服务功能。广告媒介可以根据自身的特点,为广告主、广告经营机构、媒介受众提供有用的、真实的信息,满足不同层次的需要。对广告主来说,可将企业的经营特色、产品等方面的供给信息提供给目标市场;对广告经营机构来说,可通过广告媒介发布供求双方面的信息;对广大受众来说,可以通过广告媒介了解各种品牌产品的信息,为他们的购买决策提供依据。

(4) 适应功能。广告媒介多种多样,可以适应不同广告信息的传播性质与要求,因而就可以满足不同广告主与广告公司的信息传播需要。不同广告主的广告商品具有不同的广告对象、发布地区和宣传形式,同时也受广告主自身经费与周围环境(社会、市场、竞争等环境)的限制,因此就产生对广告媒介各自不同的要求。广告媒介的这种高度灵活和适应能力,能充分满足广告信息的这些特定需要,更好地为广告宣传服务。

第二节　广告媒介的类型与特点

一、广告媒介的类型

广告媒介虽然种类繁多,但我们可以根据不同的标准,将其划分为以下几种类型。

(1) 按媒介的传播规模来分,广告媒介可以分为大众传播媒介和小众传播媒介。大众传播媒介主要指报纸、杂志、电视、广播、互联网络等传播受众比较广泛的传播工具。小众传播媒介则是指邮寄品、传单、橱窗、包装纸、招贴、路牌等传播范围相对较窄的传播工具。

(2) 按照媒介的传播内容来分,广告媒介可以分为综合性媒介和单一性媒介。综合性媒介是指能够传播多种广告信息的工具,如报纸、杂志、广播、电视、车船、路牌等。单一性媒介是指只能传播某一种或几种广告信息内容的工具,如包装纸、橱窗等。

(3) 按照表现形式来分,广告媒介可分为印刷媒介、电子媒介、户外媒介、售点媒介等。

(4) 按照功能特点来分,广告媒介可分为视觉媒介、听觉媒介和视听两用媒介。其中,视觉媒介包括报纸、杂志、海报、传单、招贴、路牌、橱窗、实物等。听觉媒介包括无线广播、有线广播、宣传车、录音和电话等。视听两用媒介主要包括电视、电影、互联网及其他表演形式等。

二、广告媒介的特点

广告媒介种类繁多,而且各种媒介又有各自的优势和不足,为了更好地进行广告活动,必须了解它们各自的特点。

(一) 报纸媒介

报纸媒介是用印刷符号传递信息的定期连续出版物。报纸是最早向公众传播广告信息

的媒介。

报纸数量和种类众多,可以按照不同的特性划分为不同的类型。比如,按照发行和覆盖区域的不同,报纸可以分为全国性报纸和地方性报纸;按照出版时间的不同,可以分为早报、日报、晚报、周末版报纸。按照内容的不同,可以分为时政类报纸、经济类报纸、生活服务类报纸、体育类报纸、行业类报纸等。

1. 报纸媒介的优点

第一,传播面广,读者稳定。报纸的发行网遍及城乡,发行量始终在不断增长。作为一种受众主动阅读且传阅率较高的媒介,其读者数量和发行量成倍数关系,这就为广告传播提供了庞大的受众群。另外,报纸一般都有一定的读者群,发行常常具有一定的地域性,便于广告主根据目标市场的需要进行选择。

第二,时效性强,传播迅速。在通常情况下,各地的日报都能隔日报道重大新闻,而各地的晚报则能报道当天上午发生的重大新闻。有的报纸利用卫星传递技术就近印刷,大大缩短了发行时间。这样,一些讲求实效的广告可以得到及时刊登,使报纸成为时效性强、传播迅速的媒介形式。

第三,版面灵活,制作简易。报纸广告不需要复杂的制作程序,从稿件的处理到制版印刷需要的时间很短。同时,广告版面灵活多样,文字可多可少;表现形式既可以图文并用,也可以运用叙述、说理等文字题材。广告的大小、颜色和有关细节都可以灵活掌握,能充分满足广告主的要求。

第四,阅读方便,便于保存。报纸作为信息传递工具,购买、携带、阅读都十分方便,不受地点和设备的限制。读者可以自行安排时间,自由选择地点,自由选择广告内容进行阅读。报纸广告与报纸正文并存,读者对阅读的选择性强,降低了广告接受的强制性,减缓了受众的心理抵制。另外,报纸是印刷媒介,可以保存,便于查阅。

第五,享有权威,效果显著。作为一种信息传播工具,报纸具有新闻性、保存性、教育性、广泛性、综合性等诸多特点,其社会信用比较高。特别是一些有影响的报纸,在读者中享有较高的威信。而报纸广告可以借助媒介本身的威信,扩大广告效果,增加读者对广告内容的信任。

第六,费用低廉,图文并茂。报纸本身的售价较低,读者主动购买的可能性大,有利于广告的传播;报纸广告的费用在四大媒介中相对较低,有利于广告主灵活运用广告预算。现代报纸广告不仅有色彩逼真的插图,而且可以配上较为详尽的文字,对某些重要信息进行详细介绍和说明,从而收到较好的广告效果。

2. 报纸媒介的缺点

报纸媒介的优越性较多,但同时也具有一定的局限性,主要表现如下。

第一,有效时间短。由于大多数都是日报或晚报,每日一期,发行频繁,每张报纸发挥的时效性都很短,很多读者在翻阅一遍之后即顺手弃置一边,重复阅读的可能性小。

如何增进报纸广告的效果？

1. 彩色广告。
2. 版面大小合适。
3. 在报眼、头版、末版刊播广告效果好。

第二，注意率低。报纸内容庞杂、包罗万象，加上广告的位置一般不很明显，现代社会的人生活节奏都很快，无法对报纸进行详细阅读，所以广告的注意率通常比率低。同时，由于受版面限制，经常造成同一版面的广告拥挤，影响读者的阅读效果，许多广告也可能不被注意到。

第三，呆板、色感差。报纸广告主要通过文字与图片传播信息，通常以黑白印刷为主，效果缺乏亲切感、动态感、色泽感和立体感，总给人一种呆板单调的感觉，虽然近些年报纸彩色印刷有所增加，但是单调呆板的总体局面并没有发生根本改变。

第四，广告信息传播受受众文化水平限制。报纸媒介主要借助文字传播广告信息，它要求读者具备一定的阅读能力和理解能力，它无法对不识字的人产生广告效果。对文化程度的要求，使报纸媒介在一些文化水平不高的地区难以收到理想的效果。

3. 报纸广告的分类

报纸广告从其位置和特点角度考虑，可以分为如下八类。

第一，报眼广告。也称刊头广告，即在报纸的刊头右上角刊登与报名所占版面的面积相当的广告。这个位置用来刊登广告，显然比其他版面广告注意值要高，并会自然地体现出权威性、新闻性、时效性与可信度。

第二，跨版广告。即跨两个完整的版面来制作广告。跨版广告很能体现企业的大气魄、厚基础和经济实力，是大企业所乐于采用的。

第三，整版广告。即由报纸的一个完整的版面来制作的广告。

第四，半版广告。即用报纸的二分之一版面来制作广告。

第五，正版广告。即在报纸的第一版上刊登广告。

第六，次版广告。除报纸头版以外的各版所登的广告均为次版广告。

第七，特约广告。它是以极其简练的广告内容和图案登载在报纸特约专栏内的小广告，通常用于宣传企业名称、产品商标、经营特色、经营项目等。

第八，中缝广告。即是在报纸的两个版面相连接的空隙之中所刊登的广告。

采用不同种类的报纸广告，效果不同，相应的费用自然也大相径庭（参见表4.1）。

表 4.1 《中国青年报》2017 年广告价格　　　　　　　　　　　单位:元

基本版位							
版位 规格(高×宽)		头版	2版	3版	4版	5\8\9\12版	6\7\10\11版
整版	48×35cm		180 000	180 000	200 000	160 000	140 000
1/2版	24×35cm	200 000	90 000	90 000	100 000	80 000	70 000
1/3版	16×35cm	135 000	60 000	60 000	67 000	54 000	47 000
1/4版	24×17.5cm	—	45 000	45 000	50 000	40 000	35 000
	12×35cm	100 000					
1/6版	16×17.5cm		30 000	30 000	34 000	27 000	23 500
	8×35cm	66 250					
1/8版	12×17.5cm	—	22 500	22 500	25 000	20 000	17 500
通栏	10×35cm	80 000	40 500	40 500	45 000	36 000	30 000
半通栏	10×17.5cm		20 000	20 000	22 500	18 000	15 000
1/12版	8×17.5cm		15 000	15 000	16 700	13 300	11 750
报眼	6.5×11.5cm	30 000	—	—	—	—	—
报花	3×5cm	—	2 000	2 000	2 000	2 000	2 000
版面	3×10cm		10 000	10 000	10 000	10 000	10 000
特约刊出	3×5cm		5 000	5 000	5 000	5 000	5 000
异型广告							
上位广告	16×35cm	—	81 000	81 000	81 000	75 000	70 500
竖半版广告	48×17.5cm		120 000	120 000	120 000	112 500	105 000
小全版	35×23.5cm		117 500	117 500	117 500	110 200	102 900

注:(1) 本报黄金版面,如青年话题、冰点周刊等,广告规格只限 4×35cm、5×35cm、6×35cm;价格分别为 20 000 元、25 000 元、30 000 元。(2) 1、4 版为全国彩色印刷;5、8、9、12 版为京沪粤滇四地彩色印刷。

(资料来源:媒体资源网."《中国青年报》2017 年广告价格"。)

(二) 杂志媒介

杂志是视觉媒介中比较重要的媒介。杂志可以按其内容分为综合性杂志、专业性杂志和生活杂志;按其出版周期则可分为周刊、半月刊、月刊、双月刊、季刊及年度报告等;而按其发行范围又可分为国际性杂志、全国性杂志、地区性杂志等。杂志媒介与偏重新闻的报纸不同,它更偏重知识性、趣味性和教育性。

1. 杂志媒介的优点

杂志的功能特点同报纸一样,作为印刷广告媒介,同样具有许多优点。

第一,读者集中稳定,针对性强。不管是专业性杂志还是一般性杂志,都有相对集中稳定的读者对象。特别是一些专业性杂志,由于具有固定的读者群,可以使广告宣传深入某一专业行业。目前,杂志的专业化倾向发展得很快,如医学杂志、科普杂志、各种技术杂志等,其发行对象是特定的社会阶层或群体。因此,对特定消费阶层的商品而言,在专业杂志上做广告具有突出的针对性,适合于广告对象的理解力,能产生深入的宣传效果,而很少有广告浪费。

第二,阅读率高,有效期长。杂志没有阅读时间的限制,可以反复、经常、仔细阅读,因而有效时间长。同时,杂志常常被传阅,信息传递率也比较高。这些特点使得杂志广告在时间上得以延伸,在空间上得以拓展。

第三,印刷精美、表现力强。杂志的印刷比较精美,尤其是图文并茂的杂志广告,更能真实地反映商品形象,用较好的表现手段来突出商品的色彩、质感等,具有较强的艺术感染力,使读者在阅读时感到是一种高尚的艺术享受,视觉冲击力较强,因而广告效果较好。

2. 杂志媒介的缺点

第一,出版周期长,时效性不强。因为杂志出版周期长,少则七八天,多则半年,因此,不能像报纸媒介那样能够迅速及时地反映市场变化,不能刊载时间性要求较强的广告。

第二,专业性强,影响面窄。不少综合性杂志由于缺少专业化特色,又缺乏广泛的影响力,因而为广告主所忽视。而由于专业杂志的读者通常是特定的,接触对象比较单一,一些具有全民性消费习惯或适应面广的商品,一般不适合选用杂志媒介。另外,如果广告内容与杂志的性质不同,也会降低广告宣传效果。这使得杂志在与其他广告媒介进行竞争时,缺乏竞争力,难以揽到广告客户。

第三,制作复杂,成本较高。杂志广告多采用铜版纸彩色印刷,制版费、加色费都较高;再加上只有在封面、封底、封二、封三的位置上刊登广告,其效果才比较显著,因此收费相应较高。所以,一般在着重表现商品外形、色彩时,广告主可能会考虑使用杂志媒介,否则都会选择其他媒介形式。

3. 杂志广告的分类

第一,封面广告。是指在杂志的封面上制做广告,封面广告最能吸引人的注意力,使人产生记忆,留下印象。

第二,封底广告。即在杂志的封底上制做广告,它与封面广告一样,能引人注目,使人产生记忆,留下印象。

第三,封二、封三广告。即分别在封面、封底的背面制做广告,其广告的效果要比封面、封底广告差一些。

第四,插页广告。将广告单独印成一页夹在杂志之中发送出去,这种广告在杂志中比较引人注目,容易引起读者的注意,特别是若干插页广告设计印刷得精美,更是会赢得读者的喜爱。许多广告主会利用某些重大节日,将广告印刷成贺卡的形式发布出去,效果很好。

> **小贴士**
>
> 据统计,杂志广告的注意率和注意程度因版面不同而不同。一般杂志封面的注意程度高于其他版面好几倍。杂志中最引人注目的是封面、封底,其次是封二、封三,随着页码向中间过渡,其注目程度渐差,但中心插页的注目程度相对较强,尤其是在中心插页做彩色跨页广告,效果尤佳。根据专家研究的结果,如封面注意程度为100的话,其他版面则为:封底80;封二70;封三65;杂志内页为50。其中右页高于左页5左右。

(三)广播媒介

广播是利用电波传递声音的工具,它通过语言和音响效果,诉诸人的听觉,充分发挥声音的抑扬顿挫、轻重快慢以及节奏感、感情色彩等方面的特点,唤起人们的联想。广播媒介开始发展于20世纪初,在其后的多种广告媒介的竞争中,广播凭着其独特的功能而保有其竞争力,在广告市场中占有相当地位,发挥着较为重要的作用。

按照传播方式的不同,广播可以分为有线广播和无线广播。有线广播主要在农村和中小城镇,传播范围有限。目前用做广告媒介的广播主要是无线广播。无线广播是通过无线电波传送节目的广播形式。

按照调制方式的不同,广播可以分为调频广播和调幅广播。按照使用的波长可以分为长波广播、中波广播、短波广播、超短波广播等。

由于大众传播媒介的竞争,受众兴趣的分化,广播出现了专业化的趋势。专业广播电台在某一方面为受众提供专门服务,节目内容有特定的范围。目前的专业广播电台有新闻台、教育台、体育台、文艺台、音乐台、交通台、服务台等。由于播出特定内容的节目,因此专业广播电台一般拥有稳定的受众,其受众兴趣相对固定。

> **小贴士**
>
> 国家新闻出版广电总局局长在2016年亚洲广播大会开幕式上介绍,截至2015年底,全国共开办广播节目2941套,全年制作节目超过771万小时,播出公共广播节目超过1421万小时,全国广播综合人口覆盖率达到98.77%。

1. 广播媒介的优点

第一,传播迅速,覆盖面广。广播能以最快的速度传递信息,每秒可以达到30万公里,收到信息即能迅速传播出去。广播不受地区、交通、路程和气候等条件的限制,几乎无时不在、无处不在,是传播范围最广、覆盖率最高的媒介之一。

第二,收听方便,不受限制。由于收音机携带方便,广播广告可以不受空间限制,不论身在何处,都可以随时收听。另外,广播受众十分广泛,不论男女老少,不论文化程度高低,只要具有听觉条件的人,都能利用广播收听广告。

第三,以声传情,激发联想。广播以声音诉诸听众,通过抑扬顿挫、声情并茂的播音,再应用音乐感染受众的情绪,进而使之对商品产生美好的联想。近些年来广告媒介还经常通过直播与听众进行互动,也收到了较好的宣传效果。

第四,制作简单,费用低廉。广播广告制作简单,从写稿、录音到播出可以在很短的时间内完成,收费一般比较低廉。而且由于广播广告制作不需要太复杂的技术,广告价格相对便宜,可供更多的广告主选择。

2. 广播媒介的缺点

第一,稍纵即逝,无法保留。广播信息以声音传递,稍纵即逝,很难一下子听清楚和记下来,这使得广播广告效果有时不尽如人意。

第二,有声无形,形象感差。广播广告只能以声音传播信息,形象感差,对于一些外观极其重要的产品,如服装、家具等,不易使消费者产生立即购买的冲动,尤其不能传递带有专业性名词和具有烦琐数据对照的商品信息,有些词句在书面上看起来很容易理解,但仅凭听觉却让人捉摸不定,很难让消费者对商品形成清晰的印象。

3. 广播广告的分类

第一,普通广播广告。此类广告系指广播电台在播出期间内,应广告主的要求和节目播放特点而划定专门的时间段,以供广告主播放广告的一种广告宣传方式。

第二,特约栏目广告。此类广告通常是由企业和广播电台合办,旨在宣传企业产品、传播企业形象或提高企业知名度的一种广告宣传方式。该类广告的内容有时同企业的经营有关,如某些医院同电台合办"某某医院专家门诊";有的栏目内容则同企业经营无关,企业合办栏目的目的只是为了提高知名度和企业形象,比如有些企业会同广播电台合办"某某企业点歌台"之类的栏目。

(四)电视媒介

电视媒介是运用电波把声音、图像同时传送和接收的视听结合的传播工具,是一种具有多功能的大众传播媒介。在四大媒介中,电视的发展历史最短。电视发明于1924年,正式播出始于1936年。在我国,1958年北京电视台作为中国第一座电视台开始试播,1978年改名为中央电视台。电视这种视听结合的先进的传播工具,以其独特的优势,得到了突飞猛进的发展,目前在我国已经成为最有影响力、最受大众欢迎的传播媒介。

按照传输技术的不同,电视可以分为有线电视、无线电视、卫星电视,近年又出现了图文电视;按照覆盖范围的不同,电视可以分为全国性电视媒介、地方性电视媒介;按照电视传播内容的不同,电视又可以分为新闻频道、体育频道、经济频道、电影频道、音乐频道、戏曲文艺频道、生活频道等。

1. 电视媒介的优点

第一,声形兼备,形象直观。电视既能听,又能看,直观真实,可以让观众看到富有表情和动作变化的动态画面,生动活泼,别开生面,更主要的是可以突出展现商品个性,如外观、内部结构、使用方法、效果等,富有强烈的表现力和感染力,尤其在其突出商品诉求重点方面

是任何媒介也比不上的,因而对观众具有广泛的吸引力,能够强烈地刺激消费者的购买欲望,收到极好的广告效果。

第二,传播迅速,覆盖面广。电视与广播一样,也是运用电波传送信息符号,信息传递十分迅捷及时,不受距离、空间等因素的影响,特别有利于发布时效性较强的广告信息。目前电视在城乡得到了前所未有的普及。由于通信卫星的使用,电视网络可以覆盖全球。并且,通过电视对握有购买决定权的家庭主妇进行广泛的广告宣传,能为一般日用品及耐用消费品的销售奠定基础。

第三,形式多样,感染力强。电视以独特的技巧,集形、色、声于一体,既可以直接介绍产品,也可以通过故事情节、歌曲、动画、特技等形式把广告内容表现出来,在短短几十秒时间内给人以强烈的印象。如万宝路广告:以美国牛仔豪迈的形象,配以壮丽山河、骏马奔腾的画面和美妙音乐,使人百看不厌。这种信息与艺术的融合,使人在接受广告的同时得到艺术享受,的确具有强烈的艺术吸引力和渲染力。

2. 电视媒介的缺点

第一,稍纵即逝,难以保存。电视广告的传播受时间的限制,信息呈现在屏幕上的时间十分短暂,一般广告只有5秒、10秒、15秒、20秒、30秒等几种变化,1分钟以上的很少。在较短的时间内,广告里连续播出多种画面,闪动很快,转眼即逝,不易记忆。因此,电视广告如果播出次数少,很难给人留下清晰而深刻的印象,又难以保存和事后查找。

第二,制作复杂,费用昂贵。电视广告的设计和制作程序较多,包括写广告脚本、变画面情节、配音乐和解说词等。有的广告还需要高价聘请演员、挑选著名景点等。而且,电视广告在播放时,频道租借费用也极高。因此,电视广告的制作费用、播出费用都较为昂贵,这使一般广告主难以负担。

第三,被动接受,影响效果。绝大多数观众收看电视不是为了看广告,对穿插电视节目中间的广告,观众的收看是被动的,具有勉强性,容易引起消费者的逆反心理,为此,观众经常寻找回避广告的方法,如频道搜索、去洗手间、到冰箱取东西,或者与人交谈等,从而影响广告传播效果。

3. 电视广告的分类

第一,特约播映广告。指电视台为广告客户提供特定广告播出时间,客户通过订购这类广告时间,把自己的产品广告在指定的电视节目的前、后时间段加以播放的一种广告宣传方式。

第二,普通广告。指电视台在每天的播出时间里划定几个时间段以供客户播放广告的一种广告宣传方式。

第三,赞助广告。指广告主出资赞助电视台举办节目或组织活动,取得该节目的冠名权,并从中插播广告客户的产品广告或播报企业名称。赞助广告分为独家赞助广告和多家赞助广告。

第四,直销广告。指电视台为客户专门设置广告时间段,某一厂家或企业利用这个时间段向广大观众介绍自己生产或销售的产品和商品。

第五,公益广告。是一种免费的广告,主要是由电视台根据各个时期的中心任务,制作播出一些具有宣扬社会公德、树立良好的社会风尚的广告片。

(五)网络媒介

网络媒介是伴随着互联网的发展而产生的一种新型媒介,作为20世纪90年代以后诞生的新型媒介,互联网已经成为人们日常生活的一部分,并以其优越的传播特性,为广告业的发展提供了广阔的市场空间。

1. 网络媒介的优点

网络媒介的传播优势主要表现为以下四个方面。

第一,覆盖面广,互动性强。网络广告的信息传播是全天候的,不受时间、地域等限制,只要具备上网条件,任何人,在任何地点都可以阅读。这是传统媒介无法做到的。其信息覆盖面广,受众选择性大,信息交流的互动性强。广告主可以选择适当的时机以比较有弹性的方式刊登广告,而消费者则可以选择最适合自己的时间,从容不迫地接受信息、选择广告内容。更重要的是,网络媒介采用的是一对一的传播模式,即广告信息一次只涉及一个广告对象。广告受众可以根据自身的需要和兴趣,主动地选择和访问相关站点。由于传播模式的变化,消费者能够和广告主进行深入的交流,从而进行有效的互动,这是传统媒介无法做到的。

第二,针对性强,准确性高。传统媒介具有盲目性和无效性,造成了广告预算的极大浪费,且效果不够显著。而网络广告的受众是具有活力、受教育程度较高、购买力较强的群体。广告主可以根据网站受众实现针对性的投放,直接命中最有可能的潜在用户。网络广告统计准确性也较高,无论是曝光次数,还是用户产生兴趣后进一步单击广告的次数、查阅的时间分布和地域分布,都可以进行精确的统计,从而有助于广告客户正确评估广告效果,审定广告投放策略,把握广告目标。

第三,信息量大,感官性强。信息网络是一个没有边界的世界,在这个无边界的数字化空间中,可以十分详尽地介绍大量的商品信息和企业信息,满足公众深入了解的需要。同时,网络广告的载体基本上是多媒体、超文本格式文件,只要受众对某产品或信息感兴趣,轻按鼠标就能了解更为详细的信息,使消费者能亲身体验产品、服务与品牌。这种以图、文、声、像的形式,传送多感官的信息,让顾客如身临其境般感受商品或服务,并能在网上预订、交易与结算,将极大地增强网络广告的实效性。

第四,成本低廉,灵活性强。互联网上创作广告,创意设计和制作几乎不用材料费用,一切工作都可以借助计算机平台完成,而且发布广告也更加经济,具有明显的集约化效应,是实现广告"最小化投入、最大化收益"目的的最佳途径。另外,在网络上做广告灵活性强,能按照需要及时变更广告信息,改正广告中的错误就更容易了。这使得企业经营决策的变化可以灵活地实施和推广。同时,网络广告的信息反馈也非常快捷,消费者可以直接与厂商交流,厂家也可以从网络广告的统计情况中了解网络广告的效果。

2. 网络媒介的缺点

网络媒介作为一种新兴的广告媒介,就目前情况来看,还主要存在以下几方面的不足。

第一,条件要求高。广告受众必须通过计算机联网才能接触到网络广告,除了不方便以外,还有操作者计算机水平以及语言的限制、网络畅通速度和普及程度的限制等,重复率不足,到达群体有限。

第二,缺乏权威性,可信度低。网络管理尚不健全,存在网络欺骗现象,致使网络广告可信度低。

第三,上网费用高。对网民来说,上网费是一笔不小的开支,这在一定程度上限制了受众对网络广告的接触。

小贴士

由中国互联网络信息中心(CNNIC)于 2016 年 1 月发布的《第 37 次中国互联网络发展状况统计报告》显示,截至 2015 年 12 月——

中国网民规模达 6.88 亿,全年共计新增网民 3951 万人。互联网普及率为 50.3%,较 2014 年底提升了 2.4 个百分点。

中国手机网民规模达到 6.20 亿,较 2014 年底增加 6303 万人;网民中使用手机上网人群占比由 2014 年的 85.8%提升至 90.1%。

中国网民中农村网民占比 28.4%,规模达 1.95 亿,较 2014 年底增加 1694 万人。

3. 网络广告的分类

网络广告的表现形式丰富多彩,目前在国内外的网站页面上常见的网络广告形式大致有以下几种。

第一,按钮型广告。这是网络广告最早的和常见的形式。通常是一个链接着公司的主页或站点的公司标志,并注明"点击"字样,希望网络浏览者主动来点选。按钮广告的不足在于其被动性和有限性,它要求浏览者的主动点选,才能了解到有关企业或产品的更为详尽的信息。

第二,图标广告。图标广告常常用于显示公司或产品的图标,单击后可直接链接到广告企业的站点,该方式价格低廉,效果非常好。

第三,旗帜广告。网络媒介者在自己网站的页面中分割出一定大小的画面(视各媒介的版面规划而定)发布广告,因其像一面旗帜,故称为旗帜广告。旗帜广告是一个表现商家广告内容的图片,放置在广告商的页面上,通常大小为 468×60 像素或 233×30 像素。旗帜广告允许客户用极简练的语言、图片介绍企业的产品或宣传企业形象。它又分为链接型和非链接型两种。此种广告重在树立企业的形象,扩大企业的知名度。

第四,主页型广告。将企业所要发布的信息内容分门别类制作成主页,置放在网络服务商的站点或企业自己建立的站点上。主页型广告可以详细地介绍企业的相关信息,从而让用户全面地了解企业及企业的产品和服务。

第五,分类广告。分类广告类似于报纸杂志中的分类广告,是一种专门提供广告信息服务的站点,在站点中提供按照产品或者企业等分类检索的深度广告信息,这种形式广告为那些想了解广告信息的访问者提供了一种快捷、有效的途径。

第六,赞助式广告。赞助式广告形式多样,广告主可根据自己感兴趣的网站内容或网站节目,在内容赞助、节目赞助、节日赞助等赞助形式间进行选择。其中,网站节目特指时效性网站,例如:澳门回归网站,世界杯网站。另外,节日赞助是指网站在特别节日所推出的网站推广活动。

第七,插播式广告(弹出式广告)。在访客登录网页时强制插入一个广告页面或弹出广告窗口。有点类似电视广告,都是打断正常节目的播放,强迫观看。插播式广告有各种尺寸,有全屏的,也有小窗口的,而且互动的程度也不同,从静态的到动态的,全部都有。浏览者可以关闭窗口不看广告(电视广告是无法做到的),但是它们的出现没有任何征兆,肯定会被浏览者看到。

第八,电子杂志广告。电子杂志广告,利用免费订阅的电子杂志发布广告,电子杂志的版面与一般的 Web 页广告类似,广告形式可以是文字或者图片。

第九,文字链接。文字链接采用文字标识的方式,单击后可链接到相关网页,也称链接广告。该方式点中率高,价格低,效果好,通常用于分类栏目中。

第十,移动广告。该广告是以一种可以在屏幕上移动的小型图片广告,用户用鼠标单击该小型图片时,该移动广告会自动扩大展示广告版面。移动广告目前在许多网站的主页上比较流行,但是移动广告随着页面的移动而飘忽,会影响上网者的视觉,让人厌烦,有一定的负面效应。

(六) 其他媒介

1. 直邮广告

直邮广告是指通过邮政系统将广告直接寄给受众。直邮广告媒介主要是从企业的邮购订单发展而来。如果按广告支出计算,直邮在美国是排名第三的广告媒介,仅次于报纸和电视。今天的直接邮寄广告媒介,已经与数据库营销相结合,成为一种既承担广告信息传播功能,又承担直接销售功能的广告媒介和营销手段。

直邮广告在各类媒介中具有与众不同的功能,可分为销售函件、商品目录、商品说明书、小册子、名片、明信片以及传单等多种形式。如果对邮件进行精心设计,运用恰当,往往可以取得相当好的效果。其优点在于针对性强、信息量大,不受时间和地域限制,个性化突出,且可实现双向沟通。而其缺点则在于选定发送对象名单较困难,可信赖性低且容易被轻视。

2. 售点广告

售点广告(Point of Purchase Advertising,简称 POP)又称销售现场广告。售点广告于 20 世纪 30 年代出现于美国,而于 20 世纪 70 年代末、80 年代初传入我国。售点广告一般布置在各地零售店的店内及店门口,运用已相当普遍,被誉为"市场营销的尖兵""无声的导购员"。

售点广告包括室内 POP 和室外 POP。室内 POP 主要包括货架陈列广告、柜台广告、模特儿广告、圆柱广告、商店四周墙上的广告、空中悬挂广告等。室外 POP 是指购物场所、商

店、超市门前和周围的一切广告媒介形式,主要包括广告牌、霓虹灯、灯箱、电子显示屏、招贴画、商店招牌、门面装饰、橱窗等。

售点广告的优势可以概括为美化商店,烘托气氛;简单易懂,便于识别;营造销售氛围,提升企业形象。而其不足之处在于媒介影响面小但设计要求却较高。

3. 户外广告

户外广告(Out Door,简称 OD),凡是能在露天或公共场合通过广告表现形式同时向许多消费者进行诉求,达到推销商品目的物质都可称为户外广告媒介。户外广告和 POP 广告不同,如在某零售店的门口悬挂招牌,这就属于 POP 广告;如果是指示商店所在的位置,离门口 10 米以外,则属于户外广告。

户外广告可分为平面和立体两大类:平面的有路牌广告、招贴广告、壁墙广告、海报、条幅等,立体广告分为霓虹灯、广告柱以及广告塔灯箱广告等。在户外广告中,路牌、招贴是最为重要的两种形式,影响甚大。设计制作精美的户外广告带可成为一个地区的象征。

户外广告的优势主要包括地理位置的可选择性、传播信息的持久性和信息表现的直观性等,而其不足之处则表现在其覆盖面小、易破损、灵活性差等方面。

4. 交通广告

交通广告是利用公共汽车、电车、火车、地铁的厢体或交通要道设置或张贴的广告。交通广告可分为车站广告、车身广告和车厢广告,因其流动性大、接触的人员多、人员阶层分布广而成为很有影响的地区性广告宣传媒介。交通广告具有阅读人员多、阅读对象阶层分布广泛、阅读时间长、费用低廉的特点,可以用于售价低的大众日化用品的广告宣传和进行短期的预告性宣传,如新电影的上映、新店开业预告等。同时,由于交通广告的制作成本低,对中小企业的广告宣传很有帮助。另外,由于人员的流动性大,交通广告对新产品打开知名度进行广告宣传也是很有价值的。制作费用同其他户外广告差不多。

第三节 广告媒介的选择与组合

广告媒介的选择是指为实现广告目标,以最少的成本选择最恰当的广告媒介,通过其把广告信息传达给预定的目标消费者,并保证接触者的数量和接触的次数。简单地说,广告媒介选择的实质就是要以最小的成本取得最佳的效果。

一、广告媒介的选择依据

广告媒介既然存在这么多,而且每一种都有其优点和缺点。因而,就存在一个媒介的选择问题。另外,在广告的制作和发布过程中,由于媒介发布费用通常占企业广告费用的 80%以上,故对广告媒介的选择就十分重要。只有适当的广告媒介才能有效地覆盖企业的目标市场,才能完美地表现产品的特征,才能引起目标市场消费者的注意和兴趣。否则会出现"传而不达"的现象。概括而言,在进行广告媒介选择时,除需了解媒介的特点外,还要考虑以下要素。

(一)企业的广告或营销目标

一般的,企业的广告或营销目标大致可分为三类:扩大销售额、增加市场占有率、提高企业或产品的声誉。那么,选择媒介就应该针对这三种不同的营销目标,根据媒介的特点来合理地进行选择。比如,扩大销售额要求广告能促使消费者立即购买,缩短他们的购买决策过程。这里,较为理想的媒介选择顺序应该是电视、电台、售点广告、直销广告、报纸、杂志,这个顺序是由媒介本身的传播速度及信息接受者的接受方式所决定的。

增加市场占有率主要表现为商品与商品的竞争。它要求广告一方面能争取新的消费者,另一方面能把已使用竞争对手商品的消费者吸引过来,以此加强自身的竞争地位。对于这个营销目标以报纸、杂志广告效果最佳。其次是电视与广播广告,再次是售点广告、直销广告。

提高企业或产品声誉的着眼点不在于一时的销售数量,而是放眼于将来,它并不是要求广告促使消费者立刻去购买,而是要求广告能使受众对企业或产品产生好感。出于这种目的,媒介选择报纸、户外广告、交通广告最为适宜。当然,广播、电视也有助于实现目标。另外,体育比赛场地广告,精彩电视节目的赞助性广告也能起到很好的作用。

(二)目标市场

目标市场是企业经营活动指向的对象,它既是对广告媒介进行选择的基本因素,也是关键因素。

(1)针对以地理范围划分的目标市场选择广告媒介。

企业的目标市场如果是以地理标志来划分的,可以归纳为两种类型:全国范围目标市场和重点目标市场。企业的产品已经在某一范围内建立起销售网,并想进一步把产品推向全国,可寻求一个成本低、广告信息暴露量尽量大的媒介组合。而杂志、广播及交通的媒介比较理想。也可以考虑在发行量大的全国性报纸和全国性电视台集中投入广告。但以全国范围目标市场为对象的广告活动毕竟不多,企业较多的是选出一个重要的特定细分市场为自己的目标市场,针对重点目标市场,媒介的选择要能有效地覆盖这一特定的市场。因此,选择地方性报纸、地区性电台、户外广告、交通广告最为适宜。

(2)针对不同目标群体选择媒介。

比如,洗衣粉的消费者很多是已婚妇女,在晚上新闻节目前几分钟里,她们有的正忙家务,有的刚开始吃饭,有的甚至还在回家途中。因此,即使这是媒介的黄金时段,但也不太适合洗衣粉产品的媒介安排。

又比如,化肥、农药等农业生产资料的购买对象是农民,他们有听广播的习惯,所以利用广播来介绍这些商品就比用报纸杂志更容易被他们接受。

从接受能力来讲,在文化水平不高的地区,报刊广告的效果必然很差。在经济条件差的地区,电视机的普及率不会很高,因此在电视上做广告很不适宜。

(三)产品特性

商品本身的性质、特点是选择广告媒介的重要根据。商品按其用途可以分为生产资料和生活资料,这些产品又有高、中、低档之分。一般而言,生产资料技术性强、结构用途复杂,

所以宜用文字图形印刷广告,如报纸、杂志、产品说明书等,这些广告媒介能够详细地说明产品的结构、性能、保养、维修方法。而日用消费品最好用形、声、色兼备的电视媒介,或广播媒介,因为这种媒介具有形象感,能诱发消费者的购买欲望。如在电视里做服装、鞋帽广告,感兴趣的人就会多,广告效果就比较好。

(四) 媒介费用

选择媒介还要考虑自身的财力,量力而行。不同的广告媒介其收费标准不同,就是同一媒介,也因发布的时间、位置的差异采取不同的收费标准。媒介的费用分为两种:绝对费用和相对费用。

(1) 媒介的绝对费用。

绝对费用是指使用媒介的费用总额,不同媒介的绝对费用差距很大。一般来说,电视的费用是最高的,依次是杂志、报纸和广播。

(2) 媒介的相对费用。

在对广告相对费用的研究中,千人成本(Cost Per Thousand,简称CPT)是一个具有代表性的重要的指标,它是指向每千人传播广告信息所支付的费用。

用公式表示就是:

$$CPT = \frac{广告媒介的绝对费用}{预计传播人数(以千人为单位)}$$

以电视广告为例,虽然它的绝对费用很高,但由于传播范围广,所以算下来电视的相对费用还要低于其他媒介。

二、广告媒介选择的相关数量指标

要回答一种商品广告究竟选择哪种媒介才能收到最好的广告效果之类的问题,要求必须确定广告信息传播的数量指标。这里,常用的数量指标主要有以下几种。

(一) 视听率

视听率指一定时间内,目标市场上收视或收听某一特定的电视节目或广播节目的人数(或家庭数)占总人数的比例,即:

$$视听率 = \frac{收视或收听某一节目的人(家庭)数目}{某受众群体总数} \times 100\%$$

(二) 毛评点

毛评点也称毛感点、总收视率,就是指总的收视率。毛评点是某一媒介上所刊播的某一广告信息的收视率总数,它可以清楚地反映出媒介发布的总效果。毛评点的计算公式可表示为:

$$毛评点 = 广告播出次数 \times 每次播出的收视率$$

例如,假设某则广告通过4个电视节目插播,每个节目的广告插播次数分别为2、3、4、5,而四个节目的收视率分别为20%、30%、15%和25%,则可以得到:

$$毛评点 = 2 \times 20\% + 3 \times 30\% + 4 \times 15\% + 5 \times 25\% = 315\%$$

(三)到达率

到达率是指不同的个人或家庭在一段时间内暴露于某一媒介特定广告信息中的人数,一般以百分数表示。到达率是广告主及其代理广告公司选择媒介的重要指标。

$$到达率 = \frac{广告信息到达的人(家庭)数}{消费者个人(家庭)总数} \times 100\%$$

例如,某企业预计通过电视把自己的产品信息在一个月内传送给目标市场内1亿观众,但是实际上这个月只有4 000万观众收到这则信息,那么媒介的到达率就是40%。

在计算到达率时,每位观众无论他暴露于特定广告信息多少次,都只能计算一次。它适用于一切广告媒介。一般而言,电视、广播媒介到达率是4周,杂志、报纸的到达率通常以某一特定发行期经过全部读者阅读的寿命时间为计算标准。

(四)暴露频次

暴露频次是指在一个时期内,一个人或家庭接触同一广告信息的平均次数。暴露频次可以表明媒介排期密度,它是以媒介的或节目的重复性暴露为基础的。重复是记忆的关键,因此暴露频次是一个关键的评价指标,其计算公式可表示如下:

$$暴露频次 = \frac{信息的到达总量}{接触信息的个人总数} = \frac{毛评点}{到达率}$$

到达率、暴露频次和毛评点三个指标常用百分比表示,都用以衡量一则广告送达的人数或家庭数。其中,"到达率"表示广告策划者希望多少媒介受众一次或多次接触到广告信息;"暴露频次"说明该广告信息将达到媒介受众的"平均次数";"毛评点"是达到率和暴露频次的产物,表示该广告信息将达到媒介受众的重叠百分数"毛额"。

(五)视听众暴露度

视听众暴露度是指特定时期内收看、收听某一媒介特定节目的人数总和。视听众暴露度以个人数目(或家庭数目)来表示,而不用百分数表示。计算方法是:

$$视听众暴露度 = 视听总数 \times 视听率 \times 发布次数$$

(六)媒介的威信和可信度

媒介的威信和可信度对广告效果会产生很大影响。不同的媒介因其级别、受众群体、性质、传播内容的不同,而具有不同的权威性。

比如,中央电视台是强有力的宣传工具,这一点绝不允许有丝毫的动摇。同样,近年来其作为中国广告第一媒介的事实也是不容置疑的。中央电视台广告招标作为中国传媒一年一度的焦点事件,本身就吸引着众多公众的目光,而传媒会争相报道,这种免费的传播方式本身就能带来广告以外的传播价值。同时,这种调动企业整体资源参与竞标的方式本身对企业自己就是一种鼓舞,它也会成为企业获得经销商信赖、疏通通路的一种保证,变成了企业整体市场营销的一个不可缺少的部分。甚至有的企业主得出了"与其说我们的产品好,不如说中央电视台帮我们树立了好的品牌形象,也加强了经销商对我们的信心,以后我们一定要用好中央电视台这张王牌"的评价。当然除了以上几点附加价值,央视招标黄金段广告更有其实际的意义和价值:第一,利用央视高的覆盖面获得高的品牌知名度;第二,借助央视独一无二媒介的优势展示品牌信赖感;第三,对于市场领先品牌而言,可完成品牌形象维护的

整体战略目标;第四,利用媒介的权威地位,能获得经销商信赖,对于新品牌疏通通路有促进作用;第五,对于新品牌建立品牌地位及获得消费者的认可有着积极的意义;第六,对于领导品牌维护品牌形象及稳定领导品牌的地位有着重要的作用。

三、广告媒介组合的方式

广告媒介组合运用是广告传播中经常采用的一种方法。广告媒介组合是在同一时期内,运用两种或两种以上媒介发出内容大致相同的广告。媒介组合的方式多种多样,可以在同类媒介中进行组合,也可以用不同类型的媒介进行组合,每种组合方式均有其独特的长处,而最佳媒介组合能使各种媒介科学地相互协调,效果配合。事实证明,效果较佳的媒介组合形式,主要有如下几种。

(1)报纸与广播搭配,可使不同文化程度的消费者都能接受广告信息传播。

(2)电视与广播搭配,可使城市和乡村的消费者都能接受广告信息传播。

(3)报纸或电视与售点广告搭配,有利于提醒消费者购买已有印象或已有购买欲望的商品。

(4)报纸与电视的搭配运用,应该以报纸广告为先锋,对产品进行详细解释后再运用电视进攻市场,这样可以使产品销售逐步发展,或作强力推销。

(5)报纸与杂志的搭配,可用报纸广告做强力推销,而用杂志广告来稳定市场。或者,用报纸广告进行地区性宣传,而用杂志广告做全国性大范围宣传。

(6)报纸或电视与邮寄广告配合时,应以邮寄广告为先锋,做试探性宣传,然后用报纸广告或电视广告做强力推销,这样可以取得大面积的成效。

(7)利用邮寄广告和售点广告或海报的配合,对某一特定地区进行广告宣传,可以巩固和发展市场。

四、广告媒介组合须注意的事项

多媒介协同宣传并不是对各种广告媒介的随意组合,而应当根据各种媒介的功能、覆盖面、表现力各方面的特征,从广告宣传的目标和任务出发,对它们进行有机地组合,使其能产生出综合立体效应。这就要求:

(1)认真选择好各种有效的广告媒介,并注意它们在功能、层次和效益上的互补性;

(2)对各种媒介的利用程度、利用时间和利用方式做出安排,注意是否可能形成综合立体效应;

(3)根据所形成的媒介组合,将广告经费按媒介分别做出预算,进行分配,以确保媒介组合策略能够得以顺利实现。

 技能训练

1. 结合实际,对某品牌的广告媒介进行分析。通过学生的课堂实训,使学生掌握广告媒

第四章 广告媒介

介的传播。

2. 走访当地的商品市场(如家具城、建材市场等),考察中小企业在广告活动中的媒介使用情况,分析其选择广告媒介的原因,并尽可能提出一定的优化组合策略。

3. 阅读下面的资料,然后回答问题。

广告媒介的空白点与发力点

当其他企业把强势媒体作为广告投放的主要媒体时,德尔惠采取"人弃我取"的策略,寻找广告媒介的空白点,运用创意,创造了很好的广告效果。

德尔惠的所在地——福建晋江被称为中国鞋都。金莱克、安踏、特步等中国知名鞋业品牌均出于此。为了赢得市场,晋江各家制鞋企业抢占强势媒体,加大广告投入,却忽视了户外媒体与强势媒体的组合。德尔惠在签约某台湾明星为形象代言人后,决定采用在泉州入城口的两幅户外广告牌来提升广告效果。借用这块广告牌配合"德尔惠职业'中国流行音乐颁奖盛典'"来进行品牌造势。其优势在于:首先,这块广告牌处于进出城必经之地刺桐大桥旁,是泉州的入城口,人流量大,注目率高;其次,广告牌的面积大,视觉冲击力强;再次,周围没有任何户外广告,能够避免注意力被干扰,产生较好的注意力和记忆力效应。此外,其他企业没有在这一广告牌上发布过广告,德尔惠的广告发布会产生"首发"效应,达到先声夺人之势。

可见,即使普通的广告媒体,只要选择得当,同样能产生好的效果。被人们忽视的一些广告媒体的空白点,可能是产生轰动效应的发力点,因为新颖的东西总能够有吸引人的地方。在广告媒体高度同质化,受众视觉倍感疲劳的状态下,新的媒介能让人们产生新鲜感。

问题(1):你所认知的广告媒介是什么?文中谈到的户外媒介你认为还有哪些?

问题(2):结合案例,谈谈在选择广告媒介时最重要的是什么?

本章小结

1. 广告媒介是广告宣传得以实现的物质手段。它既是传播广告信息的物质基础手段,又是所有广告主与消费者的桥梁,其主要功能有:传达功能、吸收功能、服务功能、适应功能。

2. 广告主在选择广告媒介时不仅要全面考虑企业的广告和营销目标、目标市场状况、产品特性、媒介费用,而且还要同时考虑媒介的视听率、毛点率、到达率、暴露频率、视听众暴露度和媒介的威信与可信度等数量指标。

第五章　广告调查

知识要点

1. 广告调查的基本概念和特征；
2. 广告调查的内容；
3. 广告调查的基本方法。

能力要点

1. 在具体的广告调查中应用基本的广告调查方法；
2. 养成撰写调查报告的能力。

实用链接

1. 中国策划网；
2. 中国广告人网；
3. 中国4A广告网。

关键概念

1. 广告调查：是指采用科学的方法，按照一定的程序和步骤，有计划、有目的、有系统地搜集和分析与广告活动有关的消费者信息、传播媒介信息、产品和企业信息以及广告效果信息等的活动。

2. 广告市场调查报告：是对广告调查工作的书面总结报告，其建立在客观反映市场情况和如实分析数据资料的基础之上，是整个广告调查活动的最后阶段。

第五章　广告调查

速溶咖啡的冷热变化

20世纪40年代,美国速溶咖啡投入市场后,销路不畅。厂家请调研专家进行研究。专家们先是用访问问卷直接询问,很多被访的家庭主妇回答称不愿选购速溶咖啡是因为不喜欢速溶咖啡的味道。

调研的新问题出现了:速溶咖啡的味道果真不像豆制咖啡的味道吗?在试饮中,主妇们却大多辨别不出速溶咖啡和豆制咖啡的味道差别。这说明,主妇们不选购速溶咖啡的原因不是味道问题,而是心理因素导致的。

为了找出这个心理因素,研究人员设计出两张几乎相同的购物清单,唯一的区别在于两者上面写了不同的咖啡。然后把清单分给两组可比性的家庭主妇,要求她们评价清单持有人的特征。结果差异非常显著:读了含有速溶咖啡购物单的绝大多数被访者认为,按照这张购物单买东西的家庭主妇是个懒惰、差劲、浪费、蹩脚的妻子,并且安排不好自己的计划;而看到含有豆制咖啡购物单的被访者则认为,按照这个购物单购物的家庭主妇是勤俭、称职的妻子。由此可见,当时的美国妇女存在一个共识:作为家庭主妇,担负繁重的家务劳动乃是一种天职,任何企图逃避或减轻这种劳动的行为都应该遭到谴责。速溶咖啡之所以受到冷落,问题并不在于自身,而是家庭主妇不愿让人非议,想要努力保持社会所认定的完美形象。

谜底揭开以后,厂家首先对产品包装做了相应的修改,比如使密封十分牢固,启开时比较费力,这就在一定程度上打消了顾客因为用新产品省事而造成的心理压力。在广告中也不再强调速溶咖啡简便的特点,而是宣传速溶咖啡同豆制咖啡一样醇香、美味。很快,速溶咖啡销路大增,在市场上大受欢迎。

第一节　广告调查的含义与任务

一次成功的广告活动是从广告调查开始的。广告调查不仅为广告整体策划提供了前提和依据,也是广告预算、广告策划直至广告效果测评赖以进行的基础。简言之,广告调查的结论给广告活动确定了主题,指明了方向。

一、广告调查的含义

广告调查是围绕广告活动而组织开展的调查研究活动。它是市场调查的一个组成部

分,是整个广告活动的开端和基础。为了实现广告目标,需要广泛地收集信息,广告调查就是为达到这个目的而进行的。具体地说,广告调查是指采用科学的方法,按照一定的程序和步骤,有计划、有目的、有系统地搜集、分析与广告活动有关的消费者信息、传播媒介信息、产品和企业信息,以及广告效果信息等活动。

二、广告调查的任务

概括而言,广告调查的任务可以分为如下几项。

第一,为广告策划提供充分有力的信息。

广告策划是对广告活动的整体规划和安排,欲使广告达到预期效果,广告投资得到最大收益,必须进行有效的广告调查。而广告调查则可最大限度地提供分析复杂多变的市场和形形色色的消费者所需的各种信息,从而使广告具有极强的针对性,更好地宣传企业和产品,吸引消费者。没有广告调查的广告等于"暗送秋波""无的放矢",收不到广告应有的效果。

例如,1973年能源危机席卷西方世界时,美国通用汽车缺乏对市场的了解,在广告中仍大肆宣传其新推出的高档、高油耗的"迷你型"汽车的独到之处,而丰田公司则通过市场调查分析了油价提高对消费者购车心理的影响,把广告宣传定位在"节油"二字上。结果,丰田的小型节油车很快就占领了市场。

第二,为广告的创作设计提供依据。

广告活动是一种创造性很强的活动,它不同于一般的艺术创作,可以渗入创作者的主观意志和爱好。广告创作是一种目的性、功能性很强的活动,既要艺术地表现广告内容,又不能脱离广告目标的要求,不能游离于产品和消费者之外,而是必须建立在对产品、消费者和市场状况充分了解的基础上构思、设计广告作品。唯有如此才可能开发出新颖独特的创意,并与目标消费者进行有效的沟通。这些信息资料不可以凭空想象,需要通过调查来获取。

第三,为企业经营管理发挥参谋作用。

在市场经济条件下,广告是企业经营的有机组成部分,进行广告调查,实际上也是为企业生产决策和经营决策提供信息。比如进行消费者调查和产品调查,就能为企业捕捉到变化着的消费观念和消费行为,了解到产品开发和竞争的有关信息。这样才能引导企业把握市场动态,并根据市场变化及时调整或转换产品的品种、产量,从而改进经营管理活动,增强经济效益。

三、广告调查的特点

为了保证广告调查任务的顺利完成,广告调查全过程应该体现以下四方面特点:

第一,调查目的的明确性。

任何一个广告活动,都是针对特定的企业和产品。因此,开展每一项广告调查,都要做到心中有数,明确此次调查针对什么对象,为什么调查,要达到什么目的,而围绕目的才能确定范围、程序、步骤、方法、手段,也能保证整个调查不偏离预定方向,保证调查的成功。

第二,调查方法的科学性。

广告调查要高效、快速地完成既定目标,就必须应用科学的调查方法。只有调查方法得当,方能事半功倍。一般说来,广告调查有直接调查的方法,也有间接调查的方法;有定性调查的方法,也有定量调查的方法;有普遍调查的方法,也有抽样调查的方法;有口头调查的方法,也有书面问卷的方法等。在实际运用中,我们常常把几种方法结合起来使用,但是不管运用哪些方法,都应该从实际出发,防止调查的片面性和武断性。

第三,资料收集的经济性。

广告调查是企业市场调查的一个组成部分,它和企业的其他经济活动一样,都是为提高企业经济效益服务的,应该尽可能地用最少的费用来完成预期的广告调查目标。因此在进行广告调查之前,首先应该考虑到较好地利用现有资料(现有资料是指企业资料库的现有资料和企业之外如图书馆、研究机构、统计部门等的现有资料),其次要考虑的是委托专门公司调查还是自行组织调查。在广告调查的过程中,能自行调查的部分尽量自行解决,实在难以独立完成的部分,应委托交由专门公司,这样能相对节省调查费用。

第四,调查结果的保密性。

广告调查会涉及很多有价值的信息,有些还可能是商业机密。例如,企业独家使用的新技术、新工艺;企业针对竞争对手准备采用的营销战略和战术,企业准备推出的新产品等。因此,通过调查得到的资料,只能为特定的对象服务,不能随意泄露。这既涉及市场竞争的机密问题,也是行业自律问题。

美国旅行社广告

20世纪60年代初,奥格威的奥美广告公司在137家竞争美国旅行社广告业务的广告公司中脱颖而出,成为竞争的优胜者,被美国商务部聘用,负责在英、法、德三国旅游业制作"请君莅临美国观光"的旅游广告。取得该业务后,奥格威便着手对欧洲进行周密的市场调查。调查结果显示,20世纪60年代初的欧洲,其经济远不如美国发展迅速,人们的生活水平也不像美国人那样高。当时,美国有半数以上家庭的年收入在5 000美元以上;而英国只有3%的家庭达到这一水平。此前,到美国旅游的欧洲人主要是商人和少数"大款"。绝大多数欧洲人误以为到美国旅游花费太高而不敢问津。经过细致的调查后,奥格威发现到美国旅游的花费,并不像人们想象的那么高,欧洲人之所以会发生上述误会和产生种种担心,是由于不了解情况所致。因此,奥格威认为,在广告中直接将到美国各地的花费情况如实地告诉欧洲旅游者,是消除种种误会和担心的关键所在。通过对美国各地住宿、饮食、交通等方面情况的实地考察和各项花费的反复核实,奥格威才将最后的费用写进广告之中——去美国旅游一周只需35英镑!

这一广告出现在欧洲主要报纸上后,立即引起巨大轰动,无数个电话打到美国旅行社设

在伦敦、巴黎、法兰克福的办事处,询问到美国旅游的各种问题,结果各办事处不得不加班加点,一直工作到深夜。欧洲的各家大报也根据这一广告提供的信息,派出记者到美国采访,发回大量专稿特写,介绍美国旅游业情况。

奥格威精心策划的这一广告活动在欧洲获得巨大成功。据统计资料显示,在该广告开始宣传的8个月后,从法国到美国旅游的人数增长27%,英国增长了24%,德国增长了18%。

第二节 广告调查的内容

通常,广告调查主要包括五个方面内容,即广告环境调查、广告主调查、广告产品调查、广告受众调查和广告竞争对手调查。

一、广告环境调查

广告环境调查是对广告所处的总体环境的调查,主要包括对人口环境、政治法律环境、经济环境、社会文化环境和自然环境的调查。通过调查,了解、判断各种环境对广告活动的影响,并借以分析广告的目标市场的有关情况。

(一)人口环境的调查

人口环境的调查包括人口总数、性别、年龄构成、文化构成、职业分布、收入情况及家庭、婚姻状况等。通过这些数据的统计分析,可以为细分市场提供依据,从而为诉求对象和诉求重点的选择提供方便。

(二)政治法律环境的调查

调查政治法律环境是为了了解政府制定的各项方针、政策、法令、法规及当地的法律情况,为企业的广告决策提供政策法律依据。

政治法律环境包括政治环境、法规环境和国际环境。政治环境的变化常常给企业带来灾难或生机,某一政治性事件的发生和处理,都会给产品的销售环境乃至企业的环境带来微妙的影响。国际环境的变化更是难以预测。因此必须经常关注国际情势的变化,透过国内外权威报刊了解新闻背景及前瞻,分析某些突发事件的前因后果,逐步认识、把握国际环境变化的一些不规律因素。

政治法律环境对于企业准确判断经营环境、制定广告战略,是至关重要的。一项法规的制定,一个政策的出台,都直接影响到企业经营决策,从而影响到广告活动的开展。另外,一些地方性法规以及半官方组织(如消费者协会)的典型案例裁决,亦不容忽视。

(三)经济环境的调查

广告市场的经济环境调查,主要包括目标市场所在地的经济发展水平和市场容量。掌握这些资料,有助于确定产品的目标市场。在各类环境中,经济环境的好坏往往对广告决策影响最大。广告是社会和经济发展的晴雨表,实际上就是反映了广告与经济环境的关系。

第五章 广告调查

(四) 社会文化环境的调查

调查社会文化环境主要是为了解广告产品所处环境的文化特征、文化禁忌等,使广告及广告产品能够与社会文化相融合,而不至于发生严重的冲突,或者能够使广告及广告产品在扩展其市场空间时,避免与新开拓的环境中的文化规则相冲突。

(五) 自然环境的调查

地理位置、气候、资源、交通运输状况等影响着消费者的消费习惯、消费方式和消费需求。了解自然环境,可以保证广告活动有针对性地展开。

二、广告主调查

此项调查的目的,在于通过对广告客户的历史与现状、规模与特点的了解,有的放矢地实施广告目标策略。特别是在实施企业观念诉求的情况下,此种调查更为必要。企业经营状况调查,主要包括以下内容。

(1) 企业历史:主要要了解广告主的企业是老企业还是新企业,在历史上有过什么成绩,其社会地位和社会声誉又如何等情况。

(2) 企业设施和技术水平:企业的生产设备与同类企业比是否先进,操作技术是否先进,发展水平如何等。

(3) 企业人员素质:人员知识构成、技术构成、年龄构成、人员规模、科技成果与业务水平等基本情况。

广告主知名度和美誉度

广告主知名度是社会公众了解广告主的比率或程度。美誉度是社会公众对广告主的赞誉程度。知名度高的广告主有两种情况:一是"双高"企业,即高知名度、高美誉度;二是知名度高,但美誉度较低,在广告中应更多宣传企业的形象。只有"双高"企业才是广告主形象塑造的目标。

$$广告主的知名度 = \frac{了解广告主的被调查者人数}{被调查者总人数} \times 100\%$$

$$广告主的美誉度 = \frac{对广告主持有好感的被调查者人数}{了解广告主的被调查者人数} \times 100\%$$

---

(4) 经营状况和管理水平:企业的绩效如何,工作机构和工作制度是否健全,工作秩序是否良好有序,企业的市场分布区域、流通渠道是否畅通,以及公关业务开展情况等。

(5) 经营管理措施:企业有什么样的生产目标、销售目标、广告目标和有什么样的新的经营措施,采用什么样的经营方式等。

三、广告产品调查

产品调查是广告调查的一个重要内容,以某类产品为调查主题,从产品的诸方面性质入手,就可以了解此类产品在市场上是否适销;深入地研究产品的属性和优缺点,并提出指导性意见,就可以为企业营销战略和广告策划提供参考。广告产品调查的主要内容如下。

(1) 产品生产。主要包括广告产品的生产历史、生产过程、生产设备、制作技术和原材料使用,以便掌握产品的工艺过程和质量。

(2) 产品外观。主要包括外形特色、规格、花色、款式和质感,以及装潢设计等。

(3) 产品系统。广告产品在相关产品中所处的地位如何,是主导产品还是从属产品或是配合产品,其产品替代功能如何等情况。这可为进行市场预测、制定广告决策提供帮助。

(4) 产品类别。广告产品是属于生产资料还是消费产品,又是其中的哪一类。生产资料的主要类型有:原料、辅料、设备、工具、动力。消费产品的主要类别有:日常用品、选购品和特购品。分清类别,广告设计和广告决策才有针对性,选用媒介方能准确。

(5) 产品利益。主要指对产品的功能、与同类产品相比的突出之处、使用该产品能给消费者带来的利益等信息的调查,这是确定广告宣传重点和进行产品定位的关键依据。

(6) 产品生命周期。产品的生命周期可分为五个阶段:引入期、成长期、成熟期、饱和期和衰退期。产品处于不同阶段时,其生产工艺水平不同,消费需求特点不同,市场竞争情况也不同,因而所要采取的广告策略也是不同的。

(7) 产品配套。产品在使用时,一般要求与特定的生产或生活环境相适应,而且要同其他产品配合使用。了解一种产品和其配套产品的信息,对于广告题材的选择有重大影响。

(8) 产品服务。现代商业市场中,产品服务是影响销售的重要内容,耐用消费品和重要生产设备更是如此。产品服务包括产品销售服务(代办运输、送货上门、代为安装调试、培训操作人员等)和售后服务(如维修、定期保养等)。对这两方面内容的宣传也是增强消费者对广告产品的信任感的重要方面。

四、广告受众调查

"你知道人们在一杯饮料里放几块冰?一般来说人们都不知道,可是可口可乐公司知道。"这是美国作者约翰·科恩在谈到美国公司重视对消费者基本情况调查时说的一段话。尽管在一杯饮料中放几块冰,对消费者来说是微不足道的小事,但对企业和广告公司来说却是一件极其重要的大事。由于可口可乐公司了解消费者在一杯饮料中放几块冰的数据,该公司便掌握了美国的餐厅冰块及各种饮料的需求数量。可见,对消费群体的调查研究,对企业来说有多么重要。

消费者调查的对象包括工业企业用户和社会个体消费者。通过对消费者的购买行为的调查,可以便利地研究消费者的物质需要、购买方式和购买决策,为确定广告目标和广告策略提供依据。从总体上看,消费者调查的内容主要包括三方面。

(1) 消费者的生活方式、风俗习惯以及不同类型消费者的年龄、性别、职业、收入水平、购买能力和对产品、商标及广告的认识态度。

（2）产品使用对象的阶层、消费者对产品的品格、质量、价格、包装等方面的要求和态度；潜在客户对产品的要求和态度；消费群体对新产品的要求趋势。

（3）影响消费的诸因素。主要包括购买动机、购买行为和购买习惯等因素。其中，购买动机是指消费者购买某种商品的目的，即为什么要购买。只有对消费者的动机进行分析和研究，才能使广告宣传做到有的放矢。购买行为是指消费者在情感动机和理智动机的支配下，而对某种商品产生注意→兴趣→购买欲望→购买行动，研究消费者的购买行为是制定广告战略不可缺少的重要依据。购买习惯指的是消费者何时、何地以及如何购买的问题。通常，消费者购买商品的时间选择是有规律的，有的人喜欢星期日上街购物，有的人则喜欢中午或晚上购物。当然消费者的购买习惯也会由于购买力大小的变化而发生变化。

五、广告竞争对手调查

（1）竞争对手的基本情况。包括竞争对手有哪些，主要竞争者是谁，竞争对手的地区分布、生产能力和社会知名度、美誉度和认可度的情况如何等。

（2）竞争对手的销售情况。包括竞争对手的市场占有率，产品的销售地区分布、消费者的构成；竞争对手的产品特性和服务特色，竞争对手的销售网络、营销策略和市场优势等。

（3）竞争对手的广告宣传。包括竞争对手的广告经费预算、广告目标、广告策略、广告媒介选择及媒介组合方式、广告效果等。

"知己知彼，百战不殆。"广告不仅要了解自己产品的特征与市场位置，而且要清楚主要竞争对手的产品特征、市场定位、营销策略、推销方式及广告策略。只有在充分了解对手的前提下，才能制定出有效的广告竞争策略，并通过文案体现出来，从而从竞争对手手中夺取更多的市场份额。

丰田轿车制造公司在20世纪70年代第二次打进美国时，吸取了50年代其在美国市场出师不利的教训。他们首先开展周密的产品调研，摸清竞争对手的情况。当时联邦德国的大众轿车在美国小型汽车市场占有统治地位。丰田公司就雇用了美国一个专门的调研公司，同大众车的拥有者面谈，了解到消费者对大众车的暖气设备、后座空间和内部装饰不满意。于是，就在丰田轿车的设计上取其长处，补其短处，设计出一种车型优于大众，而价格控制在低水平上的丰田车。丰田车的广告并不对两种车进行全面比较，而是突出宣传其优于大众车的特点，为产品树立起一个价廉物美的形象，结果丰田车很快被美国市场接受，成为取代大众，销量第一的小型汽车。

第三节　广告调查的常用方法

广告调查的方法很多,只有深刻了解各种调查方法的特性与要求、优点和缺点,才能进行广告战略与策略的合理选择与灵活应用。

一、广告调查常用的基本方法

(一)抽样调查法

抽样调查法是根据概率统计的随机原则,从被研究的整体中抽出一部分单位作为样本进行分析概括,以此判断整体基本特征的一种非全面的调查方法。抽样调查法较常用的具体方法主要有三种。

(1)等距抽样。即将准备调查的对象排列起来,设定等距离来抽取。

(2)任意抽样。即采取抽签的方法,将调查对象写在纸上,混合后再随意抽取。

(3)随机抽样。即将调查对象编成号码,运用乱数表抽取。这是最常见的一种方法。

(二)观察法

观察法是调查人员凭借自己的眼睛或借助摄、录像器材,在调查现场直接记录正在发生的市场行为或状况的一种有效的资料收集方法。其特点是被调查者可在不知晓的情况下接受调查。观察法的类型主要有两种,即直接观察法和间接观察法。前者就是在现场凭借自己的眼睛观察市场行为的方法,而后者主要是通过对现场遗留下来的实物或痕迹进行观察以了解或推断过去市场行为的方法。

观察法的优点在于它具有较高的准确性、简便易行、客观,不存在沟通的障碍。而观察法的缺点则在于不够深入、具体,而且费用较高,所需时间较长。

巧用观察法测试产品

美国有一家玩具工厂,为了选择出一个畅销的玩具娃娃品种,就使用了观察法来帮助他们决策。他们先设计出10种玩具娃娃,放在一间屋子里,请小孩决策。每次放入一个小孩,让她玩"娃娃",在无拘束的气氛下看这个小孩喜欢的是哪种玩具。为了求真,这一切都是在不受他人干涉的情况下进行的。关了门,通过录像观察,如此调查了300个孩子,然后决定出生产何种样式的玩具娃娃。

(三)访问法

访问法是指调查人员通过询问的形式以获得所需调查资料的调查方法。访问法的主要类型包括面谈访问、电话访问和邮寄调查三种形式。

1. 面谈访问

面谈访问即调查者和被调查者当面交谈,通过提问请被调查者回答来获取所需信息。调查者一般事先准备好提问的问题,也可以与被调查者直接进行交流,甚至讨论,直到获得满意的信息。其优点是调查有深度,具有直接性、灵活性较强,准确性高;而其缺点在于调查成本高,时间长,调查的质量容易受到气候、调查时间、被访者情绪等其他因素的干扰。

面谈访问包括个别面谈和小组面谈两种形式。其中,个别面谈是调查员到消费者家中、办公室(又称为入户访问调查)或在街头进行面谈(又称为拦截调查)。小组面谈是对某个关键问题进行详细了解的一种方法。这种方法有一个最常用的形式就是集中邀请8~12个目标群体的典型代表开一个小组讨论会,讨论产品、服务、广告传播及营销状况等问题,因此也称小组访谈法或小组座谈会法。

面谈访问的优点在于,能够当面听取被调查者的意见,并观察其反应,而且使用问卷的回收率很高,一般在90%以上。调查员可从被调查者的生活条件推测其经济情况,进而判断回答问题的真实程度。面谈访问的缺点在于,调查费用支出大,而且较难对调查员进行控制,从而调查结果易受调查员工作态度和技术熟练程度的影响。

2. 电话访问

电话访问是指通过电话向被调查者询问有关调查内容的一种调查方法。由于电话是一种快捷、方便的通信工具,且不受空间位置的限制,因此常用于远距离的异地调查。

电话访问的优点在于其实施成本较低,而且节省时间、容易控制。但电话访问也有其缺点,包括:问题不能深入,调查工具无法综合使用,辨别真实性及记录准确性较差,以及不易取得被调查者的合作等。

3. 邮寄调查

它是指调查人员将印制好的调查问卷或调查表格,通过邮政系统寄给选定的被调查者,由被调查者按要求填写后再寄回来,调查者通过对调查问卷或调查表格的整理分析而得到市场信息的工作过程。这种方法可以一次将调查表邮寄给很多人,适用于调查对象较分散的情况。邮寄调查的优点在于空间范围广、费用低廉、有利于受访者思考后回答问题,而其缺点则表现为回收率低、时间长、问卷回答质量较差等方面。

(四)实验法

实验法是指从影响调查问题的许多可变因素中选出一个或两个因素,将它们置于同一条件下进行小规模的实验,然后对实验结果做出分析,确定研究结果是否值得大规模推广的调查方法。

实验法是研究问题各因素之间因果关系的一种有效手段。如品种、包装、设计外观、价格、广告、陈列方法等,在判定其改变是否有效果时,都可采用实验方法。常用的实验法包括实验室实验、销售区域实验、模拟实验、购买动机试验等。其优点是结果较为客观、准确,而其缺点则在于往往历时较长,且成本较高、难以控制。

小贴士

巧用实验法测试产品

某洗发水公司欲加强本地消费者对该产品品牌的认识,选定1 000个家庭作为实验组,免费赠送样品,另选1 000个家庭为控制组,不赠送样品。该公司同时对两组家庭给予价格折扣券,向指定的超市购买该品牌的洗发水可享九折优惠。

过一段时间后,检查购买情况。若实验组购买人数大于控制组购买人数,则说明赠送礼品小包装能促进销量增长,若实验组与控制组购买人数基本相当,则说明赠送活动无价值。

二、调查问卷的设计

有效的调查问卷必须具备三个重要的特征:集中、简洁、明了。所谓集中,是指要明确调查的目标,所有问题均围绕目标来展开;所谓简洁,是指对于所要获得的资料的描述一定要简明扼要,避免问卷冗长,使回答者失去耐心;而所谓明了询问则意指问题质量要高,使回答者易于理解并回答。

(一)问卷的结构

尽管实际调查中所使用的问卷各不相同,但通常一份问卷形式上都包括如下几个部分:问卷名、封面信、指导语、问题及答案、编码及其他资料等。

1. 问卷名

问卷名即问卷的标题。

2. 封面信

封面信又叫卷首语,即一封致被调查者的短信。篇幅不宜太大,短短200~300字为宜,它的作用在于向被调查者介绍和说明调查的目的、调查单位和调查者的身份、调查的大概内容、调查对象的选取方法和对结果的保密措施等。为了能引起被调查者的重视和兴趣,争取他们的合作和支持,卷首语的语气要谦虚、诚恳、平易近人,文字要简明、通俗、有可读性。卷首语一般放在问卷第一页的上面,也可单独作为一封信放在问卷的前面。比如:

中国儿童发展研究(CCS—1900)家长调查表

学生编号:□□□□□□□

亲爱的家长:您好!

首先请原谅打扰您的工作和休息!

儿童是祖国的未来,儿童的成长和教育是家长们十分关心的问题。为了探索儿童成长和教育的规律,我们在北京、湖南、安徽、甘肃等地开展了这项调查。希望得到家长们的支持和帮助。

　　本调查表不用填写姓名和工作单位,各种答案没有正确和错误之分。家长们只需按自己的实际情况在合适的答案上打√或者在____中填写。请您在百忙之中抽一点时间填写这份调查表。

　　为了表示对您的谢意,我们为您的孩子准备了一份小小的礼物,作为这项调查的纪念。

　　祝您的孩子健康成长!

　　祝您全家生活幸福!

北京大学社会学系《儿童发展研究课题组》
20××年3月

3. 指导语

指导语即用来指导被调查者填写问卷的一组说明。它的作用与仪器的使用说明书相似。有些问卷的填写方法比较简单,指导语很少,常常在书面信中写一两句即可;有些指导语写在封面信之后,并标有"填表说明"的标题,其作用是对填表的方法、要求、注意事项等做一个总体说明;有些指导语则分散在某些较复杂的调查问题后,对填答要求、方式和方法进行说明。比如:

填表说明实例

(1) 请在每一个问题后适合自己情况的答案号码上画圈,或者在空格处填上适当的内容。

(2) 问卷每页右边的数码及短横线是上计算机用的,你不必填写。

(3) 若无特殊说明,每一个问题只能选择一个答案。

(4) 填写问卷时,请不要与他人商量。

4. 问题及答案

问题及答案是问卷的主体和核心,也是问卷设计的主要内容。从形式上看,问题可分为开放式问题和封闭式问题两类;从内容上看,可分为有关态度的问题、有关行为的问题和有关个人背景资料的问题。

开放式问题就是不为回答者提供具体答案,而是由回答者自由填答问题。

封闭式问题就是在提出问题时,还给出若干个答案,要求被调查者选择一个作为回答。

从问卷内容上看,问卷的问题可分为三类:

一是有关行为或事实的问题。例:(1)您上周看了几次电影?(2)您家订了几种报纸?

二是有关态度、意见、看法问题。例:(1)您认为选择恋爱对象最重要的条件是什么?(2)您是否赞成民主选举企业领导人?

三是有关被调查者个人背景资料问题。例:年龄、性别、文化程度、职业、婚姻状况、收入、家庭人口等。

5. 编码及其他资料

编码,就是把问卷中询问的问题和被调查者的回答,全部转变为英文字母或数字,以便录入计算机进行处理。

其他资料,包括问卷名称、被访问者的地址或单位(可以是编号)、访问员的姓名、访问开始的时间和结束的时间、访问完成情况、审核员的姓名和审核意见等。

(二) 问卷的形式

大体而言,问卷的形式主要包括封闭式问卷和开放式问卷两种。其中,封闭式调查问卷在提问时就给出答案选项,被调查者只能在给出的选项中进行选择。其优点是便捷且易于统计,在问卷调查中被大量使用。反之,开放式调查的提问没有固定答案,被调查者可以根据自己的实际情况去写答案。其优点是能够激发被调查者的思维,便于被调查者提出建设性意见,因此在口头询问中常被使用。

实践中,问卷调查的常用方法主要有二项选择法、多项选择法、排序法、漏斗法和自由回答法等。

(1) 二项选择法,又称是否法或真伪法,即把问题分为两种情况,二者只能选其一。这种方法简单明了,便于回答。例如:

你是否喜欢喝可口可乐?

A. 喜欢(　　)　　　　　　B. 不喜欢(　　)

(2) 多项选择法,就是问卷设计者给出两个以上答案,被调查者可以选出一个或两个以上答案的方法,例如:

在购买家用轿车时,你认为家用轿车的哪种指标最重要?(择一)

A. 舒适性(　　)　　　　　　B. 安全性(　　)

C. 耗油量低(　　)　　　　　D. 噪声小(　　)

E. 外形美观(　　)　　　　　F. 结构合理(　　)

G. 其他(　　)

(3) 排序法,就是给定若干答案,让被调查者进行选择,并将结果按重要程度加以排列的方法。例如:

促使你购买某种品牌手机的原因是什么?

A. 品牌(　　)　　　　　　B. 广告(　　)

C. 功能(　　)　　　　　　D. 价格(　　)

(4) 漏斗法,又称过滤法,是指最初提出的问题比较广泛,应答者可以自由回答,然后逐步缩小范围,到最后提出的问题则是专门性的问题。

(5) 自由回答法,即调查者只是提出问题,不拟定答案,被调查者可自由发表意见。

在进行问卷设计时,设计者通常需要注意以下问题:第一,调查的内容应易于被调查者所记忆;第二,具体内容要言简意赅,含义清晰;第三,措辞要形象生动、通俗易懂,不要出现双关语,避免片面性和暗示性语言;第四,问题顺序宜先简后繁;第五,注意提问的合理性;第六,问题数量要适度,一般应控制在30个问题以内,最好在20分钟内能答完。

第四节 广告调查报告

一、广告调查报告的结构和内容

广告市场调查报告是对广告调查工作的书面总结报告,它建立在客观反映市场情况和如实分析数据资料的基础之上,是整个广告调查活动的最后阶段。一份好的调研报告,能给企业的市场经营活动提供有效的导向作用,能为企业的决策提供客观依据,帮助企业了解掌握市场的现状和趋势,增强企业在市场经济大潮中的应变能力和竞争能力。

广告调查报告的结构一般包括题目、目录、摘要、序言、正文、附录等六部分。

第一,题目。包括广告调查报告标题、报告日期、委托方、调查方,一般应打印在扉页上。广告调查报告的标题没有严格的格式。一般带有"调查"二字,并指出调查的对象或内容、范围,如"××小区消费水平情况调查"等。

第二,目录。如果调查报告的内容、页数较多,为了方便读者阅读,应当使用目录或索引形式列出报告的主要章节和附录,并注明标题、有关章节号码及页码,一般来说,目录的篇幅不宜超过一页。

第三,摘要。即用简单扼要的语言对调查结果做概括介绍,并提出切实可行的措施和建议。摘要一般不要超过报告内容的1/5,应力求简洁。

第四,序言。简要说明广告调查的动机、背景、调查过程、调查要点及所要解答的问题等。

第五,正文。调查报告的正文应该准确而客观地载明全部有关调查事实及结果,从调查方法的确定直至结论的形成及其论证过程,同时应说明分析问题的方法,以便让读者自己分析调查结果是否客观、科学、准确可信。另外,正文还可以提出具有创见性的各种建议。一般调查报告的正文还包括:对调查方法的说明、调查结果介绍、提出的结论与建议三部分。

第六,附录。包括资料的来源、使用的统计方法、附属图表、附属资料等。

二、广告调查报告的撰写原则

作为一种实用的商务文稿,广告市场调查报告的撰写过程至少应遵循如下四项原则。

第一,坚持实事求是的原则。坚持实事求是地进行市场调查,是写好市场调查报告的可靠保证。因此,撰写作者一定要亲自参加调查。报告中引用的调查资料要翔实可靠,对于重要的数据要反复核实、测算,做到确凿无误。同时,选材时要客观、全面,不能只选对自己观点有利、支持自己看法的材料,如有对自己观点不利、与自己观点相左的材料,也应附带提及,说明清楚,或加以分析、备考,尽可能避免片面性,以免领导或委托方据以决策时导致失误。

第二,注意观点和材料的统一。撰写市场调查报告不能满足于材料的堆积和数字的罗列,必须既有材料,又有观点,且观点统帅材料、材料说明观点。应切忌观点和材料脱节,更

要防止二者相抵触。作者要在反映情况的基础上提出有见地、有说服力的分析意见和相应的建议。

第三,要突出重点。报告的内容要紧扣调查的主题,突出重点,语言要准确精练,有说服力,词汇尽量专业化。文中也可运用小标题,但各小标题应简洁、醒目。

第四,正确把握文体性质。广告调查报告是一种兼有说明文、记叙文、议论文特点而又不同于它们的一种应用文体,应偏重于选用比较全面、系统、完整的事实和数据来叙述说明问题,并且运用议论的表达方式提出措施建议。

 技能训练

1. 以小组为单位组成一个调研小组,在学校进行一次问卷调查,主题由任课老师决定。要求设计调查问卷、展开调查、撰写调研报告。

2. 请根据本地区各大超市"王致和腐乳"的类型、价格及货架摆放的位置,来调查当地消费者的购买心理、消费习惯、消费人群及购买情况,从而分析该产品品牌在当地的影响力。

3. 阅读下面的案例,然后回答问题。

"肯氏"鸡飞进北京城

1986年暑假,我们一行3人到北京城旅游。一天,骄阳似火,几乎快将整个京城烤焦。在北海公园的树荫下,我们准备休息片刻。不一会儿,一位衣着典雅脱俗,看上去文静、清秀的小姐微笑着朝我们走来"今天好热,女士们想喝点、吃点什么?""谢谢!"我们中有两人同时回话。那小姐紧接着说:"我是北京商学院的学生,暑假里被美国肯德基炸鸡公司聘为临时职员,公司为了征求中国顾客对肯德基炸鸡的意见,在这公园设置了免费品尝点,还准备了一些免费饮料。"那小姐指着公园东南边的小餐厅,"各位能否帮助我的工作?谢谢!"

我们随着这位小姐走进了餐厅。餐厅内,大理石地面,奶白色的墙纸,粉红色的窗帘,两边墙上各有一排古铜色、方形的红运扇,正面墙上挂着巨大的迎客松图,20多张大圆桌上铺着洁白的桌布,宽大明亮的窗户外是翠绿婆娑的修竹……这儿的一切使人感到仿佛身处春天。

待我们盥洗完毕,一位衣冠楚楚的男士彬彬有礼地请我们就座,并在每个人面前摆放好用塑料袋盛装的白毛巾,随之送上苏打饼干和白开水,以消除口中异味。片刻又送上油亮嫩黄的鸡块。

稍事品尝后,一位女士开始发问:"您觉得这块鸡做得老了还是嫩了?""鸡块外表是否酥软?""鸡块水分多了还是少了?""胡椒味重了还是轻了?""是否应加点辣椒?""味精用量如何?""还应加点什么作料?""鸡块大小是否合适?""这块鸡卖0.9元是贵还是便宜?"……其项目十分详细,令人赞叹。"那么,您对餐厅设计有什么建议?"她边说边拿出一大本彩色画册,显示了各种风格、色调和座位布置的店堂设计。她一边翻着画册,一边比画着这个餐厅的设计问我们一些问题,诸如墙壁、窗户的色调和图案,座椅靠背的高低,座次排列的疏密,室内光线的明暗等。

第五章 广告调查

为了使气氛更轻松愉快,她随便地聊起北京的天气和名胜古迹,尔后,谈话很自然地又引入到她的需要。"您认为快餐店设在北京哪儿最好?""像您这种经济状况的人每周可能光顾几次?""您是否愿意携带家人一起来?"……最后,她询问了我们的地址、职业、收入、婚姻状况等。

整个询问过程不到20分钟,那位女士收集到了我们能够给予的全部信息。临行前,引我们入座的那位男士又给我们每人送上一袋热腾腾的炸鸡,纸袋上"肯德基 Kendagy Co."的字样分外醒目。"带给您的家人品尝,谢谢您的帮助。"他轻声说道。

1987年,我们听说美国肯德基炸鸡公司在北京前门开业,他们靠着鲜嫩酥软的炸鸡,纤尘不染的餐具,纯朴洁雅的美国乡村风格的店容,加上悦耳动听的钢琴曲,赢得了来往客人的声声赞许。这时我们才意识到当初肯德基公司设置免费品尝点的良苦用心及其价值。我想,我们的企业也应向肯德基公司那样,以深入细致的调查去开拓市场。

(资料来源:宋小敏.市场营销实例与评析[M].武汉:武汉工业大学出版社,1992.引用时有修改。)

问题(1):通过本案例,讨论广告调查的面谈访问法的有效性会受哪些因素影响。

问题(2):通过本案例,讨论应用面谈访问法进行广告调查应注意哪些事项。

本 章 小 结

1. 广告调查具有调查目的的明确性、调查方法的科学性、资料收集的经济性、调查结果的保密性等四个特点。

2. 广告调查的内容主要包括广告环境调查、广告主调查、广告产品调查、广告竞争对手调查、消费者调查和广告媒介调查。

3. 广告调查常用的方法主要有抽样调查法、观察法、访问法和实验法。

4. 广告调查报告的结构一般包括题目、目录、摘要、序言、正文和附录等六部分。

第六章　广告心理

 知识要点

1. 消费者的心理活动过程；
2. 消费者购买决策的心理原则；
3. 广告的心理诉求策略。

 能力要点

1. 全面理解消费者心理活动对广告策略的影响机制；
2. 掌握广告的心理诉求方式。

 实用链接

1. 中国广告协会官网；
2. 中国广告 AD 网；
3. 中国广告人网。

 关键概念

AIDMA 原则：消费者购买商品一般要经历引起注意、产生兴趣、形成购买欲望和记忆、实行购买行动等环节的心理过程。在制定广告策略时，应充分考虑消费者的注意（Attention）、兴趣（Interest）、欲望（Desire）、记忆（Memory）和行动（Action）的特点与规律，此原则即为 AIDMA 原则。

第六章 广告心理

温情怀旧——南方黑芝麻糊的广告心理诉求

让我们先来回顾一下南方黑芝麻糊的两则经典广告。其中一则广告的情节是:南方小镇、麻石小巷、黄昏,挑担的母女走进幽深的陋巷,小油灯悬在担子上,晃晃悠悠。小男孩跑出深宅,吸着飘出的香气。伴着木屐声、叫声和民谣似的音乐,传出画外音:"小时候,一听见芝麻糊的叫卖声,我就再也坐不住了……"小男孩搓着小手,神情迫不及待,锅里稠浓的芝麻糊翻腾着。小男孩埋头猛吃,吃完意犹未尽,大嫂爱怜地又给他添一勺,小男孩露出羞涩的感激。这则广告营造了童年美好回忆的意境。

另一则南方黑芝麻糊的广告的情节是:一个小男孩站在自己家门口玩耍,忽然听到小巷深处传来一声吆喝:"黑芝麻糊呦——"小男孩赶快找妈妈要了一点零钱,拿起一只碗,飞快地朝吆喝声传来的方向跑去,买回一碗又香又浓的黑芝麻糊,美美地喝起来,碗底都舔干净了。接着,电视镜头一转,几十年以后这个儿童已经成为一个中年人,每次看到南方黑芝麻糊的时候,都会回想起自己儿童时最美的享受,对南方黑芝麻糊产生一种深厚的感情,仍然经常买给自己和家人食用。这则广告曾在全国第三届广告作品展上荣获电视广告一等奖。

两则南方黑芝麻糊的广告虽然手法各异,但却都表现了浓厚的怀旧情怀,通过对往事的回忆渲染南方黑芝麻糊的香浓美味,并把这种诱惑温馨地牵引到人们对"南方"品牌的关注上。怀旧是一种情绪,是高度文明的商业化社会里的人们普遍渴望拥有的一种美好记忆,而南方黑芝麻糊使人们深刻感受到曾经体验过的美好情感,激起消费者的共鸣,在很短的时间内打开市场,成为名牌产品。

(资料来源:根据网络资料编写。)

第一节 消费者心理与广告策略

一、消费者心理活动过程

消费者的心理活动过程,是消费者的不同心理活动对商品现象的动态反映。消费者的心理过程,大致可以分为认知过程、情绪过程和意志过程三个部分,在这些不同的过程中,消费者的心理行为直接地反映出消费者个体的心理特征。

(一) 消费者的认知过程

消费者购买行为的心理活动,是从对商品的认知过程开始的,这一过程构成了消费者对所购买商品的认识阶段和知觉阶段,是消费者购买行为的重要基础。在这里,认知过程指的是消费者对商品的个别属性(如形状、大小、颜色、气味等的各个不同感觉)相互间加以联系和综合的反映过程。在这一过程中,消费者通过自身的感觉、记忆和思维等心理活动来完成

认知过程的全部内容。比如,消费者获得有关商品的各种信息及其属性的材料,如厂家信息、商标、规格、用途、购买地、购买时间和价格等,是消费者接触商品的最简单的心理过程。在购买中,消费者借助于触觉、视觉、味觉、听觉和嗅觉等感觉来接受有关商品的各种信息,并通过神经系统将信息感觉传递到神经中枢,产生对商品个别的、孤立的和表面的心理印象。

在消费者对商品产生心理印象,也即对商品产生感觉之后,消费者的意识随后还会对感觉材料进行综合处理,把商品所包含的许多不同的特征和组成部分加以解释,在头脑中进一步形成商品的整体印象。这一过程,就是消费者的知觉过程。在此环节,消费者在头脑中形成了对商品的完整形象,从而对商品的认识更进了一步。当然,在日常生活中,消费者对商品从感觉到知觉的认识过程,在时间上几乎是瞬间或同步完成的。

(二)消费者的情绪过程

消费者在购买商品时必然将受到生理需求和社会需求的支配,两者决定了其物质需求的强度。当然,消费者同时还会因为不同的内心变化,形成对商品的各种情绪反应。在购买活动中,消费者的情绪主要受购买现场、商品、个人喜好和社会环境的影响。消费者的情绪表现,大多数是通过其神态、表情、语气和行为等来表达的。如果情绪反应符合或满足了其消费需要,就会产生愉快、喜欢等积极态度,从而导致购买行为;反之,如果违反或不能满足其消费需要,则会产生厌恶态度,就不会产生购买欲望。消费者对待客观现实是否符合自己的态度而产生的行为态度,就是购买心理活动的情绪过程。情绪过程是消费者心理活动的特殊反映形式,贯穿于购买心理活动的评定阶段和信任阶段,因而,对购买活动的进行有着重要影响。

(三)消费者的意志过程

在购买活动中,消费者通常会有目的地、自觉地支配和调节自己的行为,努力克服自己的心理障碍和情绪障碍,进而实现其既定购买目的。这一过程就被称为消费者心理活动的意志过程,它在消费者的行动阶段和体验阶段对购买活动存在着较大影响。

消费者对商品的意志过程,可以在有目的的购买活动中明显地体现出来。在有目的的购买行为中,消费者的购买行为是为了满足自己的需要。因而,消费者总是在经过思考之后确定明确的购买目标,然后才会有意识、有计划地去支配自己的购买行为。

总而言之,消费者心理活动的认知过程、情绪过程和意志过程,是消费者决定购买的心理活动过程的统一,是密不可分的三个环节,其相互作用关系也是显而易见的。意志过程有赖于认知过程,并促进认知过程的发展和变化。同时,情绪过程对意志过程也具有深刻的影响,而意志过程又反过来调节情绪过程的发展和变化。

(四)消费者的个体心理特征

在日常生活中,消费者的购买行为是千差万别的,而构成这些千差万别的心理基础,就是消费者的个体心理特征。消费者在购买活动时所产生的感觉、知觉、记忆、思维、情感和意志等心理过程,体现了人的心理活动的普遍规律。对于具体的个体,其心理活动往往具有鲜明的个性特色,即个性心理特征。这种个性心理特征,既体现了心理活动的普遍规律性,同时也反映了心理活动的个性特点,从而引发了不同消费者各具特色的购买行为。

个性心理特征具体地体现在一个人的能力、性格和气质等方面的特点上,它们对消费者购买行为的影响非常大,是构成不同购买行为的心理基础。广告心理学对人的个体心理行为和心理特征研究的意义,就在于通过对消费者心理特征的分析,在广告创作上做到从实际出发,使广告宣传过程与宣传对象的心理活动直接发生联系,从而强化宣传效果。

二、消费者心理影响下的广告策略

(一) 广告心理的 AIDMA 原则

消费者购买商品一般要经历引起注意、产生兴趣、形成购买欲望和记忆、实行购买行动等环节的心理过程。在广告创作中必须有意识地贯彻引人注目,使人感兴趣,产生购买欲望并形成记忆,最终转变为购买行动的原则,这样才能创作出最有效的广告。这一购买决策心理原则缩写为 AIDMA 原则,它所强调的内容包括如下五个方面(见图 6.1):

(1) 注意(Attention)——诉诸感觉,引起注意;
(2) 兴趣(Interest)——赋予特色,激发兴趣;
(3) 欲望(Desire)——确立信念,刺激欲望;
(4) 记忆(Memory)——创立印象,加强记忆;
(5) 行动(Action)——坚定信心,导致行动。

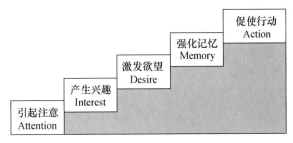

图 6.1 广告心理的 AIDMA 原则

实践证明,只有真正了解消费者的这些心理活动及心理活动过程,才能使受众对广告的知觉与观念、理智与情感产生协同效应。或者简单地说,广告其实就是一个说服过程。所谓说服过程就是让消费者对广告的内容有兴趣,引起注意及共鸣,相信广告内容,接受广告内容,按照说服者的意图采取购买行动。由此看来,掌握心理学的基本原理并将其运用到具体的广告活动之中,是孕育成功广告的关键起点。如果说没有对市场进行调查分析的广告计划是无根据的,那么没有对消费者心理进行研究的广告更是盲目的。

(二) 注意与广告策略

当今,广告几乎无时不有、无孔不入。有国外资料显示,一个消费者平均每天通过电视、广播、路牌、报纸等各种媒介可接触到约 1500 条广告信息。而在这多达上千份的广告中,真正被受众视听到的、或者说注意到的又能有多少呢?心理学家曾经做过试验,结果表明,成人被试者视听到的广告平均数只有 76 份,也就是说有意注意到的广告大约只占暴露总数的 5%。

从消费者的购买心理过程可以发现,注意是整个购买过程的第一阶段,没有这个阶段,也就不可能有后面的一系列过程。所以引起注意是一则广告成功的前提和基础,如何吸引注意,是广告要解决的首要问题。

1. 注意的特征与形式

注意是心理或意识活动对一定对象的指向和集中,它明显地表示了人的主观意识对客观事物的警觉性和选择性。注意主要由两种因素引起:一是刺激的深刻性,如外界刺激的强烈程度以及刺激物的突变等;二是主体的意向性,如根据生理需要、生活需要、主体兴趣而自觉地促使感觉器官集中于某种事物。

注意具有两大特点,即指向性和集中性。其中,指向性表明,人的心理活动具有选择性,即在每一瞬间把心理活动有选择地指向某一目标,而同时离开其他对象。集中性则表明人的心理活动只集中于少数事物上,对其他事物视而不见、听而不闻,并以全部精力来注意某一事物,使心理活动不断地深入下去。在广告活动中,充分地利用注意的这两个特点,可以使消费者专注于广告宣传对象,使之离开一切与广告宣传无关的其他事物,这样就可以使广告宣传的内容在消费者的心理活动中得到清晰、鲜明的反映。

在心理学上,注意可以划分为无意注意和有意注意两种形式。无意注意指事先没有预定的目的,也无须作任何意志努力的注意。人们在广告宣传中也正有意、无意地运用着这一方式,电视节目进行之中突然穿插的广告,便是这类手法的典型应用。引起无意注意的原因,可分为客观刺激物的本身和人的主观状态。在设置广告时,这是必须考虑的两个因素。凡是能够使刺激物在这些方面迎合消费者的广告创意,几乎都能取得利用人们的无意注意的功效。与无意注意截然相反,有意注意是一种自觉的、有预定目的的、在必要时还需要付出一定的意志努力的注意。有意注意是根据人的主观需要,把精力集中在某一事物上的特有的心理现象。其特点是主体预先有内在的要求,并注意集中在已暴露的目标上。有意注意是一种主动服从于一定的活动任务的注意,它受人的主观意识的自觉调节和支配。相对而言,有意注意对于广告刺激的要求,没有无意注意要求的那么高。

2. 广告引起消费者注意的方法

广告界流行这样一句话:使人注意到你的广告,就等于你的产品推销出去了一半。可见在商业广告设计中,充分应用注意的心理功效,是提高广告效果的重要环节。那么,如何使广告引起消费者的注意呢?

第一,增大刺激物的强度,引起积极兴奋。

刺激达到一定的强度,会引起人们的注意。刺激物在一定的限度内的强度越大,人对这种刺激物的注意就愈强烈。不仅刺激物的绝对强度有这种作用,而且刺激物的相对强度也有这种作用。因此,在广告设计中,可以有意识地增大广告对消费者的刺激效果和明晰的识别性,使消费者在无意中被引起强烈的注意。例如,直径16米、重6吨、垂挂在东京一座新落成的摩天大楼上的、堪称世界广告之最的瑞士钟表广告就是利用了这个原理。

第二,增大刺激物之间的对比,造成感官冲击。

刺激物中各元素的显著对比,往往也容易引起人们的注意。在一定限度内,这种对比度越大,人对这种刺激所形成的条件反射也愈显著。因此,在广告设计中,可以有意识地设置广告中各种刺激物之间的对比关系和差别,增大消费者对广告的注意程度。同时,除了强化在广告本身各元素之间的对比外,还可以强化广告与环境因素的对比。这些对比可以有效增强广告的易读性、易视性和易记性,保证消费者的视觉、听觉和知觉的畅通,从而引起消费者的兴趣。如画面布局的动静对比、色调对比;图案的大小对比、空白对比;色彩、光线的明暗对比与强弱对比;音响、语调的节奏对比与高低对比;等等。

第三,提高刺激物的感染力,唤起情绪注意。

广告的力量有时不仅来自视觉上和形式上的强度,更多时候是来自对受众的深层心理的打动。刺激物的强度和对比固然可以引起注意,但如果在内容上缺乏引起人们兴趣的感染力,引起的注意也只能是很短暂的。在广告设计中有意识地增大各组成内容的感染力,运用人们关心的题材并进行富于艺术的加工,都能增强广告的感染力。例如,香港有一家保险公司寄给用户的广告是一则寓言故事。彼得梦见与上帝同行,路面上留下两双脚印,一双是他的,一双是上帝。但当彼得经历一生中最消沉、悲哀的岁月时,路面上的脚印只剩下一双。彼得问上帝:"主啊!你答应过我,只要我跟随你,你永远扶持我,可是在我最艰苦的时候,你却弃我而去。"上帝答道:"孩子,当时我把你抱在怀中,所以,只有一双脚印。"广告的最后一句话,道出了保险公司的广告主题:"当你走上坎坷的人生之路时,本公司陪伴着你。当你遇到不测之时,本公司助你渡过难关。"

第四,突出刺激目标,超越竞争干扰。

在其他条件相同的条件下,注意程度的强弱和被注意物体的多寡成反比,目标越多,注意力越分散,目标越少则越有利于集中注意力。要凸显刺激目标,就要解决两个问题,其一是如何突出目标,其二是如何恰当地安排广告画面。

第五,利用动态刺激物,强化视觉效果。

消费者对广告的注意通常会受到刺激物活动变化的影响。周围环境发生变化,或是活动的、多变的刺激物,都易引起消费者的无意注意。运动着的物体的惹人注意程度要比静止的大得多。霓虹灯之所以引人注目,就在于它的闪烁。另外,通过恰当的设计,使广告牵动观察者眼睛向设计者所期待的方向移动,增强广告的吸引力,也属于此类。如成都地奥集团在全国电视台热播的"地奥银黄含片"的广告,广告一开始是电影演员李雪健在向观众诉说,但听不到声音,也没有任何音乐发出,持续了近5秒钟才听见声音,李雪健向观众诉说:"没声音再好的戏也出不来,地奥牌银黄含片……"在电视播放的过程中,突然静止5秒钟,这种突发性的变化,容易引起消费者的注意。

第六,运用口号和警句。

就是要用一段特别精美的文字,使广告看起来醒目,读起来朗朗上口,听后难忘。在便于记忆的基础上,合理运用口号和警句,可以使人一想起这句话,就联想到广告所宣传的产品。比如——雀巢咖啡:味道好极了;M&M巧克力:只溶在口,不溶在手;百事可乐:新一代

的选择;麦氏咖啡:滴滴香浓,意犹未尽;麦氏咖啡:好东西要与好朋友分享。

第七,出奇制胜,吸引强烈好奇心。

出乎意外的、不平常的刺激特性,都会有不同程度的新奇性。人类的感官几乎都有适应性。缺乏新异性的刺激,只会使人们产生一种条件性的非觉察现象。这意味着创新对广告的注意具有最基本的意义。在广告设计中,新颖的表现手法、生动有趣的语言往往能够使广告产生意想不到的效果。比如易服芬退热药广告:一只红螃蟹和一只黑螃蟹在路上相遇。因为人们都知道螃蟹变红是因为被煮熟了,是不可能再变成黑色的。可是在广告里,它服了易服芬后,竟又恢复了本色。广告语言也十分风趣:"哥们儿,咋的了?让人煮啦,快服易服芬呐!"画面一转,那只红螃蟹服了易服芬后变成了黑螃蟹,并精神焕发。该广告播出后一下子就引起了消费者的注意。

(三)兴趣与广告策略

兴趣是人们探究某种事物或从事某项活动时产生的心理反应倾向。兴趣是一种特殊的需要形式,主要有健康的需要、饮食的需要、安全的需要、情感的需要、经济利益的需要、舒适的需要、进取的需要、求美的需要、效率的需要、荣誉的需要,等等。兴趣也是产生动机的最活跃诱发因素,反映了人的认识活动的倾向性。消费者由于年龄、性别、职业、地位、习惯等方面的差异,表现出的兴趣也各不相同。

(四)欲望与广告策略

所谓刺激欲望,就是通过广告宣传,激发消费者潜在的特殊欲求,从而促使其购买能够满足其心理欲望的商品。欲望是消费者的需要尚未得到满足的一种状态,刺激欲望的最好办法是强调产品所能给予顾客的利益满足。为使消费者产生购买欲望,"商品对我们有什么好处"就成为广告诉求的重点。也就是说,站在消费者的欲望立场,说明有关商品的特性,往往是引导消费者产生购买行为的先导性工作。

(五)记忆与广告策略

记忆是人们在过去的实践中所经历过的事物在头脑中的反映。对于广告信息的记忆,是消费者思考问题、做购买决策的必不可少的条件。广告应该具有帮助人们记忆广告内容的功能,因为消费者在接受了广告信息之后,即使对某一产品产生了良好的印象,一般也并不立即去购买。广告创作中,要刻意增强易于记忆的视听因素,目的就在于便于消费者再认识和回忆广告内容,便于消费者决策,使广告产生最佳效果。广告记忆包括识记、保持、再认和回忆四个基本环节。因此,根据记忆原理及个性差异,在广告宣传中采取有效的办法,正确地发挥记忆在广告过程中的作用,不仅能加强消费者接收、储存和提取有关信息,还能刺激其先前的经验痕迹的复活,促进购买欲望。为了增强消费者对广告内容的记忆,可以采取以下几方面的策略。

第一,适当减少广告识记材料的数量。

心理学的研究表明,在一定时期内,识记材料的数量和记忆效果成反比,即需要记忆的材料越多,遗忘的速度越快。广告是一种短时记忆,人们轻易不会愿意花太多时间、精力加以识记。因而,要提高消费者对广告的记忆水平,广告中所含识记材料数量应力求精简,文稿应简明扼要,尤其是在标题及核心口号处理上,应力求短小精悍。比如,"好空调,格力造!""把'新鲜'直接拉出来!"(冰箱广告语)、"只溶在口,不溶在手"(巧克力广告语)等。

心理学家通过测试,认为在六个字以下的标题,读者回忆率为34%,而六个字以上的标题,则只有13%。因此,在转瞬即逝的一则广告之中,企图融进众多信息内容而又想取得良好的广告记忆效果的愿望是不现实的。

第二,充分利用形象记忆优势。

在人的记忆中,语言信息量与图像信息量的比例是1∶1000。因此,充分利用形象记忆,是广告宣传的一大策略。

第三,设置鲜明特征,便于识记、回忆和追忆。

所谓设置鲜明特征,就是为记忆过程的识记、再认、回忆或追忆提供线索,从而使记忆过程更加顺利。广告宣传中的这一手段,是与形象记忆策略密切相关的。

第四,适时重复广告,拓宽宣传途径。

现代认知心理学关于记忆系统的研究表明,外界信息要进入人的长时记忆系统之中,最重要的条件就是重复。所以,要提高人们对广告的记忆效果,更确切地说,要提高人们对广告信息的记忆效果,最重要的手段就是将广告信息不断地重复。重复不仅可以加深人们对广告内容的记忆,还可以使视听者增加对广告的亲切感。但是,重复要增加广告费用,过度的重复,从经济效果看,不一定划算;从消费者的情绪反应来看,不能妥善处理重复,也可能收不到预期效果。因此,广告的重复应从经济上和技巧上通盘研究,尽可能做到以最少的支出取得最大的效果。

一般而言,广告重复策略有以下四种方式。

(1) 将同一广告不断重复刊播。这是我国商品广告最常见的做法。只要你连续一段时间收看电视节目,那么同一则广告看过多次是司空见惯的事。有的广告还将同样的画面、同样的语言连续重复多次。最典型的是哈尔滨制药六厂所推出的盖中盖、护彤等药品,都是通过不断重复的刊播,来达到增强观众记忆力的目的。但过度的重复,容易引起消费者的反感,效果可能适得其反。

(2) 将有关信息在多种媒介上呈现,使受众分别在不同的时间、不同的地点、不同的活动中,用不同的感官接受到同一品牌的广告信息。这种全方位、立体式广告宣传被很多品牌采用,事实证明这也是非常有效的一种广告宣传策略。当今,在广告媒介众多的情况下,除了报纸、杂志、广播、电视这四大传统媒介之外,还有网络、路牌、灯箱、招贴及形形色色的售点广告。因此,全面整合各种广告媒介,用它们发布同一条信息,可让受众从多个侧面接触广告信息,从而保持较高的记忆度。

(3) 在同一媒介上进行系列广告宣传。系列广告可以是一则广告分别从不同的角度来介绍产品,这样,既可以加深消费者对品牌的印象,又可以让消费者对产品有一个全面的认识。例如获香港4A广告创作金帆奖的爱立信企业形象系列广告《父子篇》《健康篇》《教师篇》《爱情篇》《代沟篇》,虽然情节不同,但都是传达了"电信沟通、心意互通"这一主题。

(4) 在一则广告中反复重复主题,以增强记忆效果。如中央电视台及各大卫视热播的康师傅麻辣方便面的电视广告。它选用《欢乐颂》为音乐背景,利用"辣"与"啦"的谐音,不断重复"辣"的概念,最后用一句旁白点明主题"要吃辣,找康师傅,对啦。"

第五,提高消费者对广告内容的理解程度。

广告要想使人留下深刻印象,并加以记忆,除了减少材料数量、增加对象维度、运用形象记忆优势和设置鲜明特征之外,最为重要的是让广告接受者理解广告,并在理解中记忆广告。理解是记忆的最重要的条件,只有理解了的东西,才有可能被大脑迅速提取和长久储存,受众只有在理解了广告内容的前提下,才可能进行购买决策。比如,拍立得照相机"留下美好瞬间,只需轻轻一按"的广告语虽短,却将广告内容悉数传递,而且易于理解。

第六,合理编排广告重点记忆材料的序列、位置。

记忆是大脑对信息进行编码和储存的过程,因此,在对广告内容进行编排时,要尽量使记忆的编码过程顺利进行,并使广告所介绍的信息处在记忆编码的重要位置——前面或后面,而不要让其掩埋在中间。

记　忆　术

1. 提纲记忆法　　2. 图表记忆法　　3. 比较记忆法　　4. 归类记忆法
5. 形象联想法　　6. 谐音记忆法　　7. 串字头记忆法　8. 歌诀记忆法

(六) 行动与广告策略

消费者对商品的相关信息进行处理后,会按照自己物质上和心理上的需要以及社会环境的制约,将心理活动公开反映出来。这一过程就是购买行动。此环节是看得见摸得着的,因此是广告主制定广告策略最感兴趣的。消费者购买行为有各种表现类型:有的比较理智,有的疑虑重重,有的感情冲动,有的大大咧咧。根据购买动机的差别,可以将消费者的购买行为划分为理性购买行为和感性购买行为。

1. 理性购买行为

理性购买是指消费者在经过理性思考后实施的购买行动。其中,理性思考又可以根据思考时间的长短划分为潜意识思考、短时间思考和长时间思考三种类型。

第一,潜意识思考购买的商品,一般都是日常生活消费品,通常都是用完了,便马上购买,几乎不思考或潜意识思考。这类商品的特点是价格便宜,需求量大。消费者购买这类商品虽不加以思考,但却是建立在既有消费习惯基础之上的。消费者一旦对某品牌有好感,就会成为此品牌的忠实购买者。对这类消费者而言,广告宣传的重点应该集中在产品的特点、本产品在同类产品中的知名度等方面,以培养消费者认牌购买的习惯。

第二,短时间思考购买的商品,占消费者整个购买活动的大部分,思考的过程是先进行初步了解,把该产品与其他同类产品进行价格比较,然后做出购买决定。针对这类购买行为,广告宣传应发挥购买前的告知作用,强调该产品的优势。

第三,长时间思考才购买的商品,通常是价格昂贵、消费者购买频率较低的商品,如房子、汽车、高档服装、名贵首饰、各种家电等。对于这些商品,消费者不会马上做出购买决策,要充分进行调查研究,如对产品质量、功能、价格、款式、企业的知名度、美誉度等有了全面了解后,才决定购买。针对这类购买行为,广告不仅要直接宣传产品的功能或诉诸某种消费观念,还要大力宣传企业形象以提高消费者对企业的认同度。

2. 感性购买行为

感性购买行为是指消费者在外界因素的刺激下,瞬间做出购买决定的行为。此类购买行为常常表现为消费者的心血来潮,主要以求实、求廉和好奇心的女性消费者为主。针对这类购买行为而制作和发布的广告,应突出情感诉求的重要性,以求拉近企业和消费者之间的距离。总体而言,销售现场的广告宣传(即销售点 POP 广告)一般就应该是针对感性购买行为而制作的,它可以有效烘托现场气氛,吸引消费者注意,并激发消费者的购买情绪。

第二节　社会心理与广告策略

一、不同群体的消费心理与广告

(一)广告宣传需考虑消费者的需要

需要是个体在一定的生活条件下感到某种欠缺而力求获得满足的一种内部状态,是机体延续和发展生命对所必需的客观事物的欲求的反映,是机体自身或外部生活条件的要求在头脑中的反映。根据马斯洛①的需求层次论,人的需要可划分为如下五个阶梯或层次。

(1) 生理需要。人对食物、水分、空气、睡眠和性的需要都属于生理需要。生理需要是最基本的,也是最有力量的需要。这类需要得不到满足,就会危及人的生存,所以它们是应当最先得到满足的需要。

(2) 安全的需要。它表现为人们要求有一个安全、有秩序的环境,有稳定的职业,有生活的保障,能免除恐惧和焦虑等。

(3) 归属和爱的需要。一个人希望与其他人建立情感联系或关系,如结交朋友、追求爱情、加入某一团体等,都是归属和爱的需要的表现。

(4) 尊重的需要。包括自尊和受到别人的尊重的需要。自尊是相信自己的能力、才华和智慧;受到别人的尊重则表现为个人的能力和成就得到他人或社会的承认或赞许。

(5) 自我实现的需要。希望能充分地发挥自己的潜能,使自己越来越成为自己所期望的人物,完成与自己相称的一切事情。

马斯洛认为,这五种需要是由低级到高级按层次组织起来的,只有当较低层次的需要得到一定程度的满足之后,较高层次的需要才会出现并起主导作用。

---

① 马斯洛(1908—1970),美国著名社会心理学家,其主要成就包括提出了人本主义心理学,提出了需求层次理论,代表作有《动机和人格》《存在心理学探索》《人性能达到的境界》等。

(二)广告宣传要考虑不同消费者群体的心理

1. 不同年龄的消费者群体的心理差异

(1)少年儿童消费者心理特征及广告。

第一,天真好奇。孩子们对外部世界充满好奇,具有强烈的探知欲。针对这一特点,以新奇与幻想型诉求为出发点的广告将会受到孩子们的喜爱。

第二,模仿易变。他们特别喜欢模仿自己心中的英雄、偶像或动画片中的人物,因此借助于同龄人或其喜爱的卡通人物形象来制作广告,会起到意想不到的效果。比如,国产动画片《蓝猫淘气3000问》中的蓝猫、菲菲,《西游记》中的孙悟空,日本动画片《四驱兄弟》中的小豪、小烈,电视剧《还珠格格》中的小燕子等人物,如果出现在广告之中,那么广告本身很可能会迅速得到少年儿童的喜爱。

第三,形象思维。与成年人注重抽象思维不同,形象思维是少年儿童的主要思维形式。鉴于此,针对少年儿童的广告应尽量采用形象化的表现手法,如用动物形象、卡通人物以及幽默滑稽甚至是夸张的动作等,都能引起他们的兴趣。

(2)青年消费者心理特征及广告。

第一,注重自我形象。进入青年人行列后,人们的审美意识不断增强,开始留意形式美,开始追求时尚。所以,根据这一特点,广告宣传应着力突出产品的品牌效应,而其中一个有效的途径就是请当红的体育明星或影视明星担任广告产品的代言人。

第二,自主、逆反。青少年时期,人们的思维模式逐渐由形象思维向抽象思维过渡,消费的自主性也开始不断增强。针对这一特点,广告设计和制作必须充分地展现个性、满足个性。

第三,情感需求强烈。青少年精力充沛,充满激情和活力,易受感染,也易冲动。针对这一特点,广告要借助爱情、友情等诉求点来激发消费者的购买愿望。

(3)中年消费者心理特征及广告。

第一,理性务实。中年人生活经验丰富,理智胜于情感,因此购物不但注重外表,更注重内涵。针对这一特点,广告宣传自然应该侧重说理,突出产品在价格、性能、品质等方面的优势。

第二,家庭观念强。家庭的温暖主要表现为家中成员的和睦相处、相亲相爱、互相尊敬和互相帮助。中年人对家庭温暖的需要,一方面是因为和睦的家庭有利于解除工作和社会事务上的精神压力;另一方面有利于将更多的精力投入于工作和事业中。基于此,以中年人为目标受众的广告就应该侧重以亲情诉求作为创意的基础。

第三,追求身份、地位和财富。中年阶段通常是人生中事业步入顶峰的阶段,中年人也因此喜欢购买能够展示自己身份、地位的产品来展示他们成功的一面。所以对高档产品的广告而言,应重点宣传产品的高贵品质,而不是低廉的价格。

(4)老年消费者心理特征及广告。

第一,思想守旧。老年人倾向于保留自己的生活习惯和生活风格,他们愿意接受自己曾经信任和喜爱的物品,而不愿意接受新的物品。因而,以老年人为目标受众的广告,选择怀旧风格的表现手法、突出商品的久远历史,就应该是其成功的秘诀。

第二,关注健康。随着身体机能的衰退,老年人会逐渐意识到健康的重要性。由于物质生活条件已基本稳定或完善,健康需要就成为他们最强有力的消费行为的原动力。所以针对老年人的广告宣传,自然应该突出商品的保健、健身等功能。

2. 不同性别消费者群体的心理差异

(1) 女性消费者心理及广告。

第一,美的追求。俗话说"爱美之心人皆有之"。但相对而言,女性对美的追求比男性更为强烈。当今,服装、化妆品、减肥产品、健美产品市场十分活跃,其背后深刻的市场推动力主要就是女性的爱美之心。因此,针对女性的广告宣传就要强调其产品和服务在有利于女性展示美、保持美、增加美等方面的功能。

第二,追求时尚。女性爱赶时髦、追求时尚,因此广告宣传就应突出新时尚、创造新时尚,以满足女性在该方面的心理需求。

第三,感情丰富。女性感情丰富而细腻,易受感染。因此广告宣传应借助情感诉求来激起她们的心理共鸣,同时在购买现场,强化POP广告,激发其购买欲望。

(2) 男性消费者心理与广告。

第一,决策力强。在家庭生活中,大件高档产品的购买决策者往往是男性,他们往往会对产品进行理性分析,不会感情用事。因此在此类产品的广告宣传中,应侧重于商品相关知识的传授,且以理性诉求为主。

第二,好名利。男性比较追求身份、地位,因此广告宣传应侧重以成功为诉求点,注重品牌的定位和塑造。

3. 不同层次的消费心理

(1) 低层次需要的消费者通常追求产品经久耐用、价廉物美,重视消费风险较小的理性消费。因此,针对这类人群,广告诉求的重点应该集中在产品价格低、质量好、老字号或销量大等方面。

(2) 较高层次需要的消费者通常追求产品的新颖式样、先进功能、高贵品质等因素,重物质更重精神、重价格更重形象、重潮流更重个性。针对这部分消费者,广告诉求的重点就应该集中在时尚、品牌形象、高科技等方面。

二、社会心理影响下的广告策略

当前社会处于何种状态、有什么样的时代特征、大众的价值观和社会道德标准取向有什么变化等问题,都是广告表现所要考虑的内容。的确,广告是时代和社会的一面镜子,它一方面要表现特定时期的社会、经济、文化等因素的实际状况,另一方面又必须顺应社会发展潮流,符合当代人的思想认识。唯有如此,广告所传递的信息内容才易于被目标受众接受和认可。

(一) 时尚心理影响下的广告策略

时尚就是在特定时段内率先由少数人实验、而后为社会大众所崇尚和仿效的生活样式。具体来说,时尚是指一定时期内相当多的人对特定的趣味、语言、思想和行为等各种模式或

标本的随从与追求。时尚涉及生活的各个方面，如衣着打扮、饮食、行为、居住、甚至情感表达与思考方式等。广告是含有强烈说服目的、以获得消费者认同为目标的传播行为。而时尚究其本身来说是大众对某一事物的趋同心理的反应。这就决定了广告和受众之间存在着互相促进、互为手段的联系。一方面，广告可以通过对时尚脉搏的把握来适应市场；另一方面，时尚则可以通过广告这一传播手段向大众发布，而广告也可以以推销的目的创造新的消费时尚。总的来说，时尚在广告中的作用可以通过如下三个途径来实现。

第一，价值观的倡导。

价值观是指人们头脑中有关价值追求的观念，它是人们以往生活实践和理论知识的升华与凝聚。从内容上看，它包括对各个方面的信念、信仰、思想。价值观在人们选择取舍的过程中起着内心导向机制和评价标准作用。凡是人们进行评价或对某事表达一定态度时，其内心深处就启动了价值观念的运转与操作机制。

德国心理学家戴维·卡茨曾经指出，态度能服务于人格需要的功能之一是表达价值观，而驱使价值观表达的动力就是保持自我个性、提高受欢迎的自我形象和自我决策。当个体在一定程度上对自我不满意或外界控制破坏了旧的价值观念，威胁到自我概念的完整与明确时，个体便会改变态度，追求并建立新的自我形象。广告可以紧紧把握这一改变的动机，突出建立与这一新的价值观相关的隐含线索。

比如，各种针对富豪设计的汽车广告，其诉求点因广告信息的传播国家对轿车的消费观不同而各异：在美国强调经济、耐用和安全；在德国突出其功能；在瑞士重点表现其安全；在法国强调其地位和休闲；在墨西哥突出其价格优势；而到了委内瑞拉则强调高质量。如果广告诉求与当地的价值观不符合，那么其效果必然会大打折扣。例如，万宝路在美国曾经以鲜明的西部风情和牛仔形象深入人心，但在20世纪70年代，当其以同样的主题深入香港地区时却不被人们所接受，因为大家认为牛仔是地位低下的劳工。于是，万宝路后来的广告人物改为在草原上出现的一位风度翩翩、年富力强的绅士。这一角色更容易被人们所接受。再如，P&G在日本、中国香港和中国台湾为SK-Ⅱ的皮肤护理产品进行的市场研究发现，日本人最称心如意的是"像煮熟的鸡蛋"一样"半透明"的光洁肌肤；而"水晶般光洁"在中国香港地区最吸引人；中国台湾地区的标准则是"红润光洁"。由于获得了消费者的充分理解，SK-Ⅱ在亚洲三个市场均取得良好的业绩。

第二，个人榜样的感召。

时尚是在领潮者和赶潮者之间展开的双边运动和心理互动。领潮者的形象表达在广告中通常是通过树立个人时尚形象来实现的，无论是在洗涤用品、化妆品广告之中，还是在汽车、电脑等贵重商品的广告之中，通常所倡导的都是新的思想、新的消费观念、新的消费方式。在广告中塑造个人形象榜样的典型手段就是聘请明星做广告代言人，用人们熟知的人物，如歌星、球星、社会名流等来推荐商品，把商品与名人联系起来，以增加附加价值。明星代言遍布各个商业领域，在时尚商品中尤其多见。如洗发水（王菲代言海飞丝）、化妆品（章子怡代言美宝莲）、香皂（安琪代言力士）、手机（金喜善代言TCL）、服装（李连杰代言柒牌）、饮料（贝利代言百事可乐）等。

第六章 广告心理

第三,社会热点的助力。

社会热点是最近社会上发生的且引起巨大反响的,为大众喜闻乐见的新闻事件、娱乐文化、体育赛事等。广告中通过反映这些时尚内容来达成品牌认同,是一种典型的借势手法。

(二)改变消费者生活方式的广告策略

在现代社会中,广告和人们的生活方式息息相关,人们的生活越来越依赖于广告,广告也以自己强大的影响力改变着人们的生活方式。

企业通过广告影响消费者,目的是说服消费者购买其产品或服务。在很大程度上,企业的产品或服务要获得消费者的认可,必须首先唤起其潜在的消费欲望,而这就需要改变消费者原有的消费观念和消费方式。消费方式的更改,实际上又意味着生活方式的变化。广告不断地向公众传递种种有关新的生活方式的信息,从而有利于产品或服务的营销。雀巢咖啡的成功营销就是一个典型的事例。对于有着千年茶文化传统的中国来说,咖啡是一种味道较苦、既陌生又不合胃口的饮料。但是,雀巢咖啡以一句"味道好极了"的广告口号,迅速在中国开辟了一个咖啡消费的市场,并使之成为许多中国家庭的时尚饮品,从而改变了中国人的传统生活方式。

近些年来,我们的生活方式发生了极其巨大的变化,而这些变化,无一不与广告存在着密切联系。可以说,几乎任何一种新的消费品的迅速推广,都是借助于广告的影响而实现的,广告所带来的生活方式的变化,正在使现代社会向消费型的大众社会过渡。

技能训练

1. 教师根据学生人数,以 3~4 人为一组,观察分析生活中见过的广告作品。可以搜集并选取一到两个,试着从广告心理学的角度对广告作品进行分析。

2. 注意力训练,下图是由哪些图形组成的形象?

3. 阅读下述材料,然后回答后面的问题。

美国苹果打开日本市场

经过长达 24 年的协商和谈判,日本政府终于准许美国苹果于 1995 年 1 月在日本限量销售。为了成功地打入日本市场,美国苹果种植主协会仔细分析日本市场的竞争因素,深入研究日本人的苹果消费习惯,拟订出一套有效的销售计划,结果一炮打响。

美国苹果进入日本市场面临着两项挑战:日本苹果种植主的抵制和日本消费者的接受

程度。市场研究发现,日本人吃苹果的方式和美国人大不一样。大多数美国人把苹果当作午餐或零食,咬着吃,不削皮。然而,在日本,苹果大多用作饭后甜食,削了皮切成小块再吃。此外,日本苹果一般比美国苹果大得多。针对这些市场特点,美国苹果种植主协会为苹果的定位是:有益于健康的方便零食。很明显,美国苹果在日本的定位,目的在于创造新的市场需求,避免与现有日本苹果市场的直接竞争,从而消除日本苹果种植主的抵制。更为重要的是:因为日本苹果市场是一个成熟而饱和的市场,如果美国苹果与日本苹果直接竞争,很难在短期内占领一定市场。然而,如果能够创造出一种新的市场需求,美国苹果在日本的销售潜力将会大得多。

可是改变消费习惯,创造市场需求,谈何容易!美国苹果种植主协会认为:日本消费者能否把美国苹果当作方便零食来吃,关键在于人们是否接受咬着吃整个苹果。针对这个问题,美国苹果种植主协会在日本开展了一系列旨在改变日本消费者食用苹果习惯与观念的促销活动,其中精彩的一项是"咬苹果大赛"。美国苹果在日本上市的第一天,美国苹果种植主协会在东京闹市区搭起高台,人们自愿参赛,能一口咬下最大块苹果者,获得一件印有美国苹果图案的运动衫,旁观者每人获赠3个美国红元帅苹果。这项有趣的活动获得了日本大众媒介的充分报道。日本消费者在一笑之中了解到美国人吃苹果的方式,并对之留下深刻的印象。

此次促销活动的另一特点是充分利用美国在日本的形象。大多数日本人,特别是年轻人对美国和美国产品的印象比较好。美国苹果种植主协会希望这种印象有助于日本消费者接受美国苹果。美国苹果在日本上市的前一天,美国总统克林顿在美日贸易会谈结束仪式上,把一篮子美国红元帅苹果赠给日本首相。对此,美国和日本的电视台都给予报道。日本的两家大报《朝日新闻》和《读卖新闻》也刊载了新闻照片。为了直接影响日本消费者,销售美国苹果的商店还都插上美国国旗。

与这些公共关系活动相配合的是美国苹果的定价策略。日本苹果的价格,每个从1.5美元到5美元不等。然而,美国苹果在日本的售价仅为每个75美分。这个价格很有竞争力,而且与美国苹果的方便零食的定位也是一致的。尽管美国苹果的定价偏低,但是多数吃过美国苹果的日本消费者并不认为美国苹果的质量差。

问题(1):美国人是怎样改变日本消费者吃苹果的习惯并把苹果当成方便零食的?

问题(2):如果不举行"咬苹果大赛",还可以策划什么活动来改变日本消费者吃苹果的习惯并把苹果当成方便零食?

本 章 小 结

1. 消费者的心理过程,大致可以分为认知过程、情绪过程和意志过程三个部分,在这些不同的过程中,消费者的心理行为直接地反映出消费者个体的心理特征。

2. 消费者购买决策心理应遵从 AIDMA 原则,也就是说,在制定广告策略时,应充分考虑消费者的注意(Attention)、兴趣(Interest)、欲望(Desire)、记忆(Memory)和行动(Action)的特点与规律。

3. 制定广告策略必须考虑消费者的群体差异及其对购买行为的深刻影响。

第七章　广告创意

 知识要点

1. 广告创意的含义与原则；
2. 广告创意的理论；
3. 广告创意的基本技巧。

 能力要点

1. 掌握分析广告创意的基本能力；
2. 掌握广告创意的基本方法与创作技巧。

 实用链接

1. 中国广告人网；
2. 品牌评价网；
3. 站酷网。

 关键概念

广告创意：广告创作者对广告活动进行的创造性的思维活动，是为了达到广告目的，对未来广告的主题、内容、表现形式和制作手段所提出的创造性的"主意"。狭义上，广告创意是指创造性的广告表现。广义上，广告创意是指广告中所涉及的创造性思想、活动和领域的统称，这几乎包含了广告活动的所有环节。

第七章　广告创意

农夫果园，一"摇"三"鸟"

两个身着沙滩装的胖父子在一家饮料店前购买饮料；看见农夫果园的宣传画上写着一句"农夫果园，喝前摇一摇"；于是父子举起双手滑稽而又可爱地扭动着身体，美丽的售货小姐满脸狐疑地看着他俩；（镜头一转）口播：农夫果园由三种水果调制而成，喝前摇一摇；（远景）继续扭动屁股的父子俩走远。

统一果汁主打女性消费市场，喊出"多喝多漂亮"的口号，康师傅、健力宝、汇源等也纷纷采用美女路线。康师傅签约梁咏琪为"每日C果汁"摇旗呐喊，健力宝聘请亚洲流行天后滨崎步作为"第五季"的形象代言人，汇源在宣传了一阵子冷灌装以后，邀请时下最红的韩国影星全智贤出任"真鲜橙"的代言人。PET包装的果汁市场，一下子美女如云。

而后来的农夫果园"不为女色所惑"，出手不凡，又一次运用了差异化策略，以一个动作作为其独特的品牌识别——"摇一摇"。

三种水果调制而成，喝前摇一摇。"摇一摇"最形象直观地暗示消费者它是由三种水果调制而成，摇一摇可以使口味统一；另外，更绝妙的是无声胜有声地传达了果汁含量高——因为我的果汁含量高，摇一摇可以将较浓稠的物质摇匀这样一个概念。"摇一摇"的背后就是"我有货"的潜台词。

在农夫果园打出这句广告词之前，许多果汁饮料甚至口服液的产品包装上均会有这样一排小字——"如有沉淀，为果肉（有效成分）沉淀，摇匀后请放心饮用"。这排小字看似是要消除一种误会——就是有了沉淀并不是我的产品坏了，摇匀后喝就行了。其实是一个很好的卖点——它证明产品的果汁含量高，但这样的语言在各种包装上已经有很多年了，从来没有人关注过角落里的"丑小鸭"。农夫果园发现了这只丑小鸭，并把她打扮一新包装成了明星——一句绝妙的广告语"喝前摇一摇"，变成了一个独特的卖点。

同时，在感性认同上，"摇一摇"使得宣传诉求与同类果汁产品迥然不同，以其独有的趣味性、娱乐性增添消费者的记忆度。

第一节　广告创意的含义与原则

一、广告创意的含义

美国广告专家大卫·奥格威曾说过，"如果广告活动不是由伟大的创意构成的，那么它不过是二流品而已。"的确，成功的广告战略首先来自不同凡响的卓越创意，而广告创意已经成为现代广告的灵魂。目前，广告竞争从以前的所谓"媒介大战""投入大战"上升到广告创意的竞争。"创意"一词也成为我国广告界最流行的常用词,对一些广告人来说,甚至到了言必称"创意"的地步。那么,什么是广告创意呢?

从狭义的角度去分析,广告创意是指广告主题之后的广告艺术创作与艺术构思,即创造性的广告表现。从广义角度去分析,广告创意主要是指广告中所涉及的创造性思想、活动和领域的统称,这几乎包含了广告活动的所有环节。现实中,广告界更愿意以"广告作品的创意性思维"来定义广告创意。广告创意,从动态的角度看,是广告创作者对广告活动进行的创造性的思维活动。从静态的角度看,广告创意是为了达到广告目的,对未来广告的主题、内容、表现形式和制作手段提出的创造性的"主意",俗称"点子"。

什么是有效的广告创意呢?即要抓住受众的注意力。这样,受众的兴趣就会发生,这会对销售发生反应,对销售前提产生连带关系。由于不断关心的结果,受众终于被说服,而且深信不疑,从而改变了他们原有的态度。至于那些既有的客户,则更加深了他们的印象。

广告创意的作用可以体现在:引起关注,提高销售业绩;确定和提升企业形象;引导或创造消费观念、潮流等,为企业的长远发展奠定基础。

因此,可以给广告创意下这样的定义:广告创意就是广告创作者对广告活动进行的创造性的思维活动,是为了达到广告目的,对未来广告的主题、内容、表现形式和制作手段所提出的创造性的"主意"(见图7.1)。

图 7.1 联邦快递(FedEx)平面广告

二、广告创意的原则

(一)简明性原则

创意的第一要点就是简洁、单纯、明确、明晰,而不是把简单问题复杂化。每个广告创意都要受到渠道容量和受众接受量的限制,简明才能突出第一信息。简明的最高阶段是单一,做到简单就是不简单。一个简洁的创意和艺术处理就能强有力地把意念表现出来。广告创意不是为理解设置障碍,而是为理解搭建桥梁。广告创意的诉求要尽可能单一,好的广告创意往往很简单,也就是最大限度地利用受众的接受机会,传达最能使消费者留下深刻印象并为其所接受的信息。消费者关心的是产品或服务特点,如果广告创意忽视了这一点,花大量时间与精力诉求众多次要的特点,就会愈多则寡。

坚持创意的简明性原则,要充分考虑受众接受量的局限。对一个广告创意,首先要确定什么是最重要的,即确定第一信息。正确的广告创意策略即是单一地诉求产品的第一信息。把这第一信息通过简洁单纯、明白无误的创意更加强烈地表达出来。

比如,中国银行借记卡具有许多功能:24小时理财、通存通兑、购物消费、银证转账、代收代付、取现转账、网上交易、外汇买卖、电话银行、实时挂失障碍等超强功能。广告如何将这些功能信息整合为一个简洁的创意表现呢?我们看到广告演绎的是,在一个钱包里,有许多插袋,但这些插袋里都是空的,只有一个插袋里插着一张中国银行借记卡,"功能之多,一张足矣"。高度简洁,以"一"概之,使得中国银行借记卡的方便性这一特征突显出来。

(二)表现主题原则

威廉·伯恩巴克认为广告创意要尊重受众,手法必须干净、直接,广告作品必须出众,不要忽视幽默的作用。

广告主题是广告创意的出发点和基础,同时也为创意的发挥提供了最基本的题材。广告创意的表现主题原则是解决"怎么说"的问题。"怎么说"就是要说得好,说得巧妙,说得有效。只有清晰地表现主题,独特的创意才能发挥作用,使广告信息的传播更为生动、更吸引人和更容易被记忆(见图7.2)。

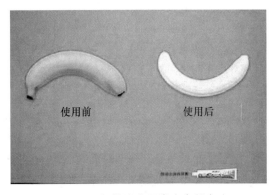

图7.2 佳洁士牙膏广告创意

(三)差异性原则

广告创意要以独特的吸引力和新颖的生命力以及与众不同的方式来表达,发现人们习以为常的事物中的新含义。如果广告没有原创性,至少它应该有差异性;如果广告做不到独一无二,至少它应该与众不同;如果广告没有独创性,至少它应该有新颖性。

广告创意只有"创"造"意"外的力量,差异性才能引起注意。如果广告没有强大的差异性,就不能给消费者造成震撼力,很快就会被消费者遗忘。

通过创新可以让消费者从一个全新的角度看待企业的产品和服务,给消费者一个新的思维方式、一个新的视角、一个新的认识层面去看待某个功能、某个特征、某个优点。差异性的创意可以赋予品牌个性,给予区别,使品牌与众不同,因此,差异性的创意可以造就个性、创造差异、创造新奇。

(四)形象化原则

广告创意的形象化原则是一个重要的原则,是广告创意的价值所在。如果广告创意没有实现品牌的产品或服务的形象化,那么这个创意就是没有价值的。

随着人们生活节奏的加快，信息输出量的增加，消费者接受的广告信息越来越多，广告的形象化就越来越重要。形象、直观的广告，易被消费者所接受，形象化的广告创意可以提高受众视听率。

形象化的创意在某种程度上，起着放大镜和翻译的作用。形象化可以把产品或服务的卖点放大，变得更加清晰；也可以将卖点具象化，使消费者容易理解和知晓。

形象力强的广告创意会增加产品本身的形象力，大大提高消费者对产品或服务的感染力，增强产品或服务的魅力与附加值。

图 7.3 是 KITECAT 猫食品广告。画面出现的一组绕道而行的狗脚印，形象反映了狗对强壮的猫的惧怕，间接强化了本产品的营养优势。

图 7.3　KITECAT 猫食品广告

（五）关联性原则

广告如果没有关联性，就失去了目的。广告创意必须与诉求主体具有高度的关联性，诉求主体可能是产品、服务、企业等。关联可以是内在的关联，也可以是外在的关联，关联性越明显越好，越多越好。广告创意必须与消费者，特别是目标消费者有关联性，这样消费者才可以充分领会到自己的利益所在。如果广告创意与消费者没有关联性，就不可能引起消费者的共鸣，就失去了广告创意的意义。

卓越的广告创意就是找到产品特性与消费者需求之间的结合部、产品特性与消费者需求的相交点，使这个结合部与相交点放大，使消费者真切地感受到自己的需要得到了满足。

例如，1996 年欧洲杯期间，FCB 广告公司为可口可乐制作了户外宣传广告。以可口可乐的瓶子为基础，进行夸张变形，与球赛及清凉密切关联（见图 7.4、图 7.5）。

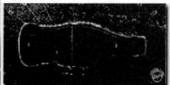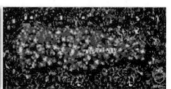

图 7.4　可口可乐之"足球系列"

图 7.5　可口可乐之"清凉系列"

（六）真实性原则

广告创意的最根本的一个原则就是真实性原则。广告创意必须是诚实的、真实可信的、令人信服的。当代社会，绝大多数消费者是通过广告来认识企业及其产品和服务的。广告创意的真实性与否成为消费者判断该企业是否诚信的重要依据，真实性的创意是品牌的生命力所在。如果广告创意违背了真实性原则，欺骗了消费者的感情与信任，消费者就会对该品牌产生强烈的反感甚至厌恶。消费者通过夸大、虚假的广告创意而误购了某个产品或服务，就会影响其对广告的信任度。如果消费者一再受骗，就必然会对广告产生排斥心理，也会对其他广告产生怀疑。

创意的真实性要与艺术性结合，创意的真实性与艺术性的关系如下。

（1）真实性——广告创意依据的客观性。

广告创意中表达商品的产品、性能、产地、用途、质量、价格、生产者、有效期限、承诺或者对服务的内容、形式、质量、价格等承诺必须是真实的而不是虚假的。在广告创意中使用有关数据、统计资料、调查结果、实验证明等方式提供商品和服务的质量、功能等，必须保证数据等真实、准确，消费者有权知道自己将购买的产品与服务的真实信息。

（2）艺术性——广告创意表现手法的创造性。

广告创意表现的一个重要特点是将真实的广告信息创造性地采用艺术的手法来表现。

（七）独创性原则

独创性是广告创意最鲜明的特征。所谓独创性原则是指广告创意中不能因循守旧、墨守成规，而要善于标新立异。广告界有句名言："在广告业里，与众不同就是伟大的开端，随声附和就是失败的根源。"

独创性的广告创意具有最强的心理突破效果。与众不同的新奇感引人注目，且其鲜明的魅力会触发人们强烈的兴趣，能够在受众脑海中留下深刻的印象。长久地被记忆，这一系列心理过程符合广告传达的心理阶梯的目标。例如，Aucma 的冰箱广告，很有独创性（见图 7.6）。

图 7.6　Aucma 冰箱广告设计——Fresh Keeping

（八）实效性原则

广告创意虽然往往通过一定的艺术形式表现出来，但同纯粹的艺术又有着本质的区别，即广告有着明确的销售目标。广告大师克劳迪·霍普金斯说："广告的唯一目的就是实现销售。"广告创意如果不能促进销售，不能给广告主带来利益，就不是好的创意。实效性具有两层含义：第一，要注重广告的实际效果；第二，它要具有可操作性，便于付诸实施。

（九）和谐适应原则

和谐适应原则主要是指广告创意的时空表现应该符合所在区域的习俗要求，应该与所在区域的民情、价值观以及文化制度相一致，这样才能被人们所认同和接受，也才能产生具体的广告效果（见图 7.7）。

图 7.7　可口可乐在中国的广告创意

（十）通俗性原则

通俗性原则就是要求创意人员把复杂的问题通俗化。通俗性也是创意的生命所在，通俗是一种力量，通俗可以方便消费者的理解，节省沟通成本。

文化背景是决定广告创意通俗性的最重要的因素，广告创意的通俗性要考虑广告创意对文化教育、文化程度、文化差异的要求。

经验也是广告创意通俗性应该考虑的背景。经验包括目标受众社会经验、文化特征、社会环境、生活阅历等。广告创意所建立的经验与目标消费者所具有的经验重叠越多，消费者认知的通俗性就越高。例如,一些网络语言,对网迷而言像是家常便饭,而对有些人来说如同天书;一些足球术语,对球迷而言,如数家珍,而有的人则不知其所云。

图 7.8　光明乳业广告创意

广告创意的通俗性具有相对性,是相对目标消费者而言的,而不是一个固定的水平标准。如果产品或服务的目标消费者是文化程度高的一批人,广告创意的表达无疑是可以高于普通大众的文化程度。如果针对的是一般大众,则广告创意方式应该通俗些。如脑白金的电视广告"今年过节不收礼,收礼只收脑白金",很多专业人士对此有许多批评,认为其是一种"低俗广告""创意垃圾"。但是我们应该看到几十元一盒的脑白金,面对的是一般大众消费者,所以采用通俗易懂的创意表现方式与其目标消费者的认知水平是对等的。就保健品的品牌来说,脑白金广告主本身也没有做建立长寿品牌的想法;但就对销售的拉动而言,脑白金的创意却是成功的。

广告主要是通过大众传播方式进行。因此,为确保广告的创意能够被大众接受,就必须考虑大众的理解力,采用简洁明了的方式传递集中单一的信息(见图 7.8)。

第二节　广告创意理论

一、广告创意基本理论

(一) USP 理论

USP(Unique Selling Proposition)是独特的销售主张的意思,它是在 20 世纪 50 年代初罗瑟·瑞夫斯提出的一种有广泛影响的广告理论。罗瑟·瑞夫斯在 1961 年写的《广告实效》一书中做了系统阐述,其基本要点如下。

(1) 明确的概念。每一则广告必须向消费者说出一个主张,必须让消费者明白,购买广告中的产品可以获得哪些具体的利益。

(2) 独特的主张。所强调的主张必须是竞争对手做不到或无法提供的,必须说出其独特之处,在品牌和说辞方面是独一无二的。

(3) 实效的销售。所强调的主张必须是强而有力的,必须聚焦在一个点上,集中打动、感动和吸引消费者购买相应的产品。

USP 论指出,在消费者心目中,一旦将这种特有的主张或许诺同特定的品牌联系在一起,USP 就会给该产品以持久受益的地位。例如,可口可乐的包装颜色是红色,百事可乐的包装颜色为蓝色,前者寓意热情、奔放、富有激情,后者象征未来,突出"百事——新一代"的主题。虽然也有其他可乐饮料的包装采用红色与蓝色作为自己的标准色,但是,可口可乐和百事可乐先入为主,因而,其他品牌就很难改变它们在消费者心目中的地位。实际经验已表明,成功的品牌在多少年内是不会有实质上的变化的。

进入品牌至上的20世纪90年代,广告环境发生了翻天覆地的变化。达彼思广告公司(瑞夫斯曾任董事长)重新审视USP,在继承和保留其精华思想的同时,发展出了一套完整的操作模型,将USP重新定义为:USP创造力在于提示一个品牌的精髓,并通过强有力地、有说服力地证实它的独特性,使之变得所向披靡,势不可挡。同时发展、重申了USP的三个要点。

(1) 具有独特性。它包含在一个品牌深处,或者尚未被提出。它必须是其他品牌未能提供给消费者的最终利益,必须能够在消费者头脑中为一个品牌建立位置,从而使消费者坚信该品牌所提供的最终利益是该品牌独有的、独特的和最佳的。

(2) 必须有销售力。它必须是对消费者的需求有实际重要的意义,必须能够与消费者的需求直接相连,必须导致消费者做出行动。必须是有说服力和感染力,从而能为该品牌引入新的消费群或从竞争对手中把消费者抢过来。

(3) 必须对目标消费者做出一个主张,一个清楚的、令人信服的品牌利益承诺,而且这个品牌承诺是独特的。

(二) BI理论

广告大师大卫·奥格威于20世纪60年代在《一个广告人的自白》中提出BI(Brand Image,品牌形象)理论,其基本观点如下。

(1) 广告最主要的目标是为塑造品牌服务。
(2) 任何一个广告都是对广告品牌的长期投资。
(3) 品牌形象比产品功能更重要。
(4) 广告更重要的是满足消费者的心理需求。消费者购买时所追求的是:实质利益+心理利益,因此,广告尤其重视运用形象来满足消费者的心理要求。
(5) 品牌广告的表现方法。当USP从产品内部找产品诉求点困难时,BI试图从产品外部说明产品。

图7.9 哈撒韦衬衫广告

奥格威的设计一向具有独特的构思,最成功的构思是1955年为哈撒韦衬衫所做的广告,见图7.9。身着哈撒韦衬衫的模特用黑色眼罩蒙上了一只眼,他在一系列广告中出现,或是在画画或在吹双簧管。在其后的四年里,这一系列广告仅在《纽约人》杂志中出现,也因为杂志的高档次而平添了几分尊贵之气。不久,全国的读者都积极效仿那位时髦的哈撒韦广告人物,哈撒韦衬衫的销量也因此猛增。顾客们所买的不是衬衫,而是一种形象。

在此理论影响下,出现了大量优秀的、成功的广告。成功的典型案例还有大家熟知的万宝路和可口可乐品牌形象。美国的快餐品牌"麦当劳"和"肯德基"也分别以"麦当劳叔叔"和"肯德基上校"的形象来体现品牌特点。

(三) ROI理论

ROI理论是一种实用的广告创意指南,是广告大师威廉·伯恩巴克创立的DDB广告公司制定出的广告策略上的一套独特概念主张。其基本要点如下。

(1) 好的广告应具备三个基本特质:关联性、原创性、震撼性。

(2) 广告与商品没有关联性,就失去了意义;广告本身没有原创性,就欠缺吸引力和生命力;广告没有震撼性,就不会给消费者留下深刻印象。

(3) 同时实现"关联""创新"和"震撼"三个高要求。针对消费者需要的"关联"并不难,有关联但点子新奇也易办到。难的是既要"关联",又要"创新"和"震撼"。

(4) 达到 ROI 必须具体明确地解决以下问题:广告的目的是什么?广告做给谁看?有什么竞争利益点和支持点可以做广告承诺?品牌有什么独特的个性?选择什么媒体合适及受众的突破口或切入口在哪里?

(四) 共鸣理论

1998 年,《泰坦尼克号》成为全世界人们讨论的热门话题,它创造了人类电影史上的新纪元。在当年的奥斯卡金像奖颁奖晚会上,该片获得了包括最佳影片在内的共 11 项奖项。同时也创造了人类营销史上的奇迹,上映 3 个月就赢得了 12 亿美元的票房收入。分析其原因,《泰坦尼克号》正迎合了人们的怀旧情结,引起了专家与观众的共鸣。这种以怀旧的方式,挖掘人的情感,创造了广告策划、创意策略的共鸣论。

共鸣论主张在广告中述说目标对象珍贵的、难以忘怀的生活经历、人生体验和感受,以唤起并激发其内心深处的回忆,同时赋予品牌特定的内涵和象征意义,建立目标对象的移情联想。通过广告与生活经历的共鸣作用而产生效果和震撼。共鸣论实质上是一个卖什么的问题,想把它做成一个什么样的或者说想让消费者如何看待、评述的品牌。

共鸣论最适合大众化的产品或服务。在拟定广告主题内容前,必须深入理解和掌握目标消费者,通常选择目标对象所盛行的生活方式加以模仿。运用共鸣论获得成功的关键是要构造一种能与目标对象所珍藏的经历相匹配的氛围或环境,使之能与目标对象真实经历或想象联系起来。

比如,经典的香港铁达时手表广告"唯有时间,让爱,更了解爱"。这句广告语是铁达时手表 2009 年主题为 Time is love 的品牌宣传,是智威汤逊广告公司制作的对整个品牌的理念价值的提炼。智威汤逊广告公司创始于 1864 年,是全球第一家广告公司,也是全球第一家开展国际化作业的广告公司。

再比如,南方黑芝麻糊广告"黑芝麻糊呦——"。随着一声悠长的叫卖声,唤起了我们心底浓郁的怀旧情怀。南方黑芝麻糊广告,悠长的麻石小巷里,热情叫卖的大嫂,狼吞虎咽的小孩舔碗底的可掬憨态,还有最后大嫂为小孩慈爱擦嘴并"赠送"一勺的关爱举动,在悠扬动人的音乐中,场景更显得意味深长,含蓄隽永,而这份情感更是无比亲切生动,真挚动人。广告中既点明了品牌特性——经不住的诱惑与吸引力,又赋予了品牌优美的格调,使商品具有了生命力和人性化特点(见图 7.10)。

图 7.10　南方黑芝麻糊(1991)

(五) 定位理论

进入20世纪70年代,随着竞争的加剧,产品同质化现象日益严重。在一个媒体过度、传播过度、产品过度的时代,消费者真正可以接收到的信息却越来越少。这样的背景下,1972年,两位年轻的广告人,艾尔·里斯和杰克·特劳特在《工业行销》杂志上,提出了广告定位理论。后来他们出版了《广告攻心战略——品牌定位》,系统介绍了广告定位理论。他们对"定位"下的定义为:"定位并不是要您对产品做些什么,定位是您对未来的潜在顾客心智所下的功夫,也就是把产品定位在未来潜在顾客的心中。"定位论主张在广告策略中运用一种新的沟通方法,创造更有效的传播效果。广告定位论的基本主张如下。

(1) 广告的目标是使某一品牌、公司或产品在消费者心目中获得一个据点,一个认定的区域位置,或者占有一席之地。

(2) 广告应将火力集中在一个狭窄的目标上,在消费者的心智上下功夫,是要创造出一个心理的位置。

(3) 应该运用广告创造出独有的位置,特别是"第一说法、第一事件、第一位置"。因为创造第一,才能在消费者心中形成难以忘怀的、不易混淆的优势效果。

(4) 广告表现出的差异性并不是指出产品的具体的、特殊的功能利益,而是要显示和实现品牌之间的类的区别。

(5) 这样的定位一旦建立,无论何时何地,只要消费者产生相关的需求,就会自动地、首先想到广告中的这种品牌、这家公司或产品,达到"先入为主"的效果。

目前,定位论对营销的贡献超过了原来把它作为一种传播技巧的范畴,而演变为营销策略的一个基本步骤。常用的定位的方法有:首次定位、关联定位、特色定位、单一位置定位、扩大名称、类别品牌定位、销售量定位、再定位等。企业定位不仅是自身形象定位,同时也是经营领域定位,两者是相互关联的。

例如,人们提到"一次成像"摄影技术就很容易想到宝丽来公司(宝丽来是著名的快速成像相机品牌);人们谈起复印公司,就会想到施乐公司;人们谈到大型计算机时,就会想到IBM公司;谈到飞机,立即想到波音公司。这些公司都在经营领域内为自己确立了无可匹敌的市场地位,成为人们的首选。

例如,美国艾维斯租赁汽车创作的"老二宣言"是运用比附定位取得成功的经典。因为艾维斯巧妙地与市场领导品牌赫兹建立了联系,艾维斯的市场份额大幅上升了28个百分点,大大拉开了与行业中排行老三的国民租车公司的差距。甘居"第二",就是明确承认同类中另有最负盛名的品牌,自己只不过是第二而已。这种策略会使人们对公司产生一种谦虚诚恳的印象,相信公司所说是真实可靠的,同时迎合了人们同情弱者的心理,这样较容易使消费者记住这个序位。

(六) 品牌个性理论

品牌个性(Brand Character)理论简称BC理论。20世纪50年代,对品牌内涵的进一步挖掘,美国格雷广告公司提出了"品牌性格哲学论",日本小林太三郎教授提出了"企业性格论",从而形成了广告策划创意中的一种后起的、充满生命力的新策略流派——"品牌个性论"。该策略理论在回答广告"说什么"的问题时,认为广告不只是说利益、说形象,而更要说个性。

品牌个性理论的基本观点如下。

(1) 品牌个性为特定品牌使用者个性的类化。

(2) 品牌个性是其关系利益人心中的情感附加值。

(3) 品牌个性是特定的生活价值观的体现。

例如,"采乐"广告语:"去屑,就是采乐!"采乐"出山"之际,国内去屑洗发水市场已相当成熟。"头屑是由头皮上的真菌过度繁殖引起的,清除头屑应杀灭真菌;普通洗发水只能洗掉头发上的头屑,我们的方法,杀灭头发上的真菌,使用 8 次,针对根本。"独特的产品功能性诉求,有力地抓住了目标消费者的心理需求,使消费者要根本解决头屑时,忘记了去屑洗发水,想起了"采乐"。

在 10 年的时间里,以营养、柔顺、去屑为代表的"宝洁三剑客"潘婷、飘柔、海飞丝垄断了中国洗发水市场的大部分份额。想在洗发水领域有所发展的企业无不被这"三座大山"压得喘不过气来,无不生存在宝洁的阴影里难见天日。后来的舒蕾、风影、夏士莲、力士、花香等更让诸多的洗发水品牌难以突破。

"采乐"的突破口便是治病,它的成功主要来自于产品创意,把洗发水当药来卖,同时,基于此的别出心裁的营销渠道"各大药店有售"也是功不可没。去头屑特效药,在药品行业里找不到强大的竞争对手,在洗发水的领域里更加入无人之境!采乐找到了一个极好的市场空白地带,并以独特产品品质,成功地占领了市场。

(七) ESP 理论

ESP(Emotion Selling Proposition)译为"情感销售主张"。现代市场丰富的商品和严重的同质化现象,使得人们对商品的功能性需求不断减少,情感需求不断上升。

ESP 理论的基本观点如下。

(1) 软化广告,以一种更富有亲和力的方式接近并打动消费者,从而产生情感上的共鸣,使消费者在不经意间产生购买行为。

(2) 便于形成和强化品牌个性。

(3) 由 ESP 发展成为品牌故事,深入人心。

例如,在白酒产品同质化的今天,ESP 理论的情感销售主张满足了现代人的消费心理和需求,成为白酒广告创意的核心(见图 7.11)。

图 7.11 洋河蓝色经典白酒广告

二、广告创意的过程

广告创意是一种创造性思维。普通广告的设计基本上有以下几种程序:杨氏程序、奥氏程序和黄氏程序。杨氏程序是美国著名广告大师詹姆斯·韦伯·杨在其所著的《创意法》一书中提出的,一共有以下五个步骤。

(1) 收集资料——收集各方面的有关资料。

(2) 品味资料——在大脑中反复思考和消化收集的资料。

(3) 孵化资料——在大脑中综合组织各种思维资料。

(4) 创意诞生——灵感实现、创意产生。

(5) 定型实施——加工、定型、付诸实施。

奥氏程序是美国广告学家奥斯伯恩总结了几位著名广告设计家的创新思考程序而提出的,它基本有以下三个步骤。

(1) 查寻资料——阐明创新思维的焦点(即中心),收集和分析有关资料。

(2) 创意构思——形成多种创意观念,并以基本观念为线索,修改各种观念,形成各种初步方案。

(3) 导优求解——评价多种初步方案,确定和执行最优方案。

黄氏程序是中国香港地区广告学者黄沾先生提出来的,其程序如下。

(1) 藏——收藏资料。

(2) 运——运算资料。

(3) 化——消化资料。

(4) 生——产生广告创意。

(5) 修——修饰所产生的创意。

关于具体的创意过程,不同广告专家有不同的概括。如英国心理学家 G. 沃勒斯(G. Wallas)提出的创意流程模式是"准备→酝酿→豁朗→验证";加拿大内分泌专家、应力学说创立者 G. 塞利则把创意与生殖过程相类比,提出了"恋爱或情欲→受胎→怀孕→产前阵痛→分娩→查看与检验→生活"的"七阶段"创意过程模式。这里,我们以詹姆斯·韦伯·杨的观点为蓝本,简要概括广告创意过程。

(一) 调查阶段——收集信息

资料是创意的食粮。广告创意是建立在周密调查、广泛占有资料、充分把握相关信息的基础上的。因此,首先就应该做好调查研究工作。主要是了解有关商品、市场、消费者、竞争对手等几方面的信息,同时还需要特别注意日常生活素材、一般性知识和信息的积累。信息资料掌握得越多,对构思创意越有益处,越可触发灵感。

进行广告创意,必须收集的资料包括两部分,即特定资料和一般资料。特定资料是指那些与广告产品和劳务直接有关的信息,以及有关目标消费者的所有资料。一般性资料是指那些涉及宏观市场、目标市场及社会环境的一切要素,包括宏观市场的趋势、购买能力的增减、目标市场的分割状况、即将进入或准备扩大市场的位置和容纳量、本产品可以占取的份额等;此外,还包括自然环境、国际环境、企业环境、广告环境及政治环境等。

当广告人员接受广告任务之后,最好能到有关现场看一看、摸一摸、做一做、试一试。在这个过程中,会得到启发,产生好的创意。比如,我国工业展览在美国洛杉矶展出时,它的巨幅广告是:"妈咪,我要到中国去! 10美金全家就可以去一次!"这是芝加哥电视台广告设计师设计的广告。他说:"做广告最主要是争取读者。设计前,先要问一声,这个广告主题是设计给谁看的。"当他接到设计任务时,曾亲临洛杉矶中国工业展览馆现场观察,发现布置得堂皇富丽,金碧辉煌,就好像到中国一游。同时发现参观展览的多数是全家一起去的,而提议要去参观者多半是好动的孩子向妈妈提议的。因此,他便触发构思,创作出了上述富有新意和人情味的广告。

广告创意的过程同时还是创意者运用自己拥有的一切知识和信息,产生出某种新颖而独特的产品的过程。创意者的素质直接影响着广告创意的优劣。广告大师通过不断的信息收集和积累,如同为自己建造了一座创意的"水库",源源不断的创意便从这里喷涌而出。

例如,"百事可乐:新一代的选择"这一广告创意,就是受一份"领带备忘录"的启发而诞生的。这份备忘录上记载着:男人们愿意投入较多的时间和精力选购领带的主要原因——领带并不重要,重要的是领带表达了买主的性格,它会使买主对自己感到满意。备忘录得出的结论是:别吹捧你的产品有多好,而应赞扬选择了你的产品的消费者,弄清楚他是谁,然后称赞他这种人。在与可口可乐的竞争中,百事可乐终于找到突破口,把自己定位为新生代的可乐。年轻人充满斗志、令人振奋、富有创新精神,正是百事可乐生机勃勃、大胆挑战的写照,百事可乐因此决定选择青少年作为产品定位目标。于是,"百事可乐:新一代的选择"这个给可口可乐以致命打击的广告主题就这样诞生了。

(二)分析阶段——找出商品最有特色的地方

依据广告目标列出广告商品与竞争商品的共性、优势或局限,通过对收集来的资料进行归纳分析,找出广告商品的竞争优势及其给消费者带来的利益点,也就是广告的主要诉求点,以寻求广告创意的突破口。

首先把商品能够打动消费者的关键点列举出来,主要有以下几个方面。

(1) 广告商品与同类商品所具有的共同属性,如产品设计思想、生产工艺水平、产品自身的适用性、耐久性、造型、使用难易程度等方面有哪些相通之处;

(2) 与竞争商品相比较,从不同角度对广告商品的特性进行列举分析;

(3) 商品的市场生命周期正处于哪个阶段;

(4) 列出广告商品会给消费者带来便利的竞争优势;

(5) 找出消费者最关心、最迫切的要求,抓住这一点就抓住了创意的突破口。

随后,将列出的有关商品的特性绘制成一个表格(示例见表7.1,左侧按重要程度从上到下列出商品的性能、特点,右侧列出这些性能特点给消费者带来的各种便利)。

表 7.1　某新型小轿车的特性列表

新型小轿车特性	这些性能带给消费者的利益
车速快	车速快
耗油量小	耗油量小,能提高效率,节约开支
安全系数高	安全
具有环保性能	具有环保性能,说明该车具有现代意识
价位不高	价位不高,能够使中等收入的家庭成员进入有车族的行列

通过上述列表方式,可以清楚商品性能与消费者的需求和所能获取利益之间的关系,然后用简短的几句话来进行描述。最后,结合目标消费者的具体情况,就可找出商品的诉求重点。

美国广告界权威人士詹姆斯·韦伯·杨曾说:"广告创意是一种组合商品、消费者以及人性的种种事项。真正的广告创作,眼光应该放在人性方面,从商品、消费者及人性的组合去发展思路。"也就是说,要从人性需求和产品特质的关联处追求创意,而不能简单地从商品本身出发。

比如,要为一种不必用开瓶器就能打开的啤酒做广告,有这样两种广告表现——日本人用一位年轻漂亮的少女的纤弱的手指打开啤酒瓶盖,以表示可以毫不费力地打开啤酒,无须开瓶器。美国人则找到了一位其貌不扬、衣衫褴褛的五十岁左右的老年人做模特,他右手拿着一瓶啤酒,对着电视观众说:"今后不必再用牙齿了!"随即咧开嘴得意一笑。就在他笑的一瞬间,人们发现原来他有一颗门牙没有了,这样人们在惊奇之余,很快就强烈地感受到这种不必用开瓶器就能开启的啤酒所带来的好处,既形象又幽默,还能久久回忆,给人留下非常深刻的印象。这两种广告虽然推销的是同一种商品,但因其创意的出发点不同,所收到的广告效果也截然不同。前者是从商品本身的特点出发,很单纯地直接把商品推销重点表现出来;后者则是从人性的角度出发,站在保护消费者的角度上,为消费者的健康着想,表现出浓厚的人情味,因而更容易引起消费者的共鸣。

又如海飞丝户外广告(见图 7.12)。这组户外广告初看起来颇不起眼,但执行之复杂堪称一绝。先圈出牌子下面一块方形的地来,埋上发热装置,将地面整回原样。平时看不出什么不同,等到下雪的时候你就会发现,唯独这一块地是不粘雪的。这契合了牌子上的文案:它们无法落在这里。其实,白色的雪花正切合了头皮屑的样子。

可见,广告创意的成功,主要表现在对人性的成功挖掘上。每一种商品并不是只能满足消费者的一种潜在欲望,我们要从中寻觅到的是商品、消费者与人性的结合。

(三)酝酿阶段——为提出创意做心理准备

在这一阶段,主要是对已形成的广告概念进行孵化,听其自然,放任自流,将广告概念全部放开,尽量不去想这个问题,只是把它置于潜意识的心智中,让思维进入"无所为"的状态中。这种状态下,由于各种干扰信号的消失,思维较为松弛,比紧张时能更好地进行创造性

第七章　广告创意

图 7.12　海飞丝户外广告

思考。一旦有信息偶尔进入，就会使人猛然顿悟，过去几年积存在大脑中的信息会得到综合利用。

（四）开发阶段——多提出几个创意

詹姆斯·韦伯·杨在其名作《创意法》中对创意的出现有精彩的描述："创意有着某种神秘特质，就像传奇小说般在海中会突然出现许多岛屿。""根据古代水手讲，在航海图上所表示的深海洋的某些点上，会在水面上突然出现可爱的环状珊瑚岛，那里边充满了奇幻的气氛。""我想，许多创意的形成也是这样，它们的出现，好像在脑际白茫茫的一片飘浮中，突然便跳出了一些若有若无的'岛屿'，和水手所见的一样充满了奇幻气氛，并且是一种无法解说的状态。"

创意的出现，的确是一种不期而至突如其来的灵感，它就像是乌云密布时的一道闪电、黑暗摸索中的豁然开朗、百思不得其解时的茅塞顿开，给人一种众里寻他千百度，蓦然回首，那人却在灯火阑珊处的惊喜。这个阶段是最令人兴奋的。

阿基米德在澡盆中突然想出鉴别皇冠中含金量的方法时，竟忘了穿衣服而赤身裸体地跑到大街上欢呼。这充分表明了出现灵感时的兴奋。但此时千万不要得意忘形，因为灵感会稍纵即逝。正如美国著名作家、哲学家爱默生说的："灵感就像天空的小鸟，不知何时，它会突然飞来停在树上，稍稍不留意，它又飞走了。"因此当灵感突然飞来时，最妥当的办法就是抓住它的翅膀，用笔拴住它。

在构思过程中，可能会提出很多新的创意，这些创意往往具有不同的特点，要注意把每一个新的创意记下来，不能"浅尝辄止"，满足于一两个创意。

（五）评价决定阶段——确定最好的创意

在这一阶段，要将开发阶段提出来的所有新的创意，逐个进行研究，最后确定选用其中的哪一个创意。在研究过程中，要对每个创意的长处、短处，是新奇还是平庸，是否具有采用的可能性等进行评价。要注意从以下几个方面加以考虑。

第一，该广告是否对产品做了简单、清晰无误的定位。对于广告涉及的产品、服务，受众

必须能够在瞬间看到和感到它是做什么的,为谁做的以及他们为何应该对其感兴趣。创造出一个产品或服务是如何适合受众生活的图景是广告活动的首要任务。没有一个简单、清晰、集中的定位,任何创意工作都无从展开。

第二,该广告是否将品牌系维于一个明确的利益。成功的广告应立足于最迫切并有说服力的消费者利益,而非独特但无意义的表面特征。如果创意者不知道消费者最迫切的利益是什么,那么就必须在做其他事之前找到它。

第三,该广告是否包含有力的点子。有力的点子是将广告创意转化为具有冲击力和创造性的传播概念的工具,能为即将展开的辉煌创作奠定基础。理想的有力的点子应该具有如下特征:具有描述性并使用不落俗套的简单字词、短语或句子;易于引起受众注意;紧扣前述"明确的利益";允许将广告作品品牌化;使受众生动地体验广告主的产品、服务。

第四,该广告是否设计得具有品牌个性。伟大的品牌不仅告诉消费者需要什么产品或服务,而且能告诉消费者品牌个性,使其区别于其他同类商品或服务。

第五,该广告是否出乎预料。广告客户是不会花钱制作与同类产品雷同的广告的。只有敢于进行广告创新,才有可能突破常规、卓然出众。当然,关键在于不要试图在竞争中赶超对手,而是要通过独辟蹊径来克制和彻底战胜对手。

第六,该广告是否单纯。如果已经确定了广告目标,并找出了一种不寻常的表述方式,那么,接下来应该做的就是要尽量将广告内容简单化,而不是把简单的信息复杂化。

第七,该广告是否赏酬受众。广告在某种程度上说是对受众的一种特殊的情感刺激,成功的广告总能使目标受众乐于接受,并乐于反复地接触和注意广告信息。

第八,该广告是否展示了技艺功底。文案必须写作,画面必须设计,音乐必须配曲,灯光、造型、服装、方位等一系列广告要素都必须统筹安排,精心排列。否则,任何一个细节失误都可能毁掉一个伟大的创意。

三、广告创意的思维方法

广告创意是一种创造性思维活动,思维的方式与习惯直接影响着创意的形成和发展。人类的思维方式可以归纳为以下几类。

(一)事实型思维方式

事实型思维方式最常用,在广告创意的过程中,其创意的着眼点以广告产品本身的诸多事实为依据进行。事实型思维方式创意来源如表7.2所示。

表7.2 事实型思维方式创意来源

从广告商品本身的直接因素寻求创意	从广告商品的间接因素寻找创意来源
(1)商品的名称或商标	(1)商品的历史
(2)商品的包装	(2)以无法获得广告商品的后果为创意元素
(3)商品的制造方式	(3)以广告将要刊出的媒介为创意点

(1) 以广告商品的名称或商标为创意来源。

如图 7.13 所示,在三年一次的瑞士苏黎世节上,许多公共设施面向社会开放,麦当劳用带有自己商标标识的薯条图案喷涂改造了马路上的斑马线,独特的创意之举令人叫绝!

图 7.13　麦当劳广告

(2) 以广告商品的包装作为创意来源。

绝对伏特加几十年来始终坚持以其酒瓶包装为创意的核心元素,创作出了一系列精彩绝伦的经典作品(见图 7.14)。

图 7.14　绝对伏特加广告

(3) 以商品的制造方式为创意来源。

克劳德·霍普金斯(Claude C. Hopkins,美国广告史上著名的广告文案撰稿人)为喜力滋啤酒创作的著名广告——喜力滋啤酒瓶是经过蒸汽清洗消毒的——就是霍普金斯在参观喜力滋啤酒厂时注意到的。霍普金斯在喜力滋啤酒的广告中,讲述了大量的事实,证明喜力滋"纯啤酒"的独特,如:喜力滋啤酒用的是来自1200米地下的纯水,喜力滋啤酒的酵母是经过1018次试验所选取的,具有独特风味,喜力滋啤酒的酒瓶都是经过4次高温消毒,等等。该广告使得喜力滋啤酒成为美国20世纪五六十年代卖得最好的啤酒。

(4) 以广告商品的历史为创意题材。

例如金牌马爹利(Martell)广告,以马爹利干邑的诞生历史为主要创意点,告诉受众马爹利值得购买,物超所值。

(5) 以无法获得广告商品的后果为创意元素。

这是典型的逆向思维,消极营销,如:"巨人脑黄金,让一亿人先聪明起来"。

(二) 形象与抽象的思维方法

形象思维又称艺术思维。它是一种借助于具体形象进行思考的思维活动,通过由感性阶段发展到理性阶段,达到对事物本质的认识。形象思维是以直观的形象为元素进行思考的一种思维方式,包括具体形象思维、言语形象思维两种基本方式。

抽象思维又称逻辑思维,它是借助概念、判断、推理、比较、分类、综合、概括、归纳、演绎等抽象的形式来反映现象的一种概括性、论证性思维活动。在广告创意过程中抽象思维与形象思维常常有机地结合在一起。广告创意起始阶段首先运用抽象性思维对资料进行分析、综合、归纳、比较、评估、取舍、推理、演绎等方面的工作,为创作构思奠定基础。在广告创意的发展阶段,运用以直觉为基础的形象思维,选取并凭借具体的感性材料,通过想象、联想、幻想,伴随着强烈的情感和鲜明态度,运用集中概括的方法,塑造完整而富有意义的广告创意艺术形象。

以乐百氏纯净水的广告创意为例,在其创意的起始阶段,首先运用抽象性思维提炼出纯净水的产品理念——纯净水有益于身体健康,有利于获得消费者信赖与认可。再通过形象思维来表现纯净水的"纯"字。广告创意如下:宁静蓝色的基调,万籁俱寂。一滴晶莹的水珠流利而又透明地穿过一层层过滤,最终净化成乐百氏纯净水,至纯至净。一个强有力的利益承诺随之推出:乐百氏纯净水,27层净化!可以看出,这一广告创意的成功原因,不仅仅在于对纯净水概念的强调和突出,而且以其高雅的基调,吻合了消费者内心对纯净的感性理解。

(三) 发散与聚合的思维方法

发散思维又称辐散思维、求异思维等,是由一个原点向四面八方呈放射状进行思考的一种更加不受束缚的思维方式。发散思维是根据已有信息,从不同方向和角度发散开去的思维方法,它可以海阔天空、异想天开、无拘无束地充分发挥想象力,具有流畅性、变通性、独创性等特点。

聚合思维又称辐合思维、收敛思维、集中思维等。相对于发散思维,聚合思维是一种异中求同的思维方法,它以某个问题为中心,运用各种知识、方法、手段、观念等,从不同方向、不同角度指向这个中心点，对已有的信息进行筛选、比较、概括、整合等，具有方向性、范围性、条理性等特点。

发散性思维有利于思维的开放，有利于在时空上的拓展和延伸，但如果把握不住则容易造成漫无边际、偏离目标方向的局面。聚合性思维有利于思维的集中，有利于进行全面、系统、深入的比较，缺点是容易因循守旧，不易创新突破。在开发广告创意阶段，发散思维应占主导；在选择广告创意阶段，聚合思维应占主导。一个好的广告创意就在这种发散—聚合—再发散—再聚合的循环往复和层层深入中脱颖而出。

放射性思维元素的寻找可以用"四相一无法"（相容关系、相关关系、相似关系、相对关系、无关关系）。相容关系是指两者之间，后者属于前者内部，或被前者包含其中的要素；相关关系是指两者之间具有相关联的关系；相似关系是指两者在外形或本质上具有相近特征的关系；相对关系是指两者在外形或本质上具有相反的特征或含义，无关关系是指两者之间无任何关系。

例：一个汽车广告，通过"四相一无法"可以找到以下放射性思维元素。

相容关系：所有属于汽车的（轮胎，离合器，后车镜，沙发……）。

相关关系：所有与汽车相关的（警察，行人，马路，高架，岗亭……）。

相似关系：所有相似于汽车的（摩托车，火车，太空飞船，神行太保……）。

相对关系：所有相对汽车的（马车，蜗牛，乌龟，悠闲的船……）。

无关关系：与汽车没有任何关系的（钢琴，总统，封建社会……）。

（四）顺向与逆向的思维方法

顺向思维是按照传统顺序从上到下、从前到后、从小到大、从低到高的常规序列方向所进行的思维方法。顺向思维是平时常用的一种习惯性思维，它符合常规，有条理、有秩序，对问题思考有顺理成章的引导作用。

逆向思维是反常规、反传统、反序列的一种思维方法。逆向思维打破原有思维的固定模式，反其道而行之，从而走出一条新路。

顺向思维有利于思维的条理性，容易得到普遍性的认同，但容易陷入被动，主观能动性不易充分发挥，构想和方案往往流于一般、不足为奇。

逆向思维敢于挑战，在思维过程中把握主动权，往往会达到意想不到的效果，从而令人惊奇不已。如美国DDB广告公司曾经为德国大众金龟车所做的广告创意，就运用了逆向思维的方法。一般的思维模式，总是从正面、赞扬的角度对事物进行表现。但这则广告的诉求却从丑陋着眼："1970型的金龟车是丑陋的。"正是"丑陋"，出乎人的正常思考习惯，引起了人们的注意。随后话锋一转，"车型虽然丑陋，但汽车的性能却一直在更新"，从而使消费者对这种汽车产生了良好的印象。运用逆向思维时，需掌握两个要点：一是这种反常思维的传达应恰当，语言要实在并且幽默。如"杉杉西服，不要太潇洒"是一种恰到好处的反常思维的表达。二是应用逆向思维是有条件限制的，不是所有的问题都能从反向得到求解。因而在创意中这种逆向思维必须以能得到消费者的认同为条件。例如，伦敦最大的书店布莱维尔要做一个以"在本书店购物舒适自由"为主题的广告，想从逆向去构思，但不知"服务不必过于周到"是否符合消费者的需要。调查发现,在一片服务至上的宣传中,消费者有这样的感受:有时想去商店看看,并不一定要买,由于服务员紧跟在身边,过于热情地介绍商品和服务,令人感到厌烦,或感到不买东西没有面子;再者会使人感到像被监视,有时不买东西就不去商店。商店当然希望顾客常来光顾,虽然当时不买,但会成为潜在的顾客。这种调查的结果刚好与逆向思维的结论相符合,因而布莱维尔书店在广告中大胆应用逆向思维的构思,其内容为"当您光临布莱维尔书店的时候,没有一个人会问您要买什么。您可以信步所至,随便阅读,放心浏览。店员只在您需要的时候才为您效劳。您不招呼,他们决不打扰。无论您来买书或来浏览均受欢迎。这就是布莱维尔书店一百多年来的传统。"这则广告使顾客感到亲切,效果非常突出。

(五)垂直与水平的思维方法

垂直思维是指人们依据事物本身的发展过程进行深入的分析与研究,即向上或向下进行延伸思考。垂直思考主要是逻辑的思考和分析的思考,以思维的逻辑性、严密性和深刻性见长。在广告创意中,创意人员往往要依据本身的经验对有关产品的知识进行思考,这种思考的方法所产生的创意,其改良的成分很多。

水平思维是指摆脱对某种事物的固有思维模式,从与某一事物相关联的其他事物中分析比较,另辟蹊径,寻找突破口。因而,在思考问题时能摆脱旧知识、旧经验的约束,打破常规,创造出新的意念。在进行广告创意时,水平思考法可以弥补垂直思考法的不足。

表 7.3 所示为垂直思维方式与水平思维方式的比较

表 7.3 垂直型思维方式与水平型思维方式比较

	垂直型思维方式	水平型思维方式
概念	在一种结构范围中,按照有顺序的、可预测的、程式化的方向进行思维	在条件接近的情况下,对相似事物的发展情况进行比较,从中找出差距,发现问题,然后再提出解决问题的办法的一种思维活动
特点	顺着一条思路一直往下延伸,直到找到问题的答案	不一定有顺序,不能预测
优势	水到渠成	打破习惯思维,更容易产生新观念,有利于推动问题的解决

例如,请你回答这样一个问题,举出红砖所有可能的用途。如果你的回答是盖房子、筑围墙、造烟囱、铺路面、修炉灶……虽然你列举了很多,但这种思维只是沿着一个方向发散的,都局限于建筑材料之内。

如果你的回答是盖房子、支箱子、敲钉子、压纸、顶门、打狗、磨红粉代替颜料……这就是典型的发散思维,因为思路是由一个类别跳到了另一个类别,发散沿着不同的方向运行,具有更大的变通性、灵活性。

这种跳跃式的思维,能够使人突破原有的知识圈,克服传统思维方式所造成的偏执,任由丰富的想象自由驰骋,从而产生全新的构思和创意。

运用水平思考法,通常要注意如下问题:一是改变占主导地位的观念,避免模仿,摆脱人们最常用的创意、表现方法等;二是多方位思考,提出对问题各种不同的新见解;三是善于摆脱旧意识、旧经验的约束;四是要抓住偶然一闪的构思,深入发掘新的意念。

英国心理学家爱德华·戴勃诺博士对这两种思维方法,进行了详细的比较,并得出如下结论:

(1) 垂直思维是选择性的,水平思维是生生不息的;

(2) 垂直思维的移动,是只在有了一个方向时才移动,水平思维的移动则是为了产生一个新的方向;

(3) 垂直思维按部就班,水平思维则可以跳来跳去;

(4) 垂直思维是分析性的,水平思维则是激发性的;

(5) 垂直思维必须每一步都正确,而水平思维则不必;

(6) 垂直思维为了封闭某些途径要用否定,水平思维则无否定可言;

(7) 垂直思维要排除不相关者,水平思维则欢迎新东西闯入;

(8) 用垂直思维,类别、分类和名称都是固定的,用水平思维则不必;

(9) 垂直思维遵循最可能的途径,水平思维探索最不可能的途径;

(10) 垂直思维是无限的过程,水平思维则是或然性的过程。

通过上述比较,我们可以看出,广告创意就是在这种水平→垂直→再水平→再垂直的循环往复和层层深入中脱颖而出的。

第三节　广告创意的基本技巧

一、头脑风暴法

(一) 头脑风暴法

"头脑风暴法"由美国 BBDO (Batten,Barton,Durstine & Osborn)广告公司负责人亚历克斯·奥斯本于1938年首创。这种方法是指组织一批专家、学者或相关从业人员和其他人员共同思考,集思广益进行广告创意的方法,也是目前运用最为广泛的一种创意方法。它通常采用会议方式,针对某一议题集体进行广泛讨论和深入挖掘,直至产生优秀的广告创意。

头脑风暴法的具体操作过程如下。

第一步,明确阐述问题。

会议的议题宜小不宜大。比如给一个新产品命名、确定一句广告口号、构筑一个企业理念等。议题越小、越简单具体越合适。会议组织者最好能提前两天将议题通知与会者,请与会者预先考虑,参加人数以10～15人最为理想,同时设主持人1位,秘书1～2位。

第二步,头脑风暴。

在开始阶段,大家可以互相启发、互相影响、互相刺激。脑力的激荡碰撞就像点燃一长串爆竹,可以激起噼里啪啦的连锁反应,诱发出更多更好的创造性构思。组织者必须要幽默

风趣,能够创造一个既轻松又有竞争性的氛围,促使与会者人人踊跃发言。头脑风暴的时间一般不能少于30分钟,也不要超过45分钟。

在头脑风暴时,必须遵循以下原则:第一,拒绝任何批评,对于任何人提出的任何意见与想法不许提出任何怀疑和反驳,以利于充分发挥每个人的创造性思维;第二,畅所欲言,无论想法是多么幼稚,甚至是荒唐,都可以照提不误,以鼓励稀奇古怪的构想;第三,强调数量,发表意见多多益善,构想越多,得到好构思的可能性越大;第四,集思广益,强调群体意见的相互启发。

第三步,会后评价。

头脑风暴期间的每一个新构思,不论好坏、质量高低,会上一律不作判断、评价,而是在获得了足够多的构想后,再进行筛选工作。先把荒谬绝伦与不可能实现的构想剔除掉,再把意义相近的构想分门别类集中起来,然后经过综合整理、判断、评估,写出一个可行方案,作为最后的最佳方案。此时,绝妙的创意就基本上产生了。

下面是应用头脑风暴法解决现实问题的一个案例。

有一年,美国北方格外寒冷,大雪纷飞,大跨度的电线常被积雪压断,严重影响通信。过去,很多人尝试着解决这一问题,但均未如愿。这一次,电信公司经理想到应用头脑风暴法来找到解决办法。参加会议的是不同专业的技术人员。按照自由思考、延迟批评、以量求质和结合改善的原则,大家七嘴八舌地议论开来。

有人提出设计一种专用的电线清雪机;有人想到用电热来化解冰雪;也有人建议用振荡技术来清除积雪;还有人提出能否带上几把大扫帚,乘坐直升机去扫电线上的积雪。对于"乘飞机扫雪"的设想,大家心里尽管觉得滑稽可笑,但在会上也无人提出批评。相反,有一工程师在百思不得其解时,听到用飞机扫雪的想法后,大脑突然受到启发,一种简单可行且高效率的清雪方法涌现出来。他想,出动直升机沿积雪严重的电线飞行,依靠高速旋转的螺旋桨即可将电线上的积雪迅速扇落或震落。他马上提出"用直升机除雪"的新设想,顿时又引起其他与会者的联想,相关的主意一下子又多了七八条。不到一小时,与会的十名技术人员共提出了近百条新设想。

会后,公司组织专家对设想进行了专门的分类论证。专家们认为,设计专用清雪机,采用电热或电磁振荡等方法清除电线上的积雪,在技术上虽然可行,但研制费用大且周期较长,一时难以见效。那种因"坐飞机扫雪"激发出来的几种设想,倒是一种大胆的新方案,如果可行,将是一种既简单又高效的好办法。经过现场试验,发现用直升机除雪的方法果然奏效。这样,电信公司这一久悬未决的难题,终于在头脑风暴会中得到了巧妙解决。

头脑风暴法也有不可避免的缺点,即受到与会者经验、知识面深度和广度、创造性思维能力等方面的限制。另外,由于构想既多又杂,给筛选和评估带来了一定的困难。为了克服头脑风暴法的缺点,人们又在此基础上发展了质疑头脑风暴法。这种方法是在头脑风暴法会议同时,举行第二个会议,会议内容同上。只是第二会议室能听到第一会议室说话,而反过来第一会议室不能。第二会议室只能对第一个会议所提出的所有设想进行质疑评估,评估那些设想是否可行,如何才能行得通,等等。

第七章 广告创意

头脑风暴法具体实施过程参见表 7.4。

表 7.4 头脑风暴法实施过程

实施步骤	实施要点
确定议题	在会前确定一个目标,使与会者明确需要解决的问题,不要限制可能的解决方案的范围
会前准备	收集一些资料预先给大家参考,使与会者了解与议题有关的背景材料和外界动态;参与者对于要解决的问题一定要有所了解;适当布置会场
召集会议	确定主持人、记录员;主持人开始时重申讨论的议题和纪律,启发引导,通报会议进展情况,归纳发言的核心内容,提出自己的设想,活跃会场气氛,组织发言高潮等;记录员简要记录与会者的所有设想,及时编号,最好写在黑板等类物品的醒目处,让与会者能够看清
说明主题	主持人说明主题、会议目的,阐述要解决的问题,鼓励大家踊跃发言,提出新的构想
确定纪律	规定纪律,要求与会者遵守:要集中注意力积极投入,不消极旁观;不私下议论,以免影响他人的思考;发言要针对目标,开门见山,不要客套,也不过多解释;与会者之间相互尊重,平等相待,切忌相互褒贬等
脑力激荡	大家自由展开畅想,会议时间由主持人掌握,不宜在会前定死。会议时间最好安排在30~45分钟之间。倘若需要更长时间,就应把议题分解成几个小问题分别进行专题讨论
评估筛选	对会议上的内容进行加工整理,归纳出有价值的创意,最后筛选出一两个优秀的创意。然后重新组织头脑风暴,直到满意为止

(二)默写式头脑风暴法

奥斯本的头脑风暴法传入德国后,荷立肯根据德意志民族习惯于沉思的性格,设计了以"默写"代替"发言"的默写式头脑风暴法。此法规定,每次会议6个人,每人在5分钟之内在设想卡片上写出3个设想,故又称为"635法"。会议先由主持人宣布会议议题(广告创意的目标),并对与会者的疑问做出解释,然后发给每人几张"设想卡片",每张卡片上有1、2、3的编号,且留下较大的空白,以便其他人填写新的设想。在第一个5分钟里,每人填写3个设想;下一个5分钟里,将卡片传给自己的右邻,然后在自己拿到的其他人的卡片上继续写,在别人设想的启发下写出更多的设想。结果在半小时内如此传递6次,产生了108个设想。

(三)卡片式头脑风暴法

此法又分为CBS法和NBS法两种。CBS法是日本创造开发研究所所长高桥诚根把奥斯本头脑风暴法改良而成的方法,NBS是日本广播公司开发的方法。

CBS法的具体做法是:第一步,在会前明确议题,每次会议3~8人参加,发给每人50张卡片,还有卡片备用。第二步,会议开始后,由参加者填写卡片,每张卡片填一个设想。第三步,参加者依次宣读自己的一张卡片,其他人可以质询和提出新的设想,把新的设想填写在卡片上。第四步,最后20分钟,将卡片集中分类,在每类卡片上加一个标题,按序排在桌面上,然后评价和讨论,筛选出满意的设想。

NBS法的做法与CBS法基本相同,主要区别在于它要求每人必须提出5个以上设想。

二、检核表法

为了有效地把握发明创造的目标和方向,促进想象的形成,哈佛大学教授狄奥提出了检核表法(Checklist Method),或称"检查单法""对照表法""分项检查法"。

这种方法几乎适用于任何类型与场合的创造活动,因此又被称为"创造技法之母"。它根据需要创造的对象或需要解决的问题,先列出有关的问题,然后逐项加以讨论、研究,从中获得解决问题的方法和创造发明的设想。

检核表法实际上是一种多路思维的方法。人们根据检查项目,可以一个方面,即一条一条地想问题。这样,不仅有利于系统和周密地想问题,使思维更具条理性,也有利于较深入地发掘问题和有针对性地提出更多的可行设想。

(一)思考现有的产品有无其他用途

关于某种产品"还能有其他什么用途?""还能用其他什么方法使用它?"等的一系列问题,能使创意者的想象过程充分活跃起来。当面对某种产品时,为扩大它的用途,打开它的市场,就必须善于进行这种思考。德国有人想出了300种利用花生的实用方法,其中仅仅用于烹调的就有100多种方法。对于橡胶有什么用处,有家公司提出了成千上万种设想,如用它制成床毯、浴盆、人行道边饰、衣夹、鸟笼、门扶手、棺材、墓碑,等等。炉渣有什么用处?废料有什么用处?边角料有什么用处?……当人们将自己的想象投入这条宽阔的"高速公路"上就会获得很多新思路。

(二)能否从别处得到启发

当伦琴发现"X光"时,并没有预见到这种射线的任何用途。但是,通过联想借鉴,现在人们不仅已用"X光"来诊断疾病,外科医生还用它来观察人体的内部情况。科学技术的重大进步不仅表现在某些科学技术难题的突破上,也表现在科学技术成果的推广应用上。一种新产品、新工艺、新材料,必将随着它的越来越多的新应用而显示其生命力,广告创意同样如此。

(三)现有的产品是否可以做某些改变

如汽车,有时改变一下车身的颜色,就会增加汽车的美感,从而增加销售量。又如面包,给它裹上一层芳香的包装,就能提高嗅觉诱力。

(四)放大、扩大

在思考过程中使用加法和乘法,便可能使创意者不断扩大探索的领域。比如:"能使之加固吗?"这一问题可以引发织袜厂通过加固袜头和袜跟来提升产品质量,促进袜子销售量的上升;"能改变一下成分吗?"这一问题可以引发牙膏厂在牙膏中添加某种配料,从而开发出具有某种附加功能的牙膏。

(五)缩小、省略

与沿着"借助于扩大""借助于增加"而增添新设想的渠道相反,缩小和省略的方法则是沿着"借助于缩小""借助于省略或分解"的途径来寻找新设想的方法。袖珍式收音机、微型计算机、折叠伞等就是缩小的产物。同理,没有内胎的轮胎、尽可能删去细节的漫画等,都是省略的结果。

（六）能否代用

如充氩气来代替电灯泡中的真空使钨丝灯泡提高亮度等,都是通过取代、替换的方式来开拓创意思维途径的具体案例。

（七）从调换的角度思考问题

重新安排通常会带来很多的创造性设想。飞机诞生的初期,螺旋桨安装在头部,后来,将它装到了顶部,成了直升机,说明通过重新安排可以产生种种创造性设想。同理,商店柜台的重新安排、营业时间的合理调整,电视节目的顺序调整,机器设备的布局调整,等等,都有可能导致更好的结果。

（八）从相反方向思考问题

这是一种反向思维的方法,它在创造活动中是一种颇为常见和有用的思维方法。第一次世界大战期间,有人曾运用这种"颠倒"的设想建造舰船,使建造速度有了显著的加快。

（九）从综合角度分析问题

例如把铅笔和橡皮组合在一起成为带橡皮的铅笔,把几种部件综合在一起变成组合机床,把几种金属综合在一起变成种种性能不同的合金,把几件材料综合在一起制成复合材料,把几个企业综合在一起构成企业集团,总之综合在产生新的设想方面,其效率往往很惊人。

三、组合法

组合法也称拼图游戏法或万花筒理论,指的是以市场定位和产品差异性为基础,对旧元素的重组配置,使之转化为具有统一整体功能的新的组合的广告创意。不管组合的元素是同质的还是异类的,基本上可分为两种情况:一种是深度的、复杂的、创造性的组合;另一种是表层的、简单的、说明性的组合。

所谓创造性组合,就是把原有旧元素、各成分重新配置,进行再创造,使之形成具有自己独特结构和特定内容的完整的新形象的创意过程。

比如有一则牙刷广告,该广告的主题是牙刷坚固耐用。依此设计者把小孩和牙刷作为构思的基本成分,在广告画面上画出了一个小孩双手奋力在拔牙刷毛的情景。广告语是:一毛不拔。在这里,小孩、牙刷、牙刷毛等各个成分和谐地成为一个完整的新形象。这个有些夸张的新形象很好地表达了广告主题:坚固耐用。又如,日本的先锋音响广告,把举世闻名的尼亚加拉大瀑布、纽约的摩天大楼、先锋音响产品等元素进行创造性组合,形成震撼人心的广告创意:广袤的天际下,气势磅礴的瀑布从摩天大楼上飞泻而下,通过超现实、神话般的奇幻画面让人感受到强大视觉冲击力的同时,也同时感受到先锋音响高昂激越、雄壮有力的音响效果。

所谓说明性组合,就是把某些旧元素,在形式的层面上进行简单的重组,使之形成具有说明性、图解性的新形象的创意方法。

比如在香港一则"红花油"的电视广告中,一个人手拿一瓶红花油,不断地有节奏地跳着,可是头部却一会儿换成黄皮肤的青年女性,一会儿换成白皮肤的中年男性,一会儿又换

成黑皮肤的女性。广告语:"红花油,蚊虫叮咬不用愁。"该组合创意就是通过不同肤色、性别、年龄的人的头像在同一个手拿红花油的身体上不断切换,来图解说明这种产品"适合一切人"。

四、联想法

联想法是指运用已有的知识和经验,从一个(或一类)事物联想到另一个(或另一类)事物,从一种形象联想到另一种形象,从一个概念联想到另一个概念,从一种方法联想到另一种方法,从而找到事物之间的联系,启迪创造性思维的方法。比如,我们看到粉笔就会想到老师;看到阴天就会想到雨伞;而一看到桌子就很自然地想到椅子;等等。

有一位日本人曾经为联想力的强弱做过一次实验,在5秒钟以内,通过富士山进行联想,看看能想出多少个与富士山有关联的词。一般的人都会很快地想到"雪""火山""日本第一山""美丽"等词。这些都是一些非常平凡和普通的联想,但是富于联想的人可能会想到许多乍看起来与富士山风马牛不相及的词语来。其中有人就从"富士山"联想到了萝卜、樱岛、最蹩脚的演员等:

(1)富士山—雪—白色—白萝卜;

(2)富士山—火山—樱岛(日本的活火山岛,这个地方盛产萝卜);

(3)富士山—日本第一山—日本演员—萝卜(日本用萝卜比喻最蹩脚的演员)。

当然,联想法又可划分为接近联想、类似联想、对比联想、因果联想等四种常用手段。

(一)接近联想

将在时间和空间上比较接近的事物联系在一起的方法就是接近联想。比如,无论是我国的春节还是西方国家的圣诞节前后,围绕节日主题所做的广告许多都是运用"接近联想"手法进行创意的。

(二)类似联想

将在形式、内容或性质上具有相似特点的事物联系起来的方法就是类似联想。这种联想在广告中运用极为广泛。比如,雪糕取名北冰洋,意指二者冰冷的特征类似;又如美国某诊所的一则戒烟广告"为了使地毯没有洞,也为了使你的肺部没有洞——请不要吸烟"意指吸烟对地毯和肺的损害无异。

(三)对比联想

将具有对立关系的事物联系起来的方法就是对比联想。广告为了说明其产品给人们带来的效用和好处,常使用对比联想法。如英国航空公司为了强调它的商务客舱的宽敞,用一幅几个人舒适地坐着的画面与一幅几个人被绳索绑着的画面对比,使人们对英航的良好飞行环境有更直观、更深刻的认识。又如光明高钙奶,在用一件挂在矮处的礼服,来反向说明"应该让孩子长高"的创意。

(四)因果联想

将具有因果关系的事物联系起来的方法就是因果联想。当前,因果联想法常被应用于药品、补品一类的广告之中,而此时广告创意者的目的就在于强化商品与身体健康强壮之间的因果联系。比如,"牙好,胃口就好,身体倍儿棒,吃嘛嘛香"的"果",很容易使人联想到牙膏质量好的"因"。

 技能训练

1. 阅读下列广告创意资料后回答问题。

动物历险记——南京"公交站牌"广告创意

初夏的南京并不炎热,正是动物四处串门的好时候,接二连三的怪事就发生了,正如你们看到的。

灯箱广告之一《老鼠篇》

旁白:我曾经可以头也不回地从这个灯箱前溜过,但我却鬼使神差地瞄了一眼。没想到这家伙的吸引力大得可以吸眼球,就这一眼把我的肠子都悔青了。如果上天再给我一次重来的机会,我一定把一直追我的那只猫引到这……

灯箱广告之二《毛驴篇》

旁白:不许叫我瞎驴,不许叫我独眼驴,不许叫我海盗驴。虽然看起来有点酷,但其实我什么都不是。我就是驮着张果老路过这里时,好奇地瞄了这家伙一眼,没想到这家伙的吸引力大得把眼球都吸走了。现在我知道他骑驴时为什么要看唱本了,不看唱本不就看到这家伙了吗?这老家伙,太贼了。

灯箱广告之三《猪篇》

旁白:我不是八戒,是九戒。西天取经路上,什么样的大风大浪都挺过来了。谁知道修成正果后,因为看了一眼这灯箱,就晚节不保了。我就是再通天彻地,也不知道这家伙的吸引力大得能把眼球吸走啊!现在这模样让我怎么回去见高老庄的高小姐啊!从此我就多了一戒:绝对戒看大唐灵狮的灯箱。

不管我们是否承认,读图时代已经到来。好广告要能在复杂的环境里迅速吸引目光,户外广告更是如此。这几则南京公交站牌广告,就从眼球入手,用"眼球"吸引眼球,颇具创意,主题表达直接、贴切,形式生动、新颖,没有过多的深意,一看就明白,可以让过路者"停步、注目",是近来不可多得的平面创意作品。文案精巧有趣,读者会心一笑。真正好的创意,经常给人的感觉是如此简洁,让人拍案叫绝,豁然开朗。完美如果泛滥,残缺则成大美。

问题(1):广告创意和广告效果有什么关系?南京"公交站牌"广告创意给我们最大的启示是什么?

问题(2):怎样才能构思出好的广告创意?

2. 进行广告创意并展开评价。

本阶段训练的主要目的是使学生熟悉和了解广告创意的一般过程和有关要求,围绕自己选的产品进行创意。(1)根据课程要求,学生创立模拟广告公司,对自己的策划产品进行创意。(2)各模拟广告公司提交广告创意文案。(3)各模拟广告公司对其他公司提出的创意方案进行评价。(4)根据其他模拟广告公司的评价,改进自己的创意方案。(5)教师进行总评。

3. 实践练习:感受广告创意。

调查收集 10 种同类商品广告并分析其创意内涵。通过对市场上同类商品广告创意的调查分析,使同学们初步直观感受广告创意的内在魅力,了解广告创意对促进商品销售、树立品牌形象、细分市场等方面的作用。

(1) 分组调查并收集同类商品广告,分析同类商品广告创意,并用书面文字形式进行归纳;

(2) 按每小组 4～5 人分组进行实训,每小组收集不少于 10 种的处于竞争状态的同类商品广告,小组集体分析研究结束后,上交 1 份《关于同类商品广告创意的调查分析报告》;

(3) 考核办法:每小组保质保量完成练习,小组集体成绩亦为小组成员个人成绩;

(4) 作业步骤:分组→确定各小组拟调查的商品类别→收集同类商品广告 10 种,形式不限→小组讨论→书面归纳总结讨论意见→完成广告创意的《调查分析报告》。

本 章 小 结

1. 广告创意的原则主要包括简明性原则、表现主题原则、差异性原则、形象化原则、关联性原则、真实性原则、独创性原则、实效性原则、和谐适应原则和通俗性原则等。

2. 广告创意的基本原理主要有:USP 理论、品牌形象 BI 理论、ROI 理论、共鸣理论、定位理论、品牌个性论(BC 理论)、ESP 理论等。

3. 广告创意的过程大体可以划分为五个阶段,即调查阶段、分析阶段、酝酿阶段、开发阶段和评价决定阶段。

4. 广告创意的思维方法主要包括四类,即形象与抽象的思维方法、发散与聚合的思维方法、顺向与逆向的思维方法、垂直与水平的思维方法。

5. 广告创意的基本方法包括头脑风暴法、检核表法、组合法和联想法等四类。

第八章 广告文案

 知识要点

1. 广告文案的构成要素；
2. 广告创作的基本原则。

 能力要点

1. 能对现实生活中见到的各类广告文案进行简要的评论；
2. 能进行简短有效的广告文案创作。

 实用链接

1. 视觉中国网；
2. 中国传媒网；
3. 中国顶尖文案网；
4. 广告买卖网。

 关键概念

1. 广告文案：是广告策划者按照广告主的意图以及广告目标的要求，用文字的形式将广告宣传的内容表达出来的一种方式。

2. 广告计划书：是企业为达到更好的广告活动效果，对其广告活动的目的和实施方案的预先统筹安排。广告计划书是对企业广告运动进行统筹安排的文本性的行动文件，是企业广告活动开展的直接依据。

第八章　广告文案

贝克啤酒广告赏析——禁酒令篇

1. 作品名称：禁酒令
2. 广告文案：查生啤之新鲜，乃我酒民头等大事，新上市之贝克生啤，为确保酒民利益，严禁各经销商销售超过七日之贝克生啤，违者严惩，重罚十万元人民币。
3. 广告客户：贝克啤酒
4. 广告公司：上海奥美广告有限公司

作品评析：此广告文案借用了公文中"令"的写作形式和语言风格特点，将广告信息用规范的公文形式表现出来，产生了一种独特的说服力。整个广告文案句子结构简要、语言表达严正，使人感受到贝克生啤制造商对推出这一营销新举措的严肃、认真、深究的态度。同时，用如此严正的形式来表达，令受众领悟到创意者所提供的幽默玄机，会心一笑间，印象深刻。

第一节　广告文案概述

一、广告文案的含义和形式

（一）广告文案的含义

广告文案是广告策划者按照广告主的意图以及广告目标的要求，用文字的形式将广告宣传的内容表达出来的一种方式。广告的内容基本上是由语言文字、画面和声音等部分构成，其中的语言文字部分就是广告文案。

广告文案作为广告作品的一个重要组成部分，在体现广告创意、提升广告情趣和广告效果方面具有不可替代的作用，其水平和质量状况直接决定着广告的最终效果。

（二）广告文案的形式

1. 规范式广告文案

规范式广告文案，包括标题、正文、广告标语和附文四个完整的部分，有利于向广告受众传达完整的信息。

2. 灵活式广告文案

现实中的大量广告文案属于灵活式广告文案。灵活式广告文案不像规范式广告文案那样具备齐全的标题、正文、标语和附文，通常只有广告标语或者广告标题，省去了广告正文和广告附文，这样既便于传播，也能节约大量的媒介空间。

3. 品牌招牌式广告文案

这类广告文案仅有产品品牌或企业名称,在提升企业或其品牌的知名度方面更加实用。

二、广告文案的构成要素

从写作角度看,广告文案通常包括标题、正文、标语和附文四大部分。

(一)广告标题

广告标题就是广告的题目,是广告文案中旨在传达最为重要的或最能引起受众兴趣的信息部分,因为一般情况下标题是广告受众注意的焦点。

通常,广告标题写得好,就能起到引起受众注意、诱发受众兴趣、突出广告主题等作用。有调查表明,读标题的读者人数通常五倍于读正文的读者人数。这主要是因为在现代社会中,人们的空闲时间有限,而广告又异常繁多,人们不可能花很多时间去阅读广告正文。在一般情况下,人们接触广告作品,视线常常扫描到标题。广告的多数劝导作用是从标题开始的,只有通过标题的力量,才能使读者接着看正文,而读者也正是通过广告标题与视觉形象的互相核对,对广告主题进行理解的。所以,优秀的广告标题能够紧紧抓住人们的心灵,有一种非要看个水落石出的诱惑力,于是读者自觉或不自觉地接受了广告所要向消费者诉求的内容。广告标题用高度概括的词句表达了广告的宣传内容和中心思想,使人一看就知晓广告的内容,或产生相应的联想。广告标题往往是整篇广告的主题,概括了广告的中心思想,所以它又是广告作品向消费者传递信息的一个主要渠道。

(二)广告正文

广告正文是广告标题的具体说明,它通常采用说明性或报道性文字,具体解释产品信息,可以采用各种文字表现手法,如散文、诗歌等。正文是广告文稿的重点部分,一则广告文稿能不能引起消费者对商品和劳务的兴趣,能不能促成其购买行为,要通过正文撰写的科学性、艺术性以及感召力来实现。

正文通常会重点介绍产品的卖点。如果标题对受众做出了某种承诺,那么在正文中需要对承诺的具体内容进行说明,必要时还应引用具体材料,如证言、实例等对承诺的真实性和可信性进行证明。正文中有时候也包括对获得商品或服务的方法的说明,或者提供特定的促销信息。

(三)广告标语

广告标语又叫广告口号,是为了加强人们对商品品牌的一贯印象,长期反复使用的简明扼要的语句,如雪碧广告"晶晶亮,透心凉",给人留下难以忘怀的印象。广告标语是信息浓缩的载体,是高度的抽象信息,它贯穿广告运动的始终,不断加深受众对企业、商品或服务的印象,向受众传达关于企业、产品或服务的长期不变的观念,潜移默化地改变受众的消费观念。

(四)广告附文

广告附文又称随文,是广告文案的附属部分。它通常置于广告文案的结尾,用来传达广告主的身份以及相关的信息,比如联系地址、电话号码、网址和联系人的姓名等。

现实中,由于不同的广告媒介以及市场营销策略的需要,在广告写作中这四部分并不是面面俱到。有的广告不出现标题,有的只有标题没有正文,有的广告没有标语,有的标语或者正文与标题合二为一。

三、广告文案的基本特征

与新闻、文学作品等其他文本相比较,广告文案有自己突出的特点,主要表现在以下几个方面。

(一)篇幅上短小精练

大多数受众对待广告文本的耐心都极其有限,他们通常只是以很短的时间接触广告,因此我们很少能看到很长的广告文案。而且广告文案越长,企业就需要付出越多的媒介费用。这对广告文案的创作提出了很大的挑战,要用简短精练的语言文字重点突出地表达产品信息。

(二)内容和表达上富有创意

创意是广告的灵魂,语言文字则是广告创意的主要承担者。在这个产品信息拥挤的时代,企业在有限的广告费用约束下,期望其广告引起受众的注意,激发兴趣乃至促成其购买行为,那么广告文案就要在创意上多做文章。用短小的篇幅创意地表达广告主题,才能有效达成广告的信息传播的使命。

(三)文本形式灵活多样

广告文案的文本形式多种多样。有规范的,也有灵活的;有极其短小的,也有较长的;有证言式的,也有虚构故事情节的;可以是对话式的,也可以是独白式的。总之,题材广泛,形式多样,难以一一列举。

四、广告文案创作的原则

(一)真实性

广告一定要真实地进行信息的传递,真实性是广告文案写作的首要原则。真实性是广告文案的基本原则,也是广告文案的基本特征。现实中,广告主借助广告作品宣传产品的功能、特点,期望得到消费者的认可,这个目的使得广告文案的写作具有完全的功利性,而一旦广告主为了功利的目的放弃了对消费者的道德责任,不真实的广告文案便会充斥广告空间。

广告要传递真实的信息,而不是虚假的信息,这一点十分重要。如果广告文案创作一开始就建立在不真实的基础之上,如一些企业为了增强吸引力,对其产品的功用做夸大的甚至是子虚乌有的宣传,虽然短期内取得了明显的销售增长,但从长远来看,绝不会是成功的广告,只会断送广告产品品牌的生命力。

广告文案的真实性主要体现在对广告产品本身的功能、品质、作用的表现上,不能主观夸大或随意隐瞒。随着我国社会主义市场经济的深化,广大消费者在诸多虚假广告的轰炸

下已经变得越来越成熟。只有真实的广告才会更有说服力,才能更有力地吸引受众的注意力,给人以信任感及深刻的好印象,让人获得知识与信息,令受众信服,相信广告中所说的一切,最终诱发其购买意识和行动。

有说服力的广告离不开真实,而真实性的体现,又是通过广告的画面和语言而起作用的。就广告的目的和功用而言,无外乎商品促销、劳务介绍、树立企业形象,诉诸某种思想或价值观念,提出存在的问题和解决问题的途径与具体方法。不论哪一种目的,都必须遵循不改变事物本质属性的原则。作为广告文案的写作人员,理应具有实事求是的诚实品格,做出可以让消费者信赖,可以为企业赢得长期经济效益的广告文案作品。

(二) 独创性

广告文案的独创性是与众不同的首创,是广告人在广告运作过程中赋予广告活动和广告作品独特的吸引力和生命力,使其产生与众不同的力量,而不是模仿之作。在信息传播如此纷繁、竞争如此激烈的现实社会,只有独创性的广告文案才能吸引人、感动人、说服人,从而产生广告主所期望的经济效益。广告文案的独创性既包括信息内容的独创性,也包括表现手法上的独创性。

1. 信息内容的独创性

广告文案寻找到独特的信息内容进行表现,寻找到能让企业产品在同类产品中跳出来吸引人的新信息,这就是信息的独创。信息的独创性通常表现在它能发现同类产品和服务中的不同特点,并借助心理作用创造出广告商品区别于其他商品的不同价值。也就是说,信息独创性的作用,不仅表现在它能展示别的产品无法替代的消费利益点、产品生产背景以及产品的附加价值,而且能够诉求别人没有诉求的产品特点。

2. 表现手法上的独创性

广告文案在表现手法上的独创性,也就是广告形式的独创性。为了使广告文案因新奇感而更吸引人,并在众多的广告文案中脱颖而出,为了使文案形式成为品牌的一种独特的标记,在众多的品牌中富于个性,为了在感性消费时使受众因为喜爱文案中所体现的某种品牌情趣而发生购买行为,广告文案写作需要在形式上体现原创。这个原创,可以是创造新的表现形式,也可以是发掘前人创造的有意味的形式后运用现代的形式和理解去重新组合成一种新的形式、赋予新的含义。

(三) 实效性

广告文案创作的直接目的虽然可能是改变某种观念或是建立某种形象,但其最终目标必然是为了实现广告商品的销售增长。广告行为是一种建立在经济效益上的艺术行为,因此实效性原则是广告文案创作的基础性原则。

当然,实效性原则并不是赤裸裸地体现,而是更多地蕴含在颇为艺术性的广告文案中,使目标受众在欣赏广告的过程中实现广告的商业目标。另一方面,它也要求广告不能写成纯艺术作品,而是借艺术的表现形式来创造商业信息的载体。

关于广告的实效性,广告界持有不同的观点,具代表性的是以下几种:

第一,广告的有效性在于改变目标消费者的态度;第二,广告的最终作用是销售,广告是否有效看销售业绩;第三,好的广告要能有助于创立持久的品牌;第四,有效传播。

第二节 广告文案的创作

一、广告标题

(一)广告标题的含义

广告标题是放在广告文案最前边的、起引导作用的简短语句,作用在于传达最为重要的信息内容或者激发读者阅读的兴趣。在多数情况下,广告标题即广告主题。一则广告中,标题的好坏,对广告效果具有很大的直接影响。标题不妥或吸引力不够,很容易造成广告资金的浪费。为此,每一位文案创作人员在拟定广告标题时都经过反复推敲和琢磨,从而使广告标题产生打动人心的力量。具体而言,广告标题主要有以下四个功能。

第一,强化广告主题。广告主题是广告商品定位的集中性文字表述。在广告文案创作中,应依据广告主题来进行语言文字的表现。广告标题根据广告表现的要求可以有许多个,但广告主题通常只有一个。若干标题围绕主题展开,能加深受众对广告主题的印象和理解,从而加深品牌印象,提高广告效果。广告标题与主题的结合有两种情况:一是标题与主题合二为一,标题即主题,标题成了表现广告主题的语言形式;二是标题不止一个,而是多个复合在一起,这时标题信息量大于主题,主题常常隐含其中。

第二,在无目的的阅读和收看的受众中间,分离出目标消费者。广告标题提出的广告商品利益点可以成为受众潜在消费欲望的对应物,激发广告受众对广告内容产生深度关注和好奇。广告标题一般都直接或间接地提出产品的品牌名或产品的突出利益点。

第三,诱使被分离的目标消费者进一步关注正文。标题在形式和内容上都引导着目标消费者继续关注广告正文。在内容上,广告标题提示正文中将表现的信息内容;在形式上,广告标题对应目标消费者的好奇、审美和阅读冲动,以吸引目标消费者进一步关注正文。特别是复合标题中的副标题设置,在大标题和正文之间连接起了一座桥梁,让受众能在这座桥梁上走向正文。

第四,直接诱发消费者产生购买行为。广告的劝导作用多数是从标题开始的。在广告标题中,有直接表现消费者利益的产品品牌的标题,也有直接或间接对受众发出消费劝导和呼唤的标题;还有用煽动性口吻来号召购买行动的标题。比如,某啤酒广告"再也不用牙咬了",使用的就是直接表现消费者利益的标题;而可口可乐广告"看足球,喝可口可乐",使用的则是煽动性标题。

(二)广告标题的种类

1. 从形式上划分,标题包括单一型标题和复合型标题

(1)单一型标题,即仅仅排列成一行的标题。例如李宁公司的经典广告"一切皆有可能"。单一型标题可以是单句排列成一行,如某减肥产品的一则广告的标题为"洗出苗条";也可以是一个复句排列成一行。

(2)复合型标题(又称复合题),即排列成两行或两行以上的标题,通常用不同字号来区别它们。如:

西门子吸油烟机
革新滤网,将油污一"网"打尽!

复合题的结构有如下几种。

第一,引题+正题+副题型。引题主要用来交代背景,烘托气氛;正题,是标题的主体部分,一般交代广告的主要信息;副题又称辅题、子题,用来补充说明正题。例如:

豪华住宅　崭新典范　　　　(引题)
番禺市祈福新村　　　　　　(正题)
景色如画堪称天上人间　　　(副题)

这里引题以对称性的语句强调商品(住宅)的特点,烘托了气氛;正题交代了地点和名称,是广告的主要信息;副题进一步说明了住宅的优美环境。可见复合题中的引题、正题和副题的内容排列是很讲究的,不能乱来。

第二,引题+正题型,例如:

睡得舒服　生活美满　　　　(引题)
杜邦安睡宝　　　　　　　　(正题)

这里引题说明产品的利益点,正题突出了产品的品牌和名称。

2. 从内容上划分,广告标题包括直接标题和间接标题两类

(1)直接标题,就是直截了当地揭示产品的具体特点、功能或企业的实力、理念等。例如:

天姿天姿,美的天使!(某天姿化妆用品商店)

又如:

太行山有座天然回音壁

总体上说,直接标题的优点是简单明了,让受众一看就立刻了解广告的主要信息;而其缺点则在于它往往缺乏吸引力,容易淹没在广告的汪洋大海之中而不留痕迹。

(2)间接标题,不直接宣传产品的特点、功能或企业的实力、理念等,而是采用诱导或暗示手法引起读者的注意或诱发读者的联想。如1998年4月2日羊城晚报第十三版的一则广告,标题为:

我们颠倒着想过!

虽然从标题上我们难以了解广告的主要信息,但由于标题的独特性以及版面的奇异性(正文倒过来排版),因而可以立即吸引读者的注意力。

间接标题的优点在于生动活泼,富有趣味性,常使人产生非把广告内容弄明白不可的冲动,但其缺点是广告的主体信息不明晰。

事实上,正因为直接标题和间接标题各有利弊,所以多数广告采取两者结合的方式。这里需要说明的是,直接标题和间接标题的组合不能定义为复合型标题。复合型标题是从形式上划分出来的。在构造复合型标题时,通常要把直接标题和间接标题配合起来使用,这样效果要好一些。但也可以用直接标题和直接标题组合,个别情况下也可用间接标题和间接标题组合。可见,复合型标题不能定义为直接标题和间接标题的搭配组合。

广告大师论标题

当人们在进行无目的的阅读和收看时,对标题的关注率相当高,特别是在报纸、杂志等选择性、主动性强的媒介上。美国广告大师大卫·奥格威认为:"标题是大多数平面广告最重要的部分。它是决定读者会不会读正文的关键所在。读标题的人平均为读正文的人的5倍。换句话说,标题代表着为一则广告所花费用的80%。在我们的行业中,最大的错误莫过于推出一则没有标题的广告。"由此可见,文案标题是非常重要的。

(三)广告标题创作的一般要领

广告大师大卫·奥格威在其名著《一个广告人的自白》中,对广告标题的创作原则就曾提出了全面的、精彩的论述,涵盖了广告标题的内容、形式和语言要求。

第一,标题好比商品价码标签,要学会用它向潜在买主打招呼;

第二,每个标题都应带出产品给潜在买主自身利益的承诺;

第三,始终注意在标题中加进新的信息;

第四,使用诸如"当今、奇迹、魔力、廉价、最后机会、引以为傲、朋友、宝贝"等容易产生良好效果或充满感情的字眼;

第五,广告标题中尽可能包括产品品牌;

第六,如果要在标题中写进广告主的销售承诺,那么广告标题就要长一些;

第七,在标题结尾前标示诱人继续读下去的词语;

第八,文字要简洁流畅、直截了当,不要和读者捉迷藏;

第九,在标题中不用否定词;

第十,避免使用有字无实的瞎标题。

（四）广告标题创作的常用方法

广告标题创作的具体技巧和方法很多，在此简单介绍一些常见的方法。

1. 利用人们对新闻的注意及阅读新闻的习惯

这类标题类似报纸新闻标题。利用人们对新闻的注意及阅读新闻的习惯，以新闻报道的方式对产品或服务进行介绍。这类标题提供的事实，应该是新鲜的、大家感兴趣、想了解的，这才能引起消费者的注意。比如，美国大陆航空公司就曾用过这样一条广告标题——"发现藏在海里的二分之一个世界"。

2. 承诺能给消费者带来的利益

这类标题首先提出消费者最想得到、最为关心的利益，并做出负责任的承诺。这种刺激除能满足消费者物质上或心理上的要求外，还包括省时、安全、方便等方面的好处。如大众金龟轿车的广告文案标题"想想小的好处"，在当时美国汽油高度紧缺的背景下极具吸引力，宣传其轿车小巧省油，取得了巨大成功。这类标题中所允诺的利益越大，越能引起消费者的兴趣，但应注意所允诺的利益要能兑现。

3. 诚恳地为消费者出点子、提建议

在广告标题中诚恳地为消费者出点子、提建议，会收到事半功倍的效果，使受众由于信任而自觉地消除对广告的排斥心理。这类标题主动地劝说或强烈地暗示读者去做或去思考某些事情。如某果珍广告建议"冬天要喝热果珍"。就此一句，促进冬季喝热果味饮料的时尚，把单季市场的产品扩展成全年性旺销产品。建议型标题宜用平缓、礼貌、恭敬的言词来敦促人们采取行动，一般句中多采用"请""欢迎"等字眼，且不宜用惊叹号。

4. 慎用与同类商品或服务比较

通过与同类商品或服务的比较，来显示自己的优越性，使消费者对本产品或服务的独到之处有深刻的认识。这类标题不能指名道姓，以采用泛比为宜，避免伤害其他同类商品。要防止用不正当的手段打击别人抬高自己，对消费者造成误导，这样做容易令人反感，也是不符合职业道德的。

5. 使用夸耀的词句来赞誉企业所取得的成就或商品的优点

这类标题在于使用夸耀的词句来赞誉企业所取得的成就或商品的优点，使人产生良好的印象。一般来说，这类标题主要用在消费者信得过的名牌产品上，有坚实可靠的事实基础，并能增强购买信心与荣誉感。如"金华火腿肠，绝艺融古今"，又如"饮用法国人头马，使您出人头地"。这类标题在使用语言上要掌握分寸。知名度不高的产品一般不宜采用此种形式。

6. 用比喻增强形象性

运用贴切、生动的比喻来进行表达，标题将变得活泼俏皮，令人读后回味无穷，持久难忘。比如，雪铁龙轿车一则广告的标题是"法国第一夫人与您同行"，某银行储蓄业务的一则广告标题是"小莫小于水滴，细莫细于沙粒"。两则广告标题的都巧妙地让人加深了对某种思想和观点的认识。

7. 在广告标题中布下悬念

在广告标题中布下悬念，将会使人产生惊奇感，为满足好奇心一定想要刨根问底。用疑问形式作为广告标题,通过提出问题引起消费者的注意,产生共鸣与思考,并把广告的主信息用答案的形式说出,或只问不答,引导消费者从正文中去寻找答案,有利于受众对整则广告留下较深的印象。这类标题在提问题时要抓住要害,所提问题应是消费者十分关心、很想了解的问题。

8. 运用联想手法诱发消费者现实的或潜在的心理需求

联想是一种有着丰富内涵的心理活动。广告中运用联想手法可以诱发消费者现实的或潜在的心理需求。某保险公司的广告,用了一则富有想象力的标题:"当晚霞稍逝的时候"这句话意味深长,它提醒人们不管人生要经过多少春秋,都会像消逝的晚霞一样,有自己的终点,因此每个人都要对自己的生活做出长远的打算,如购买人寿、财产、安全保险等。

9. 借助情感的力量打动人心

广告创作需要借助情感的力量。18 世纪法国启蒙思想家狄德罗指出,"没有感情这个品质,任何笔调都不可能打动人心"。

邦迪创可贴广告,在这方面颇具特色,也很成功。画面上,是朝鲜和韩国最高领导人相互举杯的镜头,标题则是:邦迪坚信没有愈合不了的伤口。这则广告巧借国际社会的重要新闻事件进行诉求。"伤口"一词,既有虚意又有实意,内涵相当丰富,不仅表现出人类期望和平的普遍情感,而且借此树立了邦迪创可贴良好的企业形象,同时也体现出产品优良的品质,可谓一箭三雕。

10. 用优美的诗句引起受众对商品的美好联想

优美的诗句,总能引起受众对商品的美好联想,有效地消除人们对广告套话的厌烦心理。诗歌的特点是语言优美,感情浓郁,意境深远,富有节奏。广告标题中适当借用和改用古今诗歌原句,或者采用诗歌式的语言做标题,可以起到醒目传神、引导消费的作用。例如:

  举杯邀明月,对饮成三人——白酒广告标题
  欲穷千里目,更上一层楼——售楼广告标题
  悬崖百丈冰,独有花枝俏——电冰箱广告标题

11. 巧妙借名以突出自己

借用古今中外著名的人、事、地、物的名气和影响,赋予新意,这样做常常能使消费者信服,或得到一种心理上的满足。江苏宜兴均陶闻名遐迩,远在宋代就以造型端庄、釉色浑厚著称于世。到了现代,宜兴均陶更加精美,其产品有数千种,大之数尺,小之盈寸,古朴典雅之陶台、陶凳素享盛名。其广告标题是"宋朝技艺世代相传,宜兴均陶一家独秀"。

12. 在标题中包含一点寓意

这是一种含蓄的表达广告主旨和主题的标题方式,借助人本身的知识、修养、情操等对广告标题给以合理的想象和发挥,具有新意,颇能引人深思和体味。比如某洗衣机的一则广告标题:"闲"妻良母。

二、广告正文

(一)广告正文的含义

正文就是广告文案的主体部分,在一般情况下,大部分的广告信息都是由正文来传达的。广告正文是广告文案的中心内容,对广告标题的阐释。广告正文的阐述内容涉及面十分广泛,如商品的性能、价格、特点、获奖情况,企业的社会形象、历史、规模、设备、技术力量、员工、管理特色、服务宗旨、特色项目等,都可以成为广告正文的运用素材。

广告正文通常位于广告标题之下,向受众真实、详细地告知有关商品或服务的信息,诱导受众对广告产品产生兴趣,最终形成购买意向。广告主题也是通过广告正文来充分表现的,广告正文的好坏关系到产品主题思想的表现,它与标题的关系是:标题在于吸引,正文在于说服;标题提出问题,正文回答问题。

(二)广告正文的构成

广告正文主要由开头、主体和结尾三部分组成。

1. 开头

开头又称导语,在标题和正文之间起承上启下的作用,既能衔接标题,又能为后面文字的展开提出问题。这部分的语言要高度地概括,且与标题的中心段要衔接紧密。开头的主要使命是将人们的阅读和接收由标题转向正文的中间段。正文开头须引人入胜,需要花大气力选择由哪个角度入手,将什么信息首先传达出来。

开头的写法多种多样,一般有因由开头法、总括开头法、祝谢开头法、描写开头法、抒情开头法、设问开头法等方式。当然,开头部分的写法没有固定模式,可以根据标题的形式和文案的要求采取灵活多样的写作手法,只要能起到承上启下的作用就可以。

2. 主体

主体又称中心段,是广告正文中的重心所在,主要是根据广告目标和要求,阐述商品的状况、品质及其优点。一般来讲,主体占的篇幅较大,要下力气写好。在这里,常摆出强有力的证据来说明本产品的优越性,对产品进行具体的介绍,说明产品的特殊优点和过人之处。介绍的方式可以多种多样,需要根据广告的创意选定。就表达的方式来看,可以采用记叙、描写、抒情、说明和议论等不同的表达方式。

3. 结尾

结尾的内容主要是敦促消费者及时采取购买行动或者激发他们长期的购买欲望,也有表明决心、提供服务、表示祝愿、说明问题、抒发感情等写法。常用的结尾方式有总结式结尾法,展望式结尾法、决心式结尾法、祈使式结尾法、祝谢式结尾法、服务式结尾法等。广告的正文一般都有结尾,特别是那些大型广告。但也有少数广告是没有结尾的,主体部分写完就结束了。有些短广告的正文则干脆不分段,一气呵成,没有明显的段落。

(三)广告正文创作的一般要领

正文写作通常没有严格的限制。从内容上看,可以是把产品或企业信息全面介绍给消费者的大而全,也可以是只涉及某一产品特性的重点出击,甚至可以成为一次促销活动的文字说明。从形式上说,正文可长可短,可以只是一句话,也可以是洋洋千言的长篇大论。

在此引用大卫·奥格威的经验,对广告正文的创作要领加以介绍:

第一,直截了当,避免"差不多、也可以"等含糊不清的语言;

第二,不要用最高级形容词、一般化字眼和陈词滥调,要有所指,而且实事求是;

第三,巧妙使用用户经验;

第四,使用有利的窍门,向读者提供有用的咨询或者服务;

第五,文字通俗易懂;

第六,避免唱高调、自吹自擂、自我炫耀;

第七,不要贪图撰写获奖文案;

第八,避免从文字娱乐的角度撰写广告文案。

(四)广告正文创作常用的具体方法

广告正文的具体写法很多,不拘一格,在此简要介绍几种常见的正文写作方式。

1. 记叙

记叙就是以叙述的方式写作广告正文。记叙又可分为直叙式、报道式、文告式、证明式,等等。第一,直叙式是以摆事实为主、让事实说服人的一种诉求方法,对广告产品或服务的特点,不加任何渲染和修饰,直截了当地、明明白白地表述出来。一般来说,直叙式广告正文的魅力不在于广告本身,而在于产品或服务的诉求力量。第二,报道式。也称为新闻式,可以用新闻写作的方式表现广告内容,也可以是对新闻报道形式上的模仿,突出有价值的东西。第三,文告式。文告式广告多种多样,如启事、声明、通知、海报、公告等均属此类。第四,证明式。这类广告正文,是为了证明产品或服务的可靠有效,博得消费者的信赖,可以借助权威方面的鉴定、奖评结果或各界知名人士、专家、学者、典型用户的赞美之辞,写成广告正文。

比如,电视广告中的明星独白就常采用记叙的方法。著名影星葛优为神州行品牌做的一则"饭馆篇"广告,就取得了极佳的传播效应:

> 我挑神州行的卡,就和找饭馆一样,
> 哪家人多我进哪家,神州行,听说接近2亿人用,
> 我,相信群众,
> 神州行,我看行!

2. 抒情

与记叙明显不同的是,广告正文写作以抒情为主,不讲产品的特色优点,而是传达情感,以情动人。例如台湾星辰表的一则广告文案。

妈妈以时间换取我的成长

推动摇篮的手就是统治世界的手,也是最舍不得享受的手。

1/4的妈妈没有表:

不是买不起,只是她们认为待在家里忙家务,戴不戴表都无所谓,何不把钱省下来做家用。

2/4 的手表是旧表、老表:

妈妈的手表至少有一半以上是旧表、老表,有的是结婚前的,有的甚至是儿女嫌旧不要的……她们舍不得享受,即使是旧的,她们也认为蛮好的。

3/4 的妈妈还要戴表:

妈妈外出购物、访友,需要佩戴一只手表。

向伟大的母亲致敬,别再让母亲辛劳的手空着。本公司为庆祝母亲节,特请星辰表厂提供最适合母亲佩戴的女装表 5 000 只,即日起到 5 月 11 日止,以特别优惠价供应。欢迎子女们陪同母亲前来选购,送给母亲一份意外的惊喜。

这篇文案用散文的手法,通过几个具有典型意义的分数颂扬了妈妈操劳家务、舍不得享受的美德,并倡导子女们为妈妈献上一份关心和体贴,情理交融,感人至深。

3. 说明

广告正文是以说明为主要表达方式,对产品或服务的性质、功效等做出解释,使受众能了解产品或服务。这类广告在介绍产品时,一般要求说明客观、概念准确、判断恰当、分类清楚、种属分明;在语言上要求言之有序。说明体广告又可分为定义式、分类式、举例式、引用式、比较式,等等。

定义式是指广告对产品或服务的本质和它所属的范围,用简洁而明确的语言进行概括,广告内容要阐释明白,条理要清楚。

分类式是指根据产品的形状、性质、成因、功用等属性的差别,分成若干类别,分别加以说明。

举例式就是举出实际事例来说明产品或服务,使所要介绍的产品或服务具体化、形象化,以便让受众理解。

引用式是指引用一些同类的或有关的资料,作为说明的依据。所引用的资料,可以是权威著作、科研资料,也可以是谚语、民谣、传说、诗歌,等等。

比较式是指广告中将产品或服务的特点,在同其他产品或服务的比较过程中显现出来。应该注意的是,比较广告容易出问题,所以应体现公平竞争的原则,不可诋毁、攻击同类产品。

4. 描写

描写式广告正文重在对产品或服务的特点进行具体形象的描绘与再现,把客观对象写得有声有色,给消费者留下具体而深刻的印象。描写式广告正文又可分为细写和白描两种形式。

细写式广告正文是以生动细腻的描绘和刻画,使产品和服务形象化,从而激发起受众的情感和购买欲望。细写式广告无论是刻画人物,还是描写景物都要达到出神入化的地步,而且文辞要优美、修饰要自然,这样才会有冲击力和促销力量。

白描式广告正文是指在描写时,不尚修饰、不加烘托,抓住产品或服务的特点,以质朴的文字,淡淡几笔勾勒出形象。采用这种描写方法,往往能使人一目了然,容易产生信服的感觉。

5. 论述

论述式广告正文写作是以说理、议论为主要的表达方式。其特点是以概念、判断、推理为主要形式,直接阐明道理。在论述式广告中,论点、论据、论证是不可缺少的要素。在写作时要注意论点必须正确,论据必须真实,论证要合乎逻辑。在论证过程中,可以恰当地综合运用各种表达方式,除运用议论外,也要运用说明、叙述、描写等手法。这些手法和议论交织在一起为说理服务。

论述式广告可分为事实论证和理论论证两种。论述式广告是要"明理",但是如果离开事实,便无法明理。所以,用事实进行论证是论述式广告文稿中最常见的一种论证方法。理论论证的特点,是用已被实践证明了的科学原理、定义定律以及常理等作为论据,来证明个别性的论点,也就是用已知的道理来推论和分析未知问题,从而得出新的结论。比如,国氏全营养素报纸广告文案即是如此。

"要减肥,当然期望有效又安全"寻本溯源,
减肥更有效,更安全,更科学

减肥,为了健康,为了美,无论什么目的,都希望既有效又安全,这也许是肥胖人减肥时所关注的首要话题。

其实,减肥的有效与否,应该从肥胖根源说起。与平常人相比,肥胖人的脂肪代谢不平衡,使他们无法像平常人一样通过一日三餐吸收人体所需的全面营养,造成人体营养失衡,而其脂肪合成速度则是平常人的几倍甚至十几倍,导致人体极易发胖。因此,肥胖不是营养过剩,而是肥胖人所需的营养与平常人完全不一样!

国氏寻本溯源,针对肥胖根本原因,独创了国氏科学减肥理论。国氏全营养素富含肥胖人所需的特殊营养要素,专门针对肥胖人所需,全面补充营养,从而全面调整脂肪代谢,降低脂肪合成速度,重建健康平衡肌体功能,确保减肥更有效,每天可减一斤体重;同时,国氏采用纯天然原料,且不含任何中西药物,经科学配比制成,自然更安全可靠。

有了国氏,减肥更有效,更安全,更科学,令您更加放心地享有一份自然健康的美好姿态。

国氏,国际减肥新概念　　　　　　——广告语

该文案首段提出了肥胖人减肥时最关注的事情,即希望既有效又安全。第二段以生理的理论论证了肥胖绝不是营养过剩的道理。第三段以理论和产品的事实证明国氏全营养素可以安全有效地减肥。第四段强化论点,说明产品给减肥者带来的效果。最后打出广告语"国氏,国际减肥新概念",顺理成章。

6. 对话

广告正文借助于两个或多个人物间的对话方式介绍产品或服务,特别因其常常模仿情境和角色的做法,能给人以身临其境之感,故而显得真切。下例是娃哈哈茶饮料的一则电视广告。

画面：迎面而立的是一座古式的"娃哈哈茶楼"，茶楼大门紧闭此时镜头忽转到了茶楼内，一阵劲风袭来，大门随风而开，小二也随着气浪飞了回去，同时随风呼啸而入的是一对年轻侠侣（谢娜和张杰）。

对白：

"我们来找茶。"

"找……找茬？"

"我找天堂水沏的龙井茶！"

"我找天堂水沏的滇红茶！"

"有、有、有。"

"娃哈哈茶饮料。"

"红茶,绿茶,都是好茶！"

"娃哈哈！"

三、广告标语

（一）广告标语的含义

广告标语，也叫广告口号或广告语等，它是广告运动中表达企业理念或产品特征的、长期使用的宣传短句。

广告标语通过反复宣传能有效地加深受众对企业、产品或品牌的印象，或者用来传达企业的精神、观念和宗旨，为树立企业的良好形象而发挥重要作用。好的广告标语由于揭示了产品个性和消费者需求的内在关系，能达到长远促销的目标。

广告标语与广告标题很相近，经常被混为一体，标题和标语都是简短的语句，在广告文案中都起着相当重要的作用，个别情况下甚至用标语来做标题。但二者的差别还是很明显的，概括起来主要有以下几点。

第一，形式不同。广告标语只能是一句完整的、具有概括性的话。而广告文案标题可以是一个词或词组，当然也可以是一句话，具体采用哪种形式，要视文案正文以及广告宣传产品的具体情况而定。另外标语比标题更讲究顺口流畅、言简意赅、易读易记，更讲究句子的锤炼、词语的推敲和音韵的和谐。标题对音律的要求不如标语那样严格，个别情况下为了传达一个准确的信息可能会相当长，特别是那些复合型的标题。

第二，用途不同。广告标语是定位的集中反映，具有相对的稳定性，以利于塑造良好的企业形象和产品形象。而广告文案标题，是广告文案的组成部分，它的内容、形式要与广告文案正文相一致，因此具有多变性，要随着广告文案正文的不同而不同。广告标语是企业长期使用的宣传口号，因而富有持久的鼓动性和号召力，使用的时限较长，在同一产品不同的广告作品中被反复使用，甚至是同一企业不同产品的广告也使用统一的企业形象广告语，让消费者记住产品特性或企业精神；而广告标题的效用比较短暂，它提醒受众对广告作品的注意，一般只用于一个广告作品中，用完就不再使用了。

第三，位置不同。文案标题只能放在广告文案最醒目的地方，这样它的作用才能有效地发挥出来。而对广告标语则没有特殊要求,通常是随机而定,有可能放在文案的中间,有可能放在文案的结尾。

(二)广告标语的种类

(1)广告标语按其表达形式可以划分为单句形式、对句形式、前缀式和后缀式四种。

单句式广告标语就是一个简短的单句。单句式的广告标语也可用广告主体的名称来表现。这种形式的广告标语简洁明了,便于强调企业精神、服务宗旨和时代色彩,表现鲜明的个性特点。

对句式广告标语是用两个简短的单句组成的。对句式广告标语因为读起来可以有一种相互映衬的音韵效果而被广泛地运用,具体可以采用对仗的形式,也可以采用非对仗的形式。

前缀式广告标语通常是在一个短句前加上广告主体的名称。这种句式,前面点明了广告主体,后面是对广告主体的评价或特征的展现。这样既凸显产品特色,又强调企业或者品牌名称。例如:"动感地带,我的地盘我做主""特步,飞一般的感觉"。

后缀式广告标语则是在前面展现对广告主体的评价或特征,在后面点明广告中的企业、产品或服务的名称。例如:"不走寻常路,美特斯邦威""大家好才是真的好,广州好迪"。

(2)广告标语按其表达的内容可以划分为形象类标语、观念类标语、产品特色类标语、号召类标语和情感类标语。

形象类广告标语主要表达的是广告主体的形象。这个形象可以是企业形象、产品形象、品牌形象、服务形象。其目的是为了建立一个让公众和目标消费者信任、喜爱的形象,为广告主体长期的销售活动做有效的铺垫。比如安徽黄山香烟的企业形象广告标语"一品黄山,天高云淡"。

观念类广告标语是通过对某种观念的提出和表达,来表现广告主体的观念和看法,是对一种消费方式和消费观念的创造和引导。通过观念的提出和表现来表达企业的胸怀,创造某种消费新时尚,也是广告标语中的一个重要的内容类型。例如,"今年过节不收礼,收礼只收脑白金""男人,就该对自己狠一点"。

产品特色类广告标语宣扬广告产品的功能、特点,让消费者能以最简洁、明了的方式了解广告主体的优势。如双汇冷鲜肉广告标语"双汇牌冷鲜肉,放心"。

号召类广告标语是号召广告受众行动起来去了解某种产品,去进行某种消费行动。

情感类广告标语是为了借助受众的人性因素、情感因素,用情感向受众呼唤、宣泄、倾诉,以此求得广告受众和目标消费者的认同与好感。如铁达时表的广告标语"不在乎天长地久,只在乎曾经拥有"。

(三)广告标语创作的一般要领

第一,简短凝练、易读易记。广告口号字数不宜太多,要简短有力;尽量做到口语化,采用群众喜闻乐见的形式,通俗易懂,通顺流畅;注意语调上的合仄押韵,读起来有节奏感或韵律感,便于记忆与传诵。例如:

"好空调,格力造!"(格力空调广告标语)

"晶晶亮,透心凉!"(雪碧饮料广告标语)

"头屑去无踪,秀发更出众!"(海飞丝洗发水广告标语)

第二,个性独特、号召力强。或把商品或劳务的特点提炼浓缩在广告标题中,或抓住受众心理,突出产品个性或企业精神,从而富有感召力。例如:

"女人健康就是美"(美媛春口服液广告标语)

"农夫山泉有点甜"(农夫矿泉水广告标语)

第三,经久耐用。广告标语创作出来以后要在很长时间内作为企业各种形式广告的核心,以达到支撑定位,创建形象的目的,因此创作中要考虑其时效性,最好能与品牌长久相伴。比如:

"味道好极了"(雀巢咖啡经典广告标语)

第四,嵌入企业或品牌名称。广告宣传的核心是传播企业或品牌的信息,如果能把公司、产品或服务的名称自然地嵌入广告口号中,在宣传中不断地出现,将会大大提高公司或产品的知名度及广告宣传的效果。

(四)广告标语创作的具体方法

广告标语创作的具体方法很多,在此列举几种常见的写作方法。

1. 口语法

口语法就是指运用通俗的口语形式来创作广告标语的方法,例如:

"别看广告,看疗效!"(药品广告标语)

2. 对偶法

对偶法就是广告标语的前后两句结构相同,字数相等。例如:

"穿金猴皮鞋,走金光大道"(金猴皮鞋广告标语)

"喝孔府宴酒,做天下文章"(孔府宴酒广告标语)

3. 双关法

双关法是指运用一个词或一句话同时表达两种不同的含义。例如:

"阿里山瓜子,一磕就开心"(阿里山瓜子广告语)

"给电脑一颗奔腾的芯"(英特尔奔腾CPU广告标语)

"不打不相识"(打字机广告标语)

4. 谐音法

谐音法是运用字词的读音相同或相近,替代原本正确的字词,发挥标语的引申意。例如:

"步步为赢"(李宁牌运动鞋广告语)

"一毛不拔"(牙刷广告)

5. 回环法

回环法是将一个由两个词组成的词组放在首句,然后将两个词的先后顺序颠倒组成另

一个词组放在末句。例如:

"中国平安,平安中国"(平安保险公司广告)

"万家乐,乐万家"(万家乐公司广告语)

"现代技术,技术现代"(韩国现代集团广告语)

6. 对比法

对比法是把两个对立的事物或一个事物的不同方面放在一起加以比较叙述和说明的方法。例如:

"统一100,满意100"(统一方便面广告语)

7. 夸张诙谐法

夸张诙谐法就是运用夸张诙谐的手法提炼出广告标语。例如:

"地球人都知道!"(北极绒保暖内衣)

"今年二十,明年十八"(化妆品广告标语)

四、广告附文

(一)广告附文的含义

广告附文又叫广告随文,指广告文案中向受众传达企业名称、地址、购买商品或接受服务的方法等附加性信息的语言或文字,以方便消费者与企业的沟通与联系。广告附文的主要内容包括:品牌名称、企业名称、企业标志或品牌标志,企业地址、电话、邮编、联系人,购买商品或获得服务的途径和方式,权威机构证明标志,特殊信息,奖励的品种、数量,赠送的品种、数量和方法等。它一般处于文案的结尾部分,这些附加信息的作用能起到强化企业产品的某些特征、提供联系方法等作用。

(二)广告附文的内容构成

1. 企业标识内容

这是广告所传播的广告主方面的信息,如企业名称、企业标准色、企业标志等。在做企业形象广告时,这些内容尤为突出。

2. 商品标识内容

这是广告所传播的产品方面的信息,包括产品的商标、名称等。

3. 联系方式

通常位于文案的最后,以说明广告产品的购买地点、方法、联系电话或者是广告主的地址、联系电话、传真、网址、邮编、联系人等,以方便消费者购买或联系。通常,这一部分是广告附文中必不可少的,尤其是在报刊广告文案中。

4. 其他内容

比如产品价格、优惠办法、银行账号、抽奖办法等。

(三)广告附文的写作

从创意的角度讲,附文的写作不需要文案撰稿人花费太多心思。但是在写作过程中也

还是有一些规则需要遵守。

第一,要写明受众最想要知道的信息。广告附文对广告正文的补充,主要是将在广告正文的完整结构中无法进行表现的有关问题作一个必要的交代。这些必要的有关的问题包括:特殊的销售信息,如产品在哪里有售、消费奖励是什么内容、销售的时间是从什么时间到什么时间,对产品的背景、特点的有关的交代,需要避免的一些消费问题。常规性的内容主要有品牌名称、企业名称、企业或品牌的标志、企业地址,等等。这些问题以及对这些问题的补充交代,直接地为消费者实施消费作实际的指导。

第二,要条理清晰,语言准确。与广告文案的其他部分强调创意性、经常运用修辞手法等的写作风格不同,广告附文的写作要具体明确,强调用语的准确性,不允许出现差错。比如联系人、通信地址、邮政编码、电话号码、电报挂号、电子信箱等都不能出现任何疏漏和差错。

五、广告计划书

(一)广告计划书的含义与撰写要求

广告计划是企业对其广告活动的目的和实施方案的预先的统筹安排,以期达到更好的广告活动效果。广告计划书是对企业广告运动的统筹安排的文本性的行动文件,是企业广告活动开展的直接依据。

作为一份重要的行动文件,广告计划书的撰写要遵循一些一般性的指导方针,下面主要从内容和形式上提出一些原则性的建议。

1. 内容上科学合理,逻辑清晰

广告活动的目标的确定和行动方案的设计都要建立在坚实的广告调研的基础上,要先对广告运动相关的历史与现状、内部情况和外部情况形成清晰的认识。然后还要理清这些情况与企业要开展的广告活动之间的相关性。

广告计划书是广告活动的蓝图,计划书中所制定的方针,应符合市场变化的需要,以保证广告活动的有序和广告目标的准确。另外,广告策划作为一个整体,还要注意各子系统及各具体环节之间的联系与操作,它的指导性涉及广告活动中每个人的工作及各个环节的关系处理。而策划中的创意表现手法,则要考虑设备、人员、经费、材料和制作手段等的限制,以求把蓝图变为一座壮观的大厦。

2. 形式上简明扼要、方便阅读

广告策划书在编制过程中应注意简明扼要、突出重点,抓住企业营销中所要解决的核心问题,提出可行的相应对策。在撰写过程中既要防止用散文式文笔去描述策划书,造成浮躁或不实在的感觉,也不可长篇大论,言不及义,哗众取宠。总之,要以简洁朴实、具体实用、针对性强为原则,使策划书的主要内容能一目了然。

(二)广告计划书的主要内容构成

广告计划书的主要内容构成包括三个方面:相关情况分析、广告目标策略和广告实施计划。

1. 相关情况分析

(1) 公司及产品历史。在传统上都包括一个简短的公司历史概要,品牌历史则可能需要略为长的叙述。

(2) 产品评估。这是广告计划应认真处理的一个内容。所有一切会影响到产品或劳务销售的要素都要加以比较。这包括所提供的利益、分销、定价等。此类信息应以简短概要的形式表现,并只讨论各明确事项而不要那些猜测或估计,但应指出那些将特别影响到广告计划活动成功与否的领域。

例如,如果该品牌有分销上的问题,那就应该指出,并预期其对广告计划活动成功之影响,再加以解释。再如,如果在广告计划期间价格上升,就要把关于涨价会对广告的反应上发生什么影响,作一说明。

总之,这一部分只需要包括那些可能影响所建议的广告计划活动结果的有关事项,不需要对产品有整体的及完全的评估。

(3) 消费者评估。这一部分应对广告将针对的目标市场有一个正确的叙述,并尽量明确。其中包括:其一,人口统计因素,如年龄、性别、收入、教育、种族、职业等;其二,在消费者中,同类产品有多少购买者,本品牌拥有多少购买者,以及相应的本品牌的市场占有率。

一切能得到的心理描绘图的资料也包括在内。这包括消费者或潜在顾客生活形态上的资讯,现在他们怎样使用本产品,他们对本品牌的态度是什么,他们对有关竞争情况感觉如何。总而言之,就是要能够对目标市场有更好的描述,对那些提出的广告信息有所帮助的任何资讯。

(4) 竞争上的评估。一定要知道竞争者们正在做什么,以及他们能做什么或可能做什么。首先要评估一下目前竞争者的广告,指出这些广告针对何人,对其所用广告做个说明,以及此广告对目标市场可能的影响。如有可能,就给用来作竞争的花费程度作若干说明。这将有助于支持在计划中所提议的预算,并给管理当局一个衡量的基准点。

总之,包括任何竞争广告的资讯,都会表达要如何开展计划,这样做的理由,以及希望怎样用所提议的计划活动来抵消竞争活动。

2. 广告目标与策略

(1) 目标市场。第一步是描绘广告所针对的人群的轮廓,应评估其数目、人口特征因素、心理描绘图等,这点能在消费者评估中以简明摘要完成。最后提出一个针对理论的解释,说明为什么先把这一特定的人群作为最好潜在顾客。陈述越明晰,就越能达成广告目的。这部分的重要之处是对所选择的目标市场进行数量证明,要在人口数目上以及其所在地理位置上,力求明确。

(2) 广告传播目的。在这一部分,要用可以计量的与能够测量的术语,详细说出要用什么信息与目标市场沟通。此外,完成这些目标的时间阶段也应逐项列出。广告目标通常是以所要达成的传播任务来陈述。例如,创造知名度,告知有关产品利益的知识、发展偏好度,等等。

(3) 创意策略。这种策略常以一种将作为对目标市场的"承诺"的方式加以叙述。创意

策略只是概略说出品牌或公司所面对并已确认的广告问题的解决方法。

(4) 广告制作。广告制作是实际广告活动将采取的形式。它们以创意策略为基础,并以能够传达给目标视听众的形式表达。

(5) 媒介策略。在本部分中计划者应对将用于目标市场的广告信息,描绘出完整详细的媒介计划活动。本部分也应包括媒介预算摘要表,以表示出每一种媒介花费多少,以及广告活动所需的总金额。在某些情况下,可能还应该表示出每季的花费,或者以其他支出形态表示,这当然要依品牌需要而定。

3. 广告实施计划

(1) 广告地区。根据市场定位和产品定位研究结果,确定市场目标及其地区分布。

(2) 媒介进度计划。根据广告战略中所列的重点,详细说明广告实施的具体细节。比如,在报纸媒介方面,应说明选择哪一家或哪几家、选择理由、刊登的日期、次数和版面,并说明每次刊登的面积大小;在杂志媒介上,同样需说明选用的媒介单位、选用理由、刊登次数、每一次的面积和刊发日期。又如,电视媒介方面,选择哪一家电视台、哪一个频道或哪几个频道,分别选择什么时间播放,说明选择的理由、计划播映次数、每次播映的时间长短、广告片的形式和播映日期。选择其他媒介,如海报、招贴、售点广告、邮寄广告、传单和说明书等,均应说明印制的数量和分发方式、分发日期等内容。在选用多种媒介时,对各类媒介的刊播如何作交叉配合,也需加以说明。

(3) 协同的促销活动方案。说明促销活动的举办日期、地点、方式、内容及赠品、奖品等,说明举办的理由和主持人。

(4) 广告预算及分配。据广告策略的内容,详细列出媒介选用情况、所需费用、每次刊播的价格,最好能编成表格。

(5) 广告效果预测。该部分主要说明在广告主同意照广告计划实施广告活动的前提下预计可达到的目标。

(三) 广告策划书的格式

广告策划书其实并没有一成不变的格式,它需依据产品或客户的不同要求,在策划的内容与编制格式上进行变化。但是从广告策划的一般规律来看,其中有些要素是共同的,这里简单对其进行介绍。

1. 封面、目录与前言

计划书的封面主要写明计划书的名称、完成的日期、编号等。目录一般放在封面之后,它实际上是策划书的简要提纲。看过目录之后,对策划书的内容就会有个整体的了解,并能容易地把握策划的思路。前言简要说明制订本计划书的缘由及意义,或点出企业的处境或面临的问题,希望通过策划能解决什么问题。

2. 相关情况分析

相关情况分析内容很多,主要有市场分析、竞争状况者分析、产品分析、销售分析、企业营销战略分析等。

市场分析是对市场环境进行描述与预测,同时着重描述目标市场的相关特征。

竞争状况者分析则要阐述与主要竞争对手之间的市场态势比较,可分为国内市场与国际市场。

产品分析要具体分析产品的优势及不利因素,主要涉及产品个性内涵,同国内及进口的同类产品进行比较等。

销售分析包括下列内容:销售渠道分析,同类产品销售的地区、渠道的数量情况、零售点建立情况;竞争对手销售状况分析,主要分析竞争对手的销售策略;目前销售存在的问题。最后,本部分应在前述分析的基础上明确问题点与机会点。

企业营销战略描述的是为了实现企业的经营目标,企业在整体营销上必须采取的战略策略,主要包括企业营销重点、产品定位、销售目标、产品策略、分销策略、促销策略等。

3. 广告战略与策略

(1) 竞争广告分析。分析主要竞争对手的广告诉求点、广告表现形式、广告口号、广告传播时机及攻势强弱等,以适时调整自己的广告战略与计划等。

(2) 广告目标。依据企业经营目标,确定广告在提高知名度、美誉度、市场占有率方面应达到的目标。广告目标可用一定的数值或比例来表示。目标一经确定,广告活动就必须考虑如何实现这些目标。

(3) 广告地区。广告宣传主要针对哪些地区,也可提出分阶段地区的传播目标。

(4) 广告对象。依据销售分析和定位研究,可找出最有消费潜力的顾客群体,并进一步明确这类群体的年龄、性别、职业、收入、数量等,以利于广告内容、媒介的选择和刊播时机的确定。

(5) 广告创意。依据广告主题所提出的广告表现进行构思。如确定广告的诉求重点或突出表现某种观念、倾向等,广告口号的使用,模特儿的选择或象征物设计,创新性的表现意念等。

(6) 广告实施阶段。提出分阶段广告实施策略,包括每个阶段广告主题、创意、口号、策略等,以加强广告攻势的针对性。

(7) 协同开展的其他促销活动设计。

4. 广告媒介策略与媒介进度计划

根据广告的目标与对象,拟定广告媒介使用策略。项目包括媒介的选择与组合策略,媒介目标、媒介的具体安排、媒介的进度安排等。

5. 广告预算分配

广告预算应按项目进行,每个项目的费用计算应尽可能准确,并尽量在保证广告效果的情况下节省费用。广告预算的项目有调研、策划费;广告制作费;媒介使用费;促销费;管理费;机动费等。

6. 广告统一设计

根据上述各项综合要求,按照统一的广告主题、标语、创意或表现策略,分别制作出报纸、杂志、广播、电视、POP等所需媒介的广告发布稿。

7. 广告效果评估

这是对广告策划实施前后进行检查和评价的手段。可以不定期以问卷、座谈会等方式做广告效果的反馈或测定,以修正广告计划案。

 技能训练

1. 从报纸和杂志上各查找一则典型的平面广告,然后就其广告文案构成的各个部分展开评述。

2. 仔细阅读盖天力的三则系列广告,用本章所学的相关知识进行评述。

【盖天力系列广告之一】

三个球一次进篮,你做得到吗?
——补钙也一样,少量多次更科学!

投篮一次进几个球不行,补钙也一样。人体对钙的吸收能力有限,摄入高剂量钙,会在小肠管腔产生高浓度钙,使钙的吸收趋于饱和。

钙的吸收率和剂量呈负相关。即当钙浓度达到饱和时,摄入量越大,吸收率越低。因此,把每天的服用剂量分为较小的剂量分次服用,是增加钙有效吸收利用的简便方法。

盖天力十年坚持"少量多次"补钙原则,使人体每次服下的钙能被大量地吸收,还能避免长期高剂量补钙可能造成的不利影响,因而更科学。

少量多次　科学补钙　　　　　　　　——广告语

通用名:牡蛎碳酸钙咀嚼片
批准文号:国药准字:H32025394
　　　　　国药准字:H32025395
　　　　　国药准字:H32025396
详情请登录:www.511511.com
咨询电话:010-68435666

【盖天力系列广告之二】

两壶水一次浇完,花受得了吗?
——补钙也一样,少量多次更科学!

两壶水一次浇完可不行,补钙也一样,人体对钙的吸收能力有限,摄入高剂量钙,会在小肠管腔产生高浓度钙,使钙的吸收趋于饱和。

吸收率和剂量呈负相关,即当钙浓度达到饱和时,摄入量越大,吸收率越低。因此,把每天的服用剂量分为较小的剂量分次服用,是增加钙有效吸收利用的简便方法。

盖天力十年坚持"少量多次"补钙原则,使人体每次服下的钙能大量地吸收,还能避免长期高剂量补钙可能造成的不利影响,因而更科学。

少量多次　科学补钙　　　　　　　　——广告语

(广告附文同上)

【盖天力系列广告之三】

一天的饭一顿吃完,你受得了吗?
——补钙也一样,少量多次更科学!

一天的饭一顿吃完可不行,补钙也一样。人体对钙的吸收能力有限,摄入高剂量钙,会在小肠管腔产生高浓度钙,使钙的吸收趋于饱和。

钙的吸收率和剂量呈负相关。即当钙浓度达到饱和时,摄入量越大,吸收率越低。因此,把每天的服用剂量分为较小的剂量分次服用,是增加钙有效吸收利用的简便方法。

盖天力十年坚持"少量多次"补钙原则,使人体每次服下的钙能大量地吸收,还能避免长期高剂量补钙可能造成的不利影响,因而更科学。

少量多次　科学补钙　　　　　　　　　　——广告语

(广告附文同上)

本 章 小 结

1. 广告文案的形式主要包括规范式广告文案、灵活式广告文案和品牌招牌式广告文案。

2. 从广告写作上看,一般的广告文案主要包括标题、正文、标语和附文四大部分。

3. 广告文案的基本特征主要表现在三个方面,即篇幅上短小精练、内容和表达上富有创意、文本形式上灵活多样。

4. 广告文案创作的原则主要有三,其一为真实性,其二为独创性,其三为实效性。

5. 广告标题有四项主要功能:第一,强化广告主题;第二,在无目的的阅读和收看的受众中间,分离出目标消费者;第三,诱使被分离的目标消费者进一步关注正文;第四,直接诱发消费者产生购买行为。

6. 广告标题从形式上划分,主要包括单一型标题和复合型标题两类;而从内容上划分,则主要包括直接标题和间接标题两类。

7. 广告正文主要由开头、主体和结尾三部分组成。

8. 广告正文创作常用的具体方法包括记述、抒情、说明、描写、论述和对话。

9. 广告计划书的主要内容构成包括三个方面:相关情况分析、广告目标策略和广告实施计划。

第九章　广告制作、发布与代理

 知识要点

1. 广告制作的要素及原则；
2. 广告的发布策略；
3. 广告代理的含义及流程。

 能力要点

1. 理解广告制作的要素和基本原则；
2. 掌握广告发布的基本策略；
3. 掌握广告代理的基本流程。

 实用链接

1. 中国广告人网；
2. 中国广告网；
3. 中国广告协会网。

 关键概念

1. 广告制作：就是通过各种表现手法和技巧将观念形态的广告创意转化为具体、形象、直观的实物形态的广告作品的过程。

2. 广告代理：是指广告代理人在被代理人授权范围内，以被代理人名义所从事的直接对被代理人产生权利、义务的广告业务活动。广告代理制是国际上通行的广告经营体制。

第九章 广告制作、发布与代理

新产品"冻冻果"战略制定

某冷冻公司研制的新食品"冻冻果"将上市,某广告公司接受了包括产品命名、产品设计、商标设计、市场研究、广告实施等步骤在内的全部工作。

广告公司首先同广告主列出了新产品在市场中的竞销对手——冰淇淋、冰棒、水果等。

在详加比较后,广告公司挖掘出新产品的几项优点:它和水果一样不含淀粉,在营养和味道方面胜过冰淇淋;它又和冰淇淋一样,在凉快、卫生和简便方面胜过水果。根据这些优点,广告公司举行头脑风暴,对产品命名进行研讨,最后选定了新颖、读来顺口、易记同时符合产品本质的名称——"冻冻果"。接着,又研究了几个工作重点。

(1) 确定以儿童为销售对象。

(2) 对于广告信息,决定以"零下40度的滋味"七个字为诉求重点,不但包含了产品优点且读起来铿锵有力,实为广告标题中的佳作。

(3) 对于商标,选定代表了厂商的名称的一个简明的"C"字图案为商标,使消费者容易记忆辨认。对于包装,广告公司遵照了广告主的主张,以塑料袋为主,配合精致的米老鼠图案,刺激消费者对"冻冻果"产生"一见就喜爱"的感受。

(4) 对于售价,广告主决定每支"冻冻果"只售1元,这种售价适合一般消费者的购买力,也增加了广告代理业者执行广告的信心。

(5) 对于广告媒介的选择运用,广告公司决定先以报纸、电视、POP广告为主,并编制了广告歌曲应用在电视广告中,以引起孩童们的注意和学唱。

广告主在这套计划中虽支付了80万元左右的广告费用,却顺利达到了大量销售的目的,并且超出了预计的经营利润。

第一节 广告的制作

广告制作就是通过各种表现手法和技巧将观念形态的广告创意转化为具体、形象、直观的实物形态的广告作品。广告制作步骤包括制作准备、勾画广告制作图样、确定广告表现、编排组合广告表现、修改及定稿。广告制作应力求真实,同时也要讲求思想性、艺术性,兼顾经济效益与社会效益。

一、广告的制作要素

电视、广播、报纸、杂志这四种大众传播媒介一直充当着主流广告媒介的角色。从19世纪开始,它们广泛地应用于商业活动,大大拓展了广告的功能和价值,从而成为广告媒介的四大支柱。不同的广告媒介,其广告制作的要素也不尽相同。

(一)电视广告的制作要素与表现形式

1. 电视广告的制作要素

电视广告是采用电视的艺术表现形式向目标受众传递信息的一种广告形式,它视听兼备、声画合一。据统计,美国平均每一视听观众一年要看上万部电视广告片。电视广告由画面、广告词、音响三大要素构成,其中画面居主体地位。

(1)画面。

画面是电视广告影像的表现,电视广告画面主要有色彩、形状、线条、运动所组成。电视广告画面包括动与静两种:动的画面,如现场直播、影片摄制、录像拍摄、卡通画等,最能吸引人;静的画面,如卡片广告、绘画广告、摄影广告等,一般是一则广告画面表现一个广告主题,也有的以系列广告画面形式去表现多个广告主题,像连环画一样,连续播放带有情节的广告。在电视广告的制作中要特别注意景别的运用,且画面构图要简洁完整、均衡统一,形成一个视觉趣味中心。

(2)广告词。

广告词,即台词,包括解说、演词、字幕三种形式。解说指随着广告画面的展现而作的讲解,又叫背景语言,用以增加观众对画面的理解。解说应简短精练,突出个性。演词指戏剧性广告中人物的对话或独白,以剧中人物的话语来表达商品个性,引人进入现实环境,比解说更为有趣,感染力更强。字幕是画面上直接打出文字,如商品品牌名、企业名等,可叠印在活动的画面上,可在广告末尾打出,也可用特定镜头放大商品的标签或品牌名,以加深观众印象。

(3)音响。

音响包括音乐和其他声响。音响是电视广告的有机组成部分,不能把它看成是一种简单的包装陪衬,要与整个广告的画面和主题一致。电视广告的音乐与声响,其作用基本上与广播广告类似,音响配合电视广告画面和解说,能增强节奏,表现情感,烘托意境,悦耳动听,加深印象,有利于渲染主题。

2. 电视广告的表现形式

与广播媒体一样,电视也是瞬时媒体,受众对电视广告所持的是"爱理不理,可有可无"的态度,要使电视广告成为面对面的销售方式,就要在创意方面加倍努力,以独特的技巧和富有吸引力的手法传达广告讯息。从表现形式上看,有以下多种表现形式。

(1)故事式。用讲故事形式来表达商品与受众的关系,使受众产生共鸣。

(2)时间式。用纪录片或叙事手法,向受众交代时代进展与商品的关系。

(3)印证式。用知名人士或普通人士来引证商品的用途及好处,以达到有口皆碑的效果。但广告的技巧必须高明,否则受众会怀疑被访者言辞的可信度及真实性。

(4)示范式。用比较或示范的手法,表现出商品过人之处或独特的优点。

(5)比喻式。用浅显易懂,人所共知的比喻,引出广告商品的主题。

(6) 幽默式。用幽默风趣的语言或手法,含蓄地宣传商品的特征,使受众在轻松愉快的气氛中领会与接受广告信息。

(7) 悬念式。用悬念手法提高受众的注意力及好奇心,然后带出商品。

(8) 解决问题式。将一个难题夸张,然后将商品介绍出来,提供解决难题的答案。

(9) 名人推荐式。用知名人士来介绍推荐商品,利用他们的聚焦力和号召力,来影响目标受众的态度,刺激购买欲。

(10) 特殊效果式。在音响、画面、镜头等方面加上特殊效果,营造气氛,使受众在视觉方面产生新刺激,留下难忘的印象。

(二) 广播广告的制作要素

广播广告的制作有广义和狭义之分。广义的广播广告制作,包括从广播文稿的构思写作到广播广告作品的录制完成,一般要经历策划广告创意、确定广告形式、编写广告文稿、选配音响音乐、演播录制合成、安排播出时间等几个阶段;狭义的广播广告制作是指根据编写的广播广告文稿,设计广播广告作品的制作方案。本书所说的广播广告制作,是指狭义的。

1. 广播广告的制作要素与组合技巧

广播广告的独特之处就是通过声音来传递广告信息,也就是说"以声夺人"。广播广告主要是通过声音来传递信息的。广播广告的要素与广播声音的要素具有一致性,主要包括人声(广告的语言部分,就是广告词)、音乐和音响,也称广播广告的三要素。

(1) 人声。

这里所指的语言特指有声语言或听觉语言,即语言的口头形式。广播广告主要是通过语言进行传播,这就对广播的语言提出了两个方面的要求:一方面,要充分发挥语言艺术的作用,运用精练、准确的语言突出广告的主题;另一方面,播音时的语感要符合主题意境的要求,速度适中、抑扬顿挫、节奏分明,给人以语言美的享受。

(2) 音乐。

音乐一般是指广播广告中的伴奏曲和广告歌,它融合于广播广告中,是广告业发展的一个重要趋势,同时,广告中音乐也会造成流行。音乐的功效在于音乐的沟通魅力,音乐的传播与流行得益于听众和观众的传唱。这是一种互动的沟通,它不需要强迫,好听的音律、引人共鸣的歌词,都是与消费者沟通最好的语言。伴奏曲基本上用在广告的开头,给听众一个心理上的准备,诱使听众注意。而后,乐曲可以渐渐淡去,成为播报或对话的配乐。伴奏曲有助于营造一种气氛,将听众带入广告主预期的心境当中,帮助他们理解销售信息。因此,可以使音乐艺术与语言艺术有机地结合起来,增强广播广告的艺术魅力。

(3) 音响。

音响是指除了人声、音乐之外的各种各样的声音,一般是指环境音响,包括自然音响如风声、雨声、雷鸣声;环境音响如汽笛声、大街上汽车喇叭声等;人物或动物活动的声音,如掌声、笑声、哭声、脚步声、开门声、咳嗽声,等等。音响对广播广告起着十分重要的作用。音响可以创造一种情境、一种背景,它又可以与解说产品的人声同时存在,从而增加单位时间的信息量。音响能再现或烘托环境气氛,以增强广播广告的真实感,它能描述产品的性能特征,它能揭示人的思想情感。

2. 广播广告三要素组合技巧

人声、音响和音乐作为广播广告的三要素,并不是简单地相加,而是相融。三者融为一体,变化无穷,魅力无穷,不仅能弥补单一的语言、音乐或音响的不足,而且可以发挥整合效能,从而产生强大的表现力,大大地开拓了媒体受众的"视觉空间",令人产生身临其境的感觉。当然,这三者各自的特色和所起的作用是不一样的。

(1) 注意人声的主导地位。

在广播广告中,人声是传达信息的主要手段,也是使广播广告具备说服力和影响力的关键,音响和音乐也都是为这个目标服务的。一则广播广告可以没有音响和音乐,只要语言引人入胜,符合听觉规律,切合消费者心理需要,照样是一个好的广播广告。当然,音响和音乐的恰当使用会大大增添广告语言的魅力,加强广播广告的整体效果。但是,如果片面追求形式,刻意在音响和音乐上雕琢,而忽略了对广告语言的精益求精,就会喧宾夺主,达不到广告目的。

(2) 广播广告三要素的几种组合方式。

广播广告的三要素,即人声、音响和音乐之间的结合有不同方式。

a. 只有人声,没有音响和音乐。这是广播广告中常见的一种。其优点是简洁明了,制作简便,具有短、平、快的特点;缺点是容易显得单薄,缺乏吸引力。

b. 音乐和人声相互配合,具体可分成以下几种形式:以音乐开头,然后与人声相混插;以人声开头,然后与音乐相混插;人声与音乐齐头并进;人声和音乐交替出现。

c. 音响和人声相互配合,这种配合分为以下几种形式:以音响开头;音响和人声交替出现。

d. 音响、音乐和人声的配合,这种配合分为以下三种形式:以音乐开头,穿插人声和音响;以音响开头,穿插人声和音乐;以人声开头,穿插音乐和音响。

3. 广播广告脚本的制作

一般来说,广播广告的长度是 30 秒和 60 秒。脚本包括以下内容:客户、产品、媒介、描述(长度和广告类型)、播出时间、脚本主题、脚本陈述。

其中,前六项内容一般写在脚本的左上角,只是起到识别的作用。脚本陈述放在它们的下面,是脚本的核心内容。需要注意的是:

(1) 音效和音乐部分要另起一行,并在底下画线,以提醒制作人注意,并表示它们在广告中的地位。

(2) 广告中的每一位演员都必须注明角色,包括播音员这个角色。至于是否使用播音员,根据创意的方式来具体决定。

(3) 注明音调。要标明播音员或其他角色是以生气的、滑稽的、讽刺的,还是其他方式念(说)出来。如果不能成功地达到所要求的表达方式或不能表现出特殊的声音,将会破坏整个广告。

(三) 报纸、杂志广告的制作要素

报纸广告是指刊登在报纸上的广告。报纸广告以文字和图画为主要视觉刺激,可以反复阅读,便于保存。鉴于报纸纸质及印制工艺上的原因,报纸广告中的商品外观形象和款式、色彩不能理想地反映出来。

杂志广告是指刊登在杂志上的广告。由于各类杂志读者比较明确,是各类专业商品广告的良好媒介。杂志广告一般用彩色印刷,纸质也较好,因此表现力较强,是报纸广告难以比拟的。杂志广告还可以用较多的篇幅来传递关于商品的详尽信息,既利于消费者理解和记忆,又有更高的保存价值。

杂志和报纸相同,它也是一种传播媒介,它的形式是以印刷符号传递信息的连续性出版物。报纸和杂志广告的制作要素具有一致性,主要包括以下几点。

1. 图形

图形是报纸、杂志广告的重要组成部分。图形可分为主体图形和从体图形。主体图形是直接把广告宣传的产品、商标、企业形象等内容以绘画或摄影的形式表现于画面上。从体图形是依据广告创意辅助广告受众强化对广告主体图形理解的表现图形。主体图形和从体图形常常同时使用,相辅相成。图形可以是写实的、也可以是装饰的、漫画的、卡通的等。

2. 文字

文案与字体是构成报纸、杂志广告的两个重要方面。文案是指广告作品中为传达广告信息而使用的全部语言符号所构成的整体,是广告创意和策略的符号表现。字体设计是根据广告的内容、产品的特点而选定的字体。字体具有易识、易记的特点。优秀的广告设计要讲究图形与文字的密切配合。

3. 色彩

1676年,英国物理学家牛顿用三棱镜将阳光分离成色彩光谱。从此色彩研究形成了一门科学。广告设计颜色讲究对比关系。有色彩的对比才能使广告画面鲜明和生动。优秀的广告创作人员在进行平面色彩创作中,往往不是从线条开始,而是从色彩开始。色彩会对广告受众的心理产生影响。

(四)新媒体广告的制作要素

新媒体广告与传统媒体广告的主要区别在于它对目标受众的选择更具针对性、它所追求的传播方式更具自主性和互动性。因此,新媒体广告的制作要素尽管同传统媒介广告(特别是电视广告)存在不少相似之处,但为了突出传播方式的自主性和互动性,除了图片、广告语、音乐、视频等要素外,它还是存在着如下四个方面的独特要素。

1. 层级式页面

层级式页面通常由浏览页面和深度阅读页面两部分构成。浏览页面通常以最简洁的画面或flash动画、言简意赅的广告标题(或广告语)吸引浏览者关注,而深度阅读页面则是广告商品(或服务)的详细介绍、购买或下载的通道。

2. 页面切换按钮

为了确保浏览页面与深度阅读页面之间的顺畅切换,二者之间需要设置专门的切换按钮,通常以"进入网页""立即加入"以及"分步操作介绍"等形式出现。

3. 广告提示与关闭按钮

根据《中华人民共和国广告法》(2015年修订)和《互联网广告管理暂行办法》的相关规

定,利用互联网发布、发送广告,不得影响用户正常使用网络。互联网广告应当具有可识别性,显著标明"广告",使消费者能够辨明其为广告。在互联网页面以弹出等形式发布的广告,应当显著标明关闭标志,确保一键关闭。根据以上规定,合法的网络广告需要在浏览页面设置广告提示语和关闭按钮。

4. 分享、评价、关注与收藏按钮

通过目标受众之间的自主传播来扩大广告的影响范围,是新媒体广告节省开支、实现精准投放的重要途径。鉴于此,为了确保广告的顺畅传播,新媒体广告一般都设有分享、评价、关注或收藏等按钮,这些按钮的设置,同时也节省了目标受众日后搜索该商品的时间和精力,并且为广告媒体日后基于大数据分析实现广告的进一步精准投放奠定了物理基础。当然,这些按钮并非全部必需,而是根据广告主的要求选择性添加和设置。

二、广告的制作原则

(一) 电视广告的制作原则

1. 视觉中心原则

电视是一种时空的艺术,是视听的结合。虽然从结构的角度讲,时间和空间共同成为电视的结构。换而言之,视觉和听觉对于电视来说具有相同的地位,然而人们在习惯上对于电视画面的重视远远超过了声响。也就是说,人们认为电视的视觉优势大于听觉优势。画面大多数情况下总比声响更吸引人,观众看电视首先是看,其次才是听。所以,电视广告画面的好坏直接决定了其质量的优劣和能否吸引观众。

2. 简洁单纯原则

从成本核算的角度来看,电视广告的成本明显高于其他媒介广告,电视广告是在非常有限的时间内传递信息。想在短暂的几十秒内告诉观众太多太复杂的东西,是一件十分困难的事情。这就要求电视广告必须是简洁而单纯的。这不仅是对电视广告制作的要求,同时也是确立主题、进行创意的要求。

3. 自由创新原则

广告在某种意义上被认为是一门艺术、一种技巧,广告在制作上就必须自由地不断创新。只有不断创新,广告才有创造性和丰富的想象力,才能感染媒介受众。几乎所有成功的电视广告,在制作手法上都具有突出的特点,都是不断创新的结果。创新是电视广告生命力的源泉,只要不违背真实性与合法性,任何异想天开、标新立异对制作电视广告而言都是值得提倡的。

4. 系统连续原则

电视广告的设计制作是一个系统连续的过程,这是由电视广告的传播特点决定的。电视广告的传播效果不是一蹴而就、立竿见影的,而是要有一个连续反复、不断强化的过程。这个过程不是摄制一个电视广告片就可以办到的,必须要有一个系统的设置。近年来电视广告出现了系列式广告的趋势,这种系列式广告就是电视广告设计制作上系统连续原则的体现。

5. 真实、艺术原则

艺术性是广告吸引受众注意力的关键,但真实性却是一切广告制作的一项基本原则和底线。我国2015年颁布的《中华人民共和国广告法》第三条规定:"广告应当真实、合法,以健康的表现形式表达广告内容,符合社会主义精神文明建设和弘扬中华民族优秀传统文化的要求。"第四条规定:"广告不得含有虚假或者引人误解的内容,不得欺骗、误导消费者。广告主应当对广告内容的真实性负责。"

(二)广播广告的制作原则

广播广告的制作在很大程度上是把广播广告文稿声音化的一个过程,这是一个再创作的艺术过程,它考验了制作者对文案的理解及对声音艺术的想象力和创作力。通常广播广告制作应遵循以下几个原则。

1. 立足声音,塑造形象

广播广告要立足声音优势,塑造具体可感知的广告形象,每一句广告词的演播,每一段音乐的配制,都要有利于塑造产品的整体形象。

2. 强调品牌,突出主题

一个产品可以介绍它的多个特点,但是一则广告只能突出它的一个主题,介绍产品的特点,离不开强调它的品牌,强调品牌形象可以采取艺术手法,突出主题。

3. 注重开头,先声夺人

广播广告的开头十分重要,它是吸引听众注意广告内容的关键所在。要使听众以无意注意转化为有意注意,关键在于优化开头。换而言之,就是要通过一定的设计手段和艺术手段,使广告一开始就具有磁铁般的吸引力。

4. 寻求广告的最佳组合

广播广告是由语言、音乐和音响三大要素组合而成。在这种组合中,语言始终是主角,音乐和音响始终是配角。广播广告的制作,要不断寻求主角、配角关系的最佳组合。通过广告音乐、音响与广告词协调配合,充分展现广播广告独特的声音魅力,即听众在听觉欣赏的同时,产生视觉上的丰富联想,在很短的时间内刺激听众的消费心理,产生心灵的触动、情感的沟通。

(三)报纸广告的制作原则

1. 体现新闻性特点,引起受众注意

报纸是一种专门传达新闻的大型媒介,由于发行渠道普遍和通畅,具有极高的新闻性、时效性特征。在大众传媒中,新闻总是对读者具有极大的吸引力。报纸广告一般都具有发行及时、传播面广的特点,因此报纸广告适宜于诉求最新信息。在表达中,应突出媒介的这一特点,尤其在标题中加以体现,可以造成很大影响。

2. 文案第一,图像第二

尽管现代印刷业为报纸的质量提供了足够的保证,并由此带来了灵活的版式、图文并茂的新特点,实现了由黑白到套红、再到彩版的飞跃。但从报纸媒介本身的特征来看,文字仍是其首要的传播元素。这一点,对报纸广告的创意、表现的内容、重点、主次等都有相应的指

导意义。

3. 重视报纸广告的图像

在报纸广告中,图像的配合也很重要。随着印刷技术的升级换代和大众欣赏要求的不断提高,报纸也在高新技术的支持下,不断拓展新的表现空间。报纸也从原来的纯文字传播到现在的彩版技术,这也直接为报纸广告的表现带来了新的突破。图像的渗透与丰富,一方面为信息的传达提供了更多的表现渠道;另一方面,增添了报纸的表现元素,提高了观赏性,图文并茂,读者更易于接收和理解信息。

4. 采用悬念与系列性表达,增强吸引力

在报纸广告中适当运用悬念,可以有效刺激读者的阅读兴趣,并会借着悬念把这种兴趣和热情延续到下一轮广告;系列性广告可以分解产品的信息,使每一则广告主题鲜明、诉求单一,并维持消费者对品牌的关心度。

5. 创造特殊版面,产生特殊效果

按报纸广告在报纸中所在的位置分类,可以分为新闻下、新闻中、报眼、插排、中缝、分类等。正常情况下,报纸以版面来计数,报纸广告也是常以整版的几何对分来确定规格。有时候,通过智慧、构思和公关策略,创造一些特殊版面,将能产生意想不到的效果。

(四)杂志广告的制作原则

1. 注重图像视觉艺术

现代造纸和印刷技术的快速发展为杂志广告提供了品质精良的纸质和精密度极高的印刷效果,使印刷品越来越美,魅力无穷。现代杂志广告首当其冲的以视觉图像艺术获得了广大读者的青睐。这就要求这类广告首先要有一个具有较强冲击力的视觉图像,将广告意图通过视觉语言表达出来。

2. 注重创意新颖性

正因为杂志媒介视觉效果显著,因此作者很容易将创作精力只集中于图像的视觉艺术本身,而忽视图像的内容,这是不符合现代受众的审美心理的。现代广告受众对广告所表现的智慧更敏感,很关注广告的全新且巧妙的创意,这要求杂志广告必须将具有独创性的创意与精美的视觉图像结合起来,通过不同凡响的创意来表达内涵丰富的视觉图像。

3. 注意版面选择策略

一般来说,杂志广告都是一版一则,具有很大的独占性,很少受到其他广告的影响。但就版面种类来说则有好几种:封面、封底、封二、封三、插页等。版面类别不同,受众对其注意力也有较大差异。选择版面要根据广告目标和经济支持力来决定。注意率越大,广告效率越高,当然也需要较强的经济支持力。

4. 发挥形式多样的制作技巧

要开拓思维,充分运用现代技术手段制作杂志广告的新形式。例如,插页广告、跨页广告与杂志装订结构的巧妙结合、折页广告、联券广告、有声广告、立体广告等。

5. 文案要有艺术性

在杂志广告中,标题常常和图像相得益彰,是艺术性很高的两个因素。因此,一定要创作一个具有震撼力、感染力的标题来。广告正文是杂志广告的一项重要内容,可以写出一定的篇幅,但是表达的范围也必须要简明扼要,惜墨如金。

（五）新媒体广告的制作原则

1. 诉求内容简洁明了

新媒体广告的目标受众与传统媒体广告的目标受众在信息选择方面具有天然优势,具有更多的信息甄别与排除自由,因而在新媒体广告制作过程中,必须在明确自身目标受众范围的情况下实现内容的简明化,且要注重在最短的时间内吸引受众的注意力。比如下面这则手机短信广告"在母亲节来临之际,五彩芬芳鲜花店推出鲜花免费送达服务。电话预约,让母亲在家里享受意外惊喜。孝心热线……"就简洁地将"母亲节""免费送达服务""孝心热线"等情感式的语言有机结合起来,效果自然会比较突出。

2. 追求形式差异化

新媒体广告的"新"不应只表现为传播媒介的"新",还应体现为表现形式的"新",应着力避免与传统媒体广告在形式上的雷同,以全新的感官刺激来吸引目标受众的关注。

3. 充分考虑发布环境的外部干扰

楼宇广告、公交广告等新媒体广告的发布环境通常存在着嘈杂性,因此在广告制作过程中就不应将重点放在广告的语音、音乐和音效上,而是要着重考虑突出画面的视觉传达效果。

4. 极力关注广告的互动性和持续性

脱离了互动性,新媒体广告也就失去了生命力。因此,在新媒体广告的制作阶段,就应尽可能地将互动元素有机融入广告之中,并且可考虑开发与产品相关的、精美的手机或电脑壁纸、免费下载歌曲或视频等办法,来尽可能地延长广告后期持续时间。

第二节　广告的发布

一、广告的发布时间

正确地把握广告的时机,是提高广告宣传效果、促进企业产品销售的重要一环。过时的广告,意味着广告费的浪费。因此,广告主必须恰当选择广告时机。

（一）广告进入的时序选择

1. 提前进入

就是在产品进入市场之前先行进行广告宣传,为产品进入市场作好舆论准备。在新产品上市的广告时序中,智者之谋,在于巧用时间差,广告先于商品入市,使消费者翘首以待,造成有利的市场地位。如康师傅方便面曾火爆京城,采用的就是这种先声夺人的策略。有些新产品上市前的悬念广告造成一种"千呼万唤始出来"的局面,往往起到较好的广告效果。

2. 即时进入

开展广告活动与产品上市采取同步策略,是零售商店或展销会期间常用的方法,满足了消费者对新产品想立即购买的心态,其广告效果显现及时。

3. 置后进入

产品先行上市试销后,根据销售情况分析把握这种产品的市场规模与销售潜力,决定广告投入的时机与数量。这是一种较稳妥的广告发布策略,可能在目标市场上更为准确。

(二)广告时机策略

1. 节假日时机

节假日有政府法定的和民间风俗等形成的形式,由于人们闲暇时间增多,往往形成某种消费高潮。节日消费一般具有明显的特点,如传统的春节、元宵节、清明节、中秋节等,这类广告要求有自己的特色,推动节日消费形成高潮。假日消费以日常生活用品和娱乐性消费为主。零售企业和服务行业一般在节假日数天前便开展广告宣传,让消费者有充裕的时间酝酿和形成消费动机。节假日过后,宣传便告一段落。

2. 季节时机

季节性商品一般有淡、旺季之分,企业往往抓住旺季销售的大好时机,投入较多的广告费,增大广告推销力度。转入淡季后,广告宣传在数量和频率上都适当减少。当然,目前少数商品也采用反季节广告宣传方式。例如,格力空调在广州冬季时也大做广告,以价格优势为主要诉求点,让用户"冬备夏凉",从从容容地得到更多的实惠。

3. "黄金"时机

电视和广播均有广告发布的最佳"黄金"时机。在这些时段上发布广告接受率最高,广告传播效果最好。许多企业不惜重金,以竞争投标的方式取得这些时段。如中央电视台黄金时段的广告竞拍一直受到广告界和企业界的高度重视,许多省(自治区、直辖市)的电视节目也纷纷仿效中央电视台拍卖广告的黄金时段。

4. 重大活动时机

企业每年的几次重要节日,如企业的开张、庆典或获奖时机,以及某些重要文化或体育赛事等活动,都是推出广告的极好时机。这些广告由于注意融入节日或文化气氛,广告信息具有易被接受、传播面广及效果好的特点。

二、广告的发布媒介

广告的发布是产品促销活动中重要的实施环节。同时,由于购买媒介需要支付大量的费用,因此广告媒介策略就直接影响促销的效益。从这个意义上说,媒介策略就成为促销活动核心内容。在具体的媒介策略选择过程中,有必要重点考虑以下五个方面的问题。

第一,确定广告的接触度、频率与效果。接触度是指在一定的时期内应有多少目标受众接触到该广告活动。频率是指在一定的时期内,平均每位目标受众应接触到该信息的次数。媒介效果是指信息展露所应有的定性效果。

第二,选择主要的媒介类型。在选择主要的媒介类型时,应考虑的因素包括目标受众的媒介接触习惯,产品自身特点及其与媒介的关联性,信息和成本等。

第三,选择特定的媒介工具。媒介规划人员在评估时须考虑到各媒介的特性,才能判断哪些特定的媒介工具足以达到最佳的广告接触度、频率和效果。媒介规划人员也常要计算

第九章 广告制作、发布与代理

特定的媒介工具每接触一千人的单位成本及为每一种媒介制造广告所需花费的成本。

第四,决定与媒介接触的时程安排。广告客户必须决定如何安排全年的广告支出时间。公司可以根据销售的季节增减其广告支出,或整年都维持同样的广告支出。同时,广告客户还要选择广告的播放方式,在持续式广告和间歇性广告之间进行选择。其中,持续式广告指在一定时间内均匀地播出广告,间歇式广告指在一定时期内非均匀地播出广告。

第五,确定媒介的地域分布。媒介的地域分布与广告预算密切联系。两者恰当地配比才能保证广告支出的效率。

三、广告的发布频率

广告发布频率是指在一定广告周期内广告发布的次数。广告可依据需要,交替使用固定频率策略和变化频率策略。

(一) 固定频率策略

固定频率策略是均衡广告时间常用的时间频率策略,其目的在于实现有计划的持续广告效果。固定频率策略有两种时间序列:均匀时间序列和延长时间序列。均匀时间序列的广告时间按时限周期平均运用。延长时间序列是根据人的遗忘规律来设计的,其广告的频率是固定的,但时间越来越长。

(二) 变化频率策略

变化频率策略是指在广告周期内用各阶段投放次数不等的方法来发布广告的一种策略。改变广告频率可以使广告声势能适应销售情况的变化,它常用于集中时间策略、季节时间策略和节假日时间策略,以便借助于广告次数的增加,推动销售高潮的到来。变化频率策略有以下三种类型。

1. 波浪序列型

波浪序列型的广告频率是从递增到递减,又从递减到递增的变化过程。这一策略适用于季节性、流动性强的商品广告。

2. 递升序列型

递升序列型广告频率由少到多,至高峰时突然而止,适用于节日性广告。

3. 递降序列型

递降序列型广告频率由多到少,由高峰跌到低处时突然而止,适用于文娱广告、企业新开张或优惠酬宾的广告。

四、广告的发布区域

选择广告发布区域的策略可以从两个角度考察:一是广告的覆盖方式,二是广告的传播范围。

(一) 从广告的覆盖方式考察

从覆盖方式看,选择广告的发布区域策略主要包括以下五种类型。

1. 全面覆盖

全面覆盖是指集中一段时间对某一目标市场进行突击的广告攻势,以迅雷不及掩耳之势全面覆盖目标市场。这种广告策略讲求速度和整体性,采取覆盖面大的媒介及媒介组合,对某一地区展开大规模的广告活动,像闪电一样在市场全面展开,多频率、多方位刺激视听,增强形象和品牌的知名度。

2. 重点覆盖

重点覆盖是指选择销售潜力大的子市场即重点区域,有目的、有重点、有选择地进行广告宣传活动,能起到节省广告费、提高效益的作用。

3. 渐次覆盖

渐次覆盖是指对几个不同地区的广告宣传分阶段、循序渐进地逐一覆盖。有的采用由近及远的市场策略,与此相适应广告也逐一推进,慢慢渗透,而不必在目标市场范围内全面展开。

4. 特殊覆盖

特殊覆盖是指在特定的环境条件下,对某一地区或某种特定的消费群体有针对性地进行覆盖。

5. 脉冲刺激

一件事物,对人的感官刺激的次数越多,人们对它的记忆就越深。对同一地区采取脉冲式的广告形式频频刺激该地区的受众,将起到意想不到的效果。

(二) 从广告的传播范围考察

选择广告发布区域的策略有以下五种形式。

1. 地方性广告策略

地方性广告策略是当产品或观念仅在一个城市或乡镇、直接贸易区域、生活范围内传播时所采取的广告策略。企业一般较重视选择地方性的广告媒介,如户外广告媒介或地方性新闻媒介。另外,有些行业的新产品为了试探一下市场反应,有时需要在某个地方或商店开展试销,也可选择此策略,采用当地报纸、大众读物、售点广告、展销会广告等。

2. 地区性广告策略

地区性广告策略是在某种产品或消费观念适用于某个地区,具有共同特征的自然地理、风俗习惯、民族或语言等条件时所采取的广告宣传策略。地区性与地方性相比,范围更大,可能包括几个省(自治区、直辖市),或者一些毗邻的贸易区。地区性广告宣传,可以选择地区性广告媒介,如全国性媒介的地区版或地区节目。

3. 全国性广告策略

有的商品或观念适宜在全国性范围内传播,这时所采取的广告宣传媒介应是针对全国范围的全国性报纸杂志、广播电视,也可以选择户外、交通、电影等流动性范围大的媒介。

4. 世界性广告策略

该策略通常是在主销市场或欲打入的市场,确定适当的媒介开展广告宣传的策略。这可以通过国际广告咨询机构或使馆商务部门的参赞等途径,来加以选择。

5. 选择性广告策略

有的产品或观念广告,适应特殊的对象。这些特殊对象可能存在于某个地方、地区,也可能存在于全国和全世界。在选择广告媒介时,要注意其专有性,如某些专业性杂志。

第三节 广告代理

一、广告代理的含义与类型

(一)广告代理的含义

广告代理是指广告代理人在被代理人授权范围内,以被代理人名义所从事的直接对被代理人产生权利、义务的广告业务活动。广告代理制是国际上通行的广告经营体制,是以广告公司为中心,联结广告主与广告媒体的广告经营体制。实行代理制,即是由广告客户委托广告公司实施广告宣传计划,广告媒介通过广告公司承揽广告业务。广告公司处于中间地位,为广告客户和广告媒介双向提供服务。广告代理具有双重代理的性质:一方面,它全面代理广告客户的各项广告活动。在广告代理制度下,广告客户必须委托有广告代理权的广告公司代理其广告业务,不得与广告媒介单位直接联系发布广告(分类广告除外),这样可以有效保证广告客户的广告投入的效益。另一方面,它又代理媒介的广告时间与广告版面的销售,为媒介承揽广告业务。也就是说媒介单位不能直接面对广告客户承接广告的发布、设计和制作等业务,这些活动都应该归属于广告公司的业务范畴。

(二)广告代理制的类型

广告代理业根据广告主的不同需求提供相应的服务,形成了多种形式的广告代理业务,其常见类型有以下四种。

(1)独立媒介代理。广告代理商专门进行媒介计划和购买媒介版面,不负责广告的设计与制作的工作。最早的广告代理多为这种形式。

(2)点菜式代理。广告代理商按照广告主的需求提供专门服务。如新产品投放市场的宣传攻势 CI 计划、促销活动的开展等。但这种代理方式往往因为服务活动缺乏综合性而影响广告的促销效果。

(3)非大众传播的广告代理。广告代理商的业务范围包括公关活动、市场调研、直销广告、促销活动等。这种非大众传播的广告表现出较快的增长势头,多样化的宣传形式日益受到广告主的重视。

(4)专业性的广告代理。这类广告代理经营特定专业领域的广告业务,擅长某类商业广告或某种媒介的广告业务,多见于工业品广告代理、消费品广告代理、金融业广告代理、娱乐业广告代理等。

二、广告代理制的内容和作用

广告代理制是指由广告主委托广告公司实施广告宣传计划,广告媒介通过广告公司承揽广告业务的一种广告经营方式与制度。广告代理制突出了广告代理公司在广告运作中的中心地位和作用。在广告代理制下,广告公司处于中介地位,为广告主和广告媒介双方提供服务,成为真正意义上的广告中间商。

（一）广告代理制的内容

我国目前广告代理基本内容包括以下四个方面。

第一，广告主必须委托有广告代理权的广告公司代理广告业务，不得直接通过报社、广播电台、电视台发布广告。但分类广告不在此列，即广告主发布简单的礼仪、征婚、挂失、喜讯、节目预告以及开业广告等，可直接委托报纸、广播电台、电视台办理广告发布业务。

第二，广告媒介本身不允许直接承揽广告业务（分类广告除外）。兼营广告业务的报社、广播电台、电视台发布的广告，必须委托有相应经营资格的广告公司代理。国家允许媒介成立广告公司，但要求媒介广告公司是真正的实体，独立核算，自负盈亏。

第三，代理广告业务的广告公司要为广告主提供全面服务，这些服务主要包括市场调查、广告策划与制作、提供落实媒介计划等。广告公司为广告媒介承揽广告业务，应有与媒介发布水平相适应的广告设计、制作能力，并应能提供广告主对广告费支付能力的担保。

第四，广告主和广告媒体可以自主地选择服务质量好的广告公司为其代理广告业务，实行双向选择。

目前，我国广告代理制的试行范围包括报纸、广播、电视三种传播媒介。凡在这三种媒介上发布分类广告以外的广告，必须委托广告公司代理。广告主利用其他媒介发布广告，目前仍可直接委托媒体办理，也可以委托广告公司代理。

（二）广告代理制度的作用

第一，有利于加强对广告业的宏观调控。政府有关部门可以采取措施，扶持各种类型的广告公司，促进完善其经营机制与提高从业人员素质，还可提高广告业全面服务水平；并且可以集中力量，抓住广告管理重点，防止虚假违法广告的发生。

第二，有利于制止广告业中的不正当竞争。可以促使广告行业内分工明确：广告主进行投资决策，广告公司承担策划、实施，媒介单位负责广告的编排发布。各司其职，互相协作，有利于消除争拉广告的混乱现象。

第三，有利于广告客户广告计划的保证实施。广告公司能提供一班有熟练技能的广告人员，为客户服务。对多数客户来讲，聘用广告专职人才是不合算的。而且，广告公司人员有广泛的市场营销经验，一般比本单位雇员更具有客观性和创造性。因此，客户可以依靠广告公司，全面实施自己的广告计划。

第四，有利于提高广告活动的整体经济性。因为媒介无须与成千上万个广告主洽谈生意，只需与少量的经认可的广告代理商打交道，从而减少了信用风险。并且，广告制作的形式和内容，也将会更加符合要求和规范。

三、广告代理的基本流程

在"广告主→广告代理商→广告媒介"的基本运作模式之中，现代广告的运作形成了以下的一般流程。

第一，广告主根据营销策略和计划制订总体的广告策略和广告计划，包括广告目标、广告费用预算、广告时机、广告规模等。

第二,市场调查与分析,包括市场基本情况、同类产品和竞争对手的情况、消费和消费者情况等。这一环节有时由广告主委托调查公司进行,有时由广告代理商纳入广告策划环节中进行。

第三,广告策划,主要由广告代理商进行,包括依据营销策略制定具体的广告战略与策略、制订具体的广告运作或广告活动计划。

第四,广告创意,主要由广告代理商或者为代理商提供设计、制作服务的机构(如影视广告制作公司等)进行,负责将广告信息转化成富有创造性的广告表现概念。

第五,广告设计制作,主要由广告代理商或者为代理商提供设计、制作服务的机构进行,主要负责将创意过程中产生的广告表现策略转化成具体的广告作品。

第六,广告运动的具体执行和广告作品的发布。广告运动的执行主要由广告代理商负责,广告发布由广告媒介负责。

第七,广告效果测定和反馈,主要内容是对广告效果进行测定并反馈给广告主,由广告代理商或者专门的调查机构负责。

以上流程涉及广告代理公司如何作业的基本模式,其中,处理好与广告主及媒介的关系,是保证广告公司及其所策划的广告顺利运作的重要条件。

 技能训练

阅读下列材料,谈谈你对外国广告代理制度的理解和认识,并分析我国广告代理制度的现状。

国外广告代理制的萌芽

1729年,美国的富兰克林创办了《宾夕法尼亚日报》,他在创刊号的第一版上,在报头下社论的前头开辟了广告栏。在广告经营上,广告经营部门是从属于报纸的职能部门,仅仅以单纯的直接贩卖媒介版面来维持经营。到1841年,帕默在费城开办广告公司,为各家报纸兜售广告版面,自称"报纸广告代理人",宣布广告代理业的诞生。19世纪末,在美国工业革命的推动下,企业经营和销售领域开始由生产阶段向销售阶段转移,企业的经营观念发生了重大变革,开始把目标集中于市场和消费者的研究。广告代理业开始向广告客户提供全职能的、全面服务的近代广告代理。到20世纪,由于传播媒介种类越来越多,广告代理又出现了新的发展,广告公司不仅能够为广告客户制订和实施广告计划,而且还要为提高企业销售效果和企业形象效果而开展整体广告战略制定和实施。广告代理进入了行销代理的时代。

广告经营部门是从属于报纸的职能部门,仅仅以单纯的直接贩卖媒介版面来维持经营。在1880年前后,广告代理的业务范围扩大,开始向广告主提供除媒介版面之外的代办广告设计、制作等劳务服务。这就是历史上的广告技术服务代理阶段。广告代理制是目前发达国家广告业的通行做法,广告代理制是一个国家广告业是否成熟或发达的主要标志。在西方国家,广告公司全面代理广告客户的广告业务,媒介只与广告公司打交道,除分类广告外,不能直接承揽广告业务。

本章小结

1. 广告制作步骤包括制作准备、勾画广告制作图样、确定广告表现、编排组合广告表现、修改及定稿。

2. 电视广告由画面、广告词、音响三大要素构成,其中画面占有主体地位。

3. 广播广告主要包括人声、音乐和音响三大要素。

4. 报纸和杂志广告的制作要素主要包括图形、文字和色彩。

5. 广告进入的时序选择主要包括提前进入、即时进入和置后进入。

6. 广告时机主要包括节假日时机、季节时机、"黄金"时机和重大活动时机。

7. 广告可依据需要,交替使用固定频率策略和变化频率策略。

8. 广告代理的常见类型有四种,即独立媒介代理、点菜式代理、非大众传播的广告代理和专业性的广告代理。

第十章　广告效果测度

 知识要点

1. 广告效果及广告效果测度的含义和特点；
2. 广告效果测度的原则和程序；
3. 广告效果测度的基本方法。

 能力要点

1. 掌握广告效果测度的基本原则和程序；
2. 掌握广告效果测度的基本方法。

 实用链接

1. 中国广告媒体网；
2. 中华广告网。

 关键概念

1. 广告效果：是指广告信息通过广告媒介传播之后所产生的所有直接或间接的影响效应，是媒介受众对广告活动的结果性反应。
2. 广告效果测度：就是通过调查、实验、统计等手段，在广告发布的事前、事中、事后的不同阶段，对广告的效能进行测度。
3. 广告知晓度：是指媒介受众通过多种媒介了解某则广告的比率和程度。

户外广告的效果

A通信公司(以下简称A公司)为了建立企业的品牌形象,改善产品的宣传效果,于2002年在S地区利用多种媒介来进行系列宣传广告,其中包括户外广告,如灯箱广告、户外大牌、交通车身广告等类型。此外,A公司还委托S市电视台、电台等推出每日的报时广告。广告传播注重了针对不同目标消费者采用适当的媒介进行宣传。那么,广告投放后,消费者反应如何?广告的传达是否有效?广告计划是否需要进行调整呢?

针对这些问题,A公司制订了相应的广告效果测评方案,对户外大牌广告采取了现场位置、投放环境目测以及对人流量、车流量检测的方法,对户外大牌所摆放的位置从灯光、可见度、醒目程度、吸引力程度等多个指标进行了测评,对不同地段的户外广告的地势优势、人流量多少进行了排序。最终根据研究人员的调查结果,该公司撤销了某大道路口的户外广告牌,并加大了在某购物中心处的户外广告大牌宣传,从而在最大程度上节省了开支,同时又达到了较好的宣传效果。

第一节　广告效果测度的含义和原则

一、广告效果测度概述

(一)广告效果测度的含义

广告效果是指广告信息通过广告媒介传播之后所产生的所有直接或间接的影响效应,是媒介受众对广告活动的结果性反应。这种影响效应可以分为对媒介受众的心理影响效应、对媒介受众的社会观念影响效应以及对广告产品销售的影响效应。广告效果测度就是通过调查、实验、统计等手段,在广告发布的事前、事中、事后的不同阶段,对广告效能所进行的测度。广告效果测度的内容主要包括传播效果、销售效果和社会效果三个方面。

(二)广告效果的种类

广告效果有狭义和广义之分。狭义的广告效果是指广告所获得的经济效益,即广告传播促进产品销售的增加程度,也就是广告带来的销售效果。广义的广告效果则是指广告活动目的的实现程度,是广告信息在传播过程中所引起的直接或间接变化的总和,它包括广告的经济效益、心理效益和社会效益。

对于广告效果的划分,有不同的标准,并据此可以划分为不同的种类。

1. 按产生效果的时间划分

广告活动展开后,从时间关系上看,广告产生影响和变化会有以下多种情况:

(1)即时效果:广告发布后,很快就能产生效果。如商场里的POP广告,会促使顾客立即采取购买行动。

(2) 近期效果：广告发布后在较短的时间内产生效果。通常是在一个月、一个季度、最多一年内，广告商品的销售额有了较大幅度的增长，品牌知名度、理解度等有了一定的提高。近期效果是衡量一则广告活动是否取得成功的重要指标。

(3) 长期效果：是指广告在消费者心目中所产生的长远影响。消费者接受一定的广告信息，一般并不是立即采取购买行为，而是把有关的信息存储在大脑中，在需要进行消费的时候产生效应，广告的影响是长期的、潜在的，也是逐步积累起来的。

2. 按涵盖内容和影响范围来划分

按涵盖内容和影响范围，广告效果可分为传播效果、销售效果和社会效果，这也是最常见的划分方法。

(1) 传播效果，又称沟通效果、心理效果，是指广告信息传播后对受众所产生的各种心理效应，目的是了解广告在知晓度、认知和偏好等方面的效果，包括对受众知觉、记忆、理解、情感、需求及行为等方面的影响。传播效果是广告传播效力的直接反映，是广告效果的核心因素。

(2) 销售效果，又称经济效果，是指广告主从广告活动中所取得的经济效益，包括由广告引发的产品或劳务的销售和利润变化效果，以及由此引发的市场竞争格局的变化、行业乃至宏观经济的波动等。销售效果是广告主最为关注的效果。

(3) 社会效果，是指除经济效果之外，广告活动对社会文化、伦理、道德乃至政治等方面所造成的影响。社会效果是商业广告活动的衍生物，同时也是公益广告追求的目标。

(三) 广告效果的特性

广告效果的特性主要表现在四个方面，即滞后性、积累性、复合性和间接性。

1. 滞后性

广告活动对媒介受众的影响程度受经济、文化、风俗、习惯等多种因素综合制约。有的媒介受众反应快一些，有的则慢一些；有的可能是连贯的、续起的，有的则可能是简短的、迟效的。一般来说，广告效果在时间上具有明显的滞后性，这种滞后性使广告宣传的效果不能很快、很明显地显示出来。

2. 积累性

广告宣传活动往往是连续不断或反复进行的。某一时点的广告效果都是这一时点以前的多次广告宣传积累的结果。媒介受众从接受广告活动到产生购买行为可能需要一个较长的时期，这段时间就是广告效果的积累期。广告主通过连续不断地、反复地进行广告宣传，不断加深印象，不断激发受众而产生购买欲望，最终产生消费行为。

3. 复合性

首先，广告活动由于应用不同的媒介组合，广告效果往往是各种媒介广告共同作用产生的，具有复合性。其次，广告活动也受到表现手法的影响。广告效果是不同表现手法共同作用的结果，具有复合性。再次，广告主在一个时期有时同时发布观念广告、企业广告、产品广告等不同类型的广告，甚至是不同产品的广告，其效果往往是不同类型的广告共同作用的结果，具有复合性。最后，同业竞争、营销整合甚至社会政治、文化、伦理、道德等因素都能够影响广告效果。

4. 间接性

广告效果的间接性也称为二次或多次传播性。它主要表现在两个方面：一方面，受广告宣传影响的消费者，在购买商品之后的使用或消费过程中，会对商品的质量和功能有一个全面的认识。如果消费者认为商品、服务或企业值得信赖，就会产生安全感，会重复消费；另一方面，消费者还可能会将自己信赖的产品、服务或企业推荐给亲朋好友，从而间接地扩大了广告效果。

（四）广告效果测度的程序

广告效果测度的程序大体上可以划分为确定测度课题、制订测度工作计划、搜索有关资料、整理和分析资料、论证分析结果和撰写分析报告等环节，我们仅对前四个重要环节进行介绍。

1. 确定测度课题

广告效果测度人员要把广告主广告宣传活动中存在的最关键和最迫切需要了解的效果问题作为测度的重点，设立正确、适当的测度课题。

确定测度课题一般有两种方法：一种是归纳法，即了解广告主广告促销的现状，根据广告主的要求归纳确定研究目标；另一种是演绎法，即根据广告主的发展目标以及企业广告促销的现状，分析、确定测度课题。

2. 制订测度工作计划

制订测度工作计划具体包括制订计划、做好组织与人员分工等内容。计划部分尤其重要，其内容应由课题进行步骤、调查范围与内容、质量要求、完成时间、人员组织、费用酬金、委托关系双方应承担的权力与责任等内容组成。组织与人员分工是后续工作有序高效开展的基础，在制订计划的同时，应根据测度课题的要求和测度调查研究人员的构成情况，组建测度研究组；要注意选好课题负责人，要根据人物和成员情况进行合理分工。

3. 搜集有关资料

测度课题搜集的资料可分为外部资料和内部资料。外部资料主要是与企业广告促销活动有联系的政策、法规、计划及市场供求、消费习惯、媒介状况等所在地的有关资料；内部资料包括企业近年来的发展战略、管理状况、产品研发、销售与利润、广告活动、挑战与机遇等。

4. 整理和分析资料

整理和分析资料是指对通过调查等途径所搜集的大量信息资料进行分类整理和科学分析。分类方法有多种，根据需要可以按时间顺序、问题性质、专题范围、影响因素等分类，而较为常见的分析方法有综合分析和专题分析两类。综合分析是从企业的整体出发，综合研究企业的广告效果；专题分析是根据广告效果测度课题的要求，在对调查资料汇总以后，对企业广告效果的某一方面进行的分析。

二、广告效果测度的基本原则

为了确保广告效果测度的科学、准确，在测度过程中必须遵循以下六项基本原则。

1. 针对性原则

针对性原则是指测度广告效果时必须有明确而具体的目标。例如,广告效果测度的内容是经济效果还是社会效果？是短期效果还是长期效果？只有确定了具体的测度目标,才能选择相应的手段和方法,测度的结果也才能准确、可靠。

2. 可靠性原则

广告效果只有真实、可靠,才有助于企业进行决策,提高经济效益。在测度广告效果的过程中,要求抽取的调查样本有典型和代表意义,调查表的设计要合理,汇总分析的方法要科学、先进,考虑的影响因素要全面等。只有这样,才有可能取得可靠的测试结果。如果多次测试的结果相同,说明该测试的可靠程度较高,否则此测试一定存在问题,有必要做进一步的研究。

3. 综合性原则

影响广告效果的因素多种多样,既有可控因素也有不可控因素。对于不可控因素,在测度广告效果时要充分预测它们对企业广告宣传活动的影响程度,做到心中有数。在测度广告效果时,除了要对影响因素进行综合分析外,还要考虑到媒介使用的并列性以及广告播放时间的交叉性。只有这样,才能排除片面性的干扰,取得客观的测度效果。

4. 简便易行原则

在制订广告效果测度计划时,必须坚持简便易行的原则。即在不影响测度要求和准确度的前提下,使测度方案不仅要在理论上可行,而且还要在实施中具有较强的可操作性。

5. 经常性原则

由于广告效果具有时间上的滞后性、效果上的积累性、复合性等特征,因此就不能抱有临时性或一次性测度的态度。本期的广告效果也许并不是本期广告宣传的结果,而是上期或者过去一段时间内企业广告促销活动的共同结果。因此,在广告效果测度时就必须坚持经常性原则,要定期或不定期地测度。

6. 经济性原则

经济性原则要求进行广告效果测度时,要搞好广告效果测度的经济核算工作,尽可能用较少的成本取得较好的测度结果。如所选取的样本数量,测度模式、地点、方法以及相关指标等,既要有利于测度工作的展开,同时也要从广告主的经济实力出发,考虑测度费用的额度,充分利用有限的资源,避免使测度工作异变为广告主的负担。

第二节 广告效果测度的内容和方法

完整的广告活动过程,必然包括对广告的效果评估环节,因为检验广告活动成功与否,最终要看所产生的广告效果如何。概括地说,广告效果测度的内容主要包括广告传播效果测度、广告销售效果测度和广告社会效果测度。

一、广告传播效果测度

广告作品是通过传播媒介与消费者接触的。目标消费者接触到媒介传递的有关信息内

容,会产生各种变化。这些变化是由广告自身所产生的影响带来的,也就是广告的传播效果。对广告自身接触消费者后所引起的变化和影响大小进行考察评估,就是广告传播效果的评估。

(一) 广告传播效果测度的内容

传播效果测度的目的是为了了解广告播出后对受众心理的影响程度,内容包括广告知晓度、认知和偏好等。

第一,知晓度的测度。广告知晓度是指媒介受众通过多种媒介了解某则广告的比率和程度。广告知晓度的计算公式如下:

$$广告知晓度 = \frac{被调查者中知道该广告的人数}{被调查者总人数} \times 100\%$$

广告知晓度用于测度商品或企业不同阶段广告效果,在不同时期具有不同的指导意义。当新产品上市时,广告活动的目标是为了告知媒介受众某品牌产品的存在。当产品处于成长期、成熟期或衰退期时,广告的诉求点则在于产品的功能及特性等方面信息的传输。

第二,内容回忆状况的测度。对广告回忆状况的测度,是指借助一定的方法评估媒体受众能重述或复制出其所接触广告内容的一种方法。"回忆"常被用来确定消费者记忆广告的程度。对广告回忆的方法,主要有无辅助回忆和辅助回忆两种。无辅助回忆又称纯粹回忆,是指让媒体受众独立地对某些广告进行回忆,调查人员只如实记录回忆情况,不作任何提示。如可以问:"请您想想在过去几周中有哪些品牌的方便面在电视上做了广告宣传?"而不能进一步提示:"就是那个小品演员做形象代言人的方便面"等。辅助回忆是调查人员在调查时,适当地给被调查者的某种提示。例如,提示广告的商标、品牌,或色彩、标题,或插图等。如问:"您记得最近看过或听过海尔全自动洗衣机的广告吗?"

第三,受众偏好状况测度。偏好是经济学研究的重要问题之一,它是指在一些竞争产品中,消费者较固定地购买某品牌产品的心理特征。偏好一旦形成,在一定时期内是相对稳定的。偏好也是一种较为常见的消费现象,如某人总是使用(或贬低)一种牙膏、光顾(或诋毁)某家商场,总是对某家企业抱有好感(或偏见)。通过突出广告的诉求点,培养消费者的品牌偏好,对广告主来说是非常重要的。因为偏好一旦形成,在较长时期内将会产生一系列的重复购买行为。

(二) 广告传播效果测度的方法

测度广告传播效果根据安排时间的不同可以分为事前测度、事中测度和事后测度,相应的测度方法也分为三种类型。从广告效果测量的目的看,事前测度、事中测度和事后测度的最大差别在于:事前测度、事中测度的作用在于诊断,以找出并及时消除广告中的沟通障碍;而广告事后测度的作用则是评价广告刊播后的效果,目的是了解广告实际产生的结果,以便为今后的广告活动提供一定的借鉴。

广告作品沟通效果事前测度的方法是:在广告作品尚未正式刊播之前,邀请有关广告专家和消费者团体进行现场观摩。心理效果事前测度常用的具体方法主要有以下几种:

1. 传播效果的事前测度

广告作品心理效果的事前测度,是在广告作品尚未正式刊播之前进行的,主要工作包括邀请有关广告专家和消费者团体进行现场观摩,审查广告作品存在的问题,或进行各种试验(在实验室运用各种仪器来测度人们的各种心理活动效应),以对广告作品可能获得的成效进行评价。根据测度的结果,广告主、广告经营者可以及时调整广告促销策略,改进广告创意与制作,突出广告的诉求点,提高广告的成功率。

传播效果事前测度常用的具体方法主要有专家意见综合法、评分测度法、组群测试法、仪器测试法等。

(1) 专家意见综合法。

专家意见综合法是事前测度中比较简便的一种方法。其常见做法是在广告文案设计完成之后,邀请有关广告专家、心理学家和营销专家进行评价,对广告作品、媒介组合以及可能产生的效果进行多方面、多层次地思考和探讨,对广告文案及媒体组合方式将会产生的效果做出预测,并对广告设计方案提出自己的见解。然后综合所有专家的意见,得出预测效果。为了提高专家意见的可信度,要注意所邀请的专家应能代表不同的广告创意趋势,以确保所提供意见的全面性和权威性。在数量上,专家人数以10~15人为宜,少了不能全面反映问题,多了则花费时间。运用此法事前要给专家提供一些必要的资料,包括设计的广告方案、广告产品的特点、广告主生产经营活动的现状及背景资料等。

(2) 评分测度法。

评分测度法又称消费者评定法,这种方法是把供选择的广告展露给一组消费者,根据他们对广告形式的喜好来判断,并请他们对这些广告进行评比打分,直接审定广告效果。这种评比法用于评估消费者对广告的注意力、认知、情绪和行动等方面的强度。虽然这种测度广告实际效果的方法还不够完善,但一则广告如果得分较高,也可说明该广告是可能有效的。评分测度法常用的广告评分表可参见表10.1。

表10.1 广告评分表

评价项目	说明与提示	分值	评分
广告吸引力	吸引受众注意力程度如何?	10	
	吸引购买者的程度如何?	10	
广告易读性	使受众持续阅读的可能性如何?	20	
认辨力	广告信息或利益的鲜明程度如何?	20	
好感度	广告主题满足消费者诉求的程度如何?	10	
	广告设计激起购买欲望的程度如何?	10	
行为度评价	广告使受众改变购买行为的能力如何?	10	
	受众受广告影响而改变购买行为的可能性如何?	10	
统计			

(3) 组群测试法。

组群测试法是让一组消费者观看或收听一组广告,对时间不加限制,然后要求他们回忆并回答广告内容方面的提问测试,主持人可给予帮助或不给帮助。他们的回忆水平表明广

告的突出性以及信息被了解或记忆的程度。

在组群测试中,必须使受试者观看或收听完整的广告以便能做出系统的评估,组群测试法一次可以测试5～10则广告。在调查中,通常询问的问题主要有:

您对哪几则广告感兴趣?

您喜欢哪一则广告?

这则广告宣传的是什么?您明白了吗?

您觉得广告中的文字和图案是否有需要改进的地方?

看过广告后,给您最深刻的印象是什么?

看了广告后,您有没有进一步了解广告产品的兴趣?是否有近期购买产品的打算?

(4) 仪器测试法。

仪器测试法是在实验室内运用仪器(机械)方法测量广告在人的心理上的反应。自从1890年美国出现广告视力测像机后,类似仪器如视向测量仪、皮肤反射测验仪、心理测量仪等就越来越广泛地被应用于广告效果的实验室测量。

2. 传播效果的事中测度

广告心理效果的事中测度是指在广告活动实施期间随时了解受众反映、测试和验证广告策略是否符合实际的监测活动。事中测度可以直接了解媒介受众在日常生活中对广告的反应,得出的结论也更加准确可靠。但这种测度结果对进行中的广告宣传的目标与策略,一般很难进行修改。只能对具体方式、方法进行局部的调整和修补。常用的广告效果事中测度法有市场试验法、回函测度法等。

第一种方法是市场试验法。选定一两个试验区刊播已设计好的广告,然后同时观察实验地区与尚未推出广告一般地区,根据媒介受众的反应情况,比较试验地区与一般地区之间的差异,就可以对广告促销活动的心理效果做出测度。

第二种方法是回函测度法。这种方法一般采用调查问卷的形式进行。回函法一般要给回函者一定报酬,通常采用有奖反馈的形式,以鼓励他们积极回函反馈信息。调查问卷可以是记名的也可以是不记名的,即使是不记名的,被调查者也被要求将自己的年龄、职业、文化层次、家庭住址、家庭年人均收入等基本情况填在问卷上。调查表中要尽可能详细地罗列调查问题,以便对广告的心理效果进行测试。问卷的调查问题可以根据需要自行设计,但各种问题应当涵盖以下相类似的内容:您看过或听过有关某品牌产品的广告吗?您通过什么媒介接触到某品牌产品的广告?该广告的主要内容是什么?您认为该广告有特色吗?您认为该广告的构图如何?您认为该广告的缺点是什么?您经常购买什么品牌的产品?

广告传播效果的事中测度的主要优点在于它能及时收集反馈信息,并能依据这些信息发现广告沟通中的各种问题,迅速有效地加以纠正;同广告事前测度相比,广告事前测度是在人为的情境中、在较小范围内进行的,而广告事中测度是在实际市场中进行的,因而所得结果更真实、更有参考价值。

3. 传播效果的事后测度

传播效果的事后测度是指在广告活动结束后,有关方面对广告效果所进行的综合评测。

第十章 广告效果测度

它依据既定的广告目标来测量广告结果。因此,测量内容视广告目标而定,包括品牌知名度、品牌认知、品牌态度及其改变、品牌偏好及购买行为等。

广告传播效果的事后测度虽然不能直接对已经完成的广告宣传进行修改或补充,却可以全面、准确地对已做的广告活动的效果进行评估。通过这种评估,可以衡量广告促销活动的业绩、评价广告策划的得失,积累经验、总结教训,以指导以后的广告策划。在美国,广告事后测度几乎成为广告主和广告公司的惯例。

广告传播效果的事后测度有两层含义:其一是当广告刊播过程结束后,立刻对其心理效果进行测度;其二是在广告宣传活动结束后过一段时间,再对其心理效果进行测试。通常,效果测试与广告刊播结束之后的时间间隔主要由媒体的性质决定,同时也要考虑目标市场上消费者自身的特点。如果进行测度的时间过早,广告的时间滞后性效果尚没有充分发挥出来,得出的结论就不准确;如果测度的时间过晚,间隔时间太长,广告效果就可能淡化,得出的结论也有可能不准确。

广告传播效果事后测度常用的方法主要有要点评分法和雪林测度法。

(1) 要点评分法通常是请被调查者就已刊播过的广告的重要内容打分,各项得分之和就是该广告的实际效果。打分的具体内容可参见表10.2。

表 10.2 广告心理效果评分表

项目	评分依据	分值	评分
吸引力	吸引注意力的程度	20	
认知力	对广告诉求重点的认识程度	20	
说服力	广告引起的兴趣如何	20	
	对广告的好感程度	10	
行动力	由广告引起的立即购买行为	20	
	由广告唤起的购买欲望	20	
传播力	由广告文案的创造性而引起的传播程度	20	
综合力	广告的整体效果	20	
统计			

(2) 雪林测度法也称为影院综合测验,是美国雪林调查公司(Schwerin Research Co.)根据节目分析法的原理,于1964年发明的测度广告心理效果的方法。该方法又分为节目效果测度法、广告效果测度法和基本电视广告测验法三种。

首先是节目效果测度法。该方法要求召集一定数量并有代表性的观众到剧场,广告策划者、经营者说明测验的标准以后,请观众按照个人的意见对进行测验的广告表演节目评分定级。评分的级别通常分"有趣""一般""枯燥无味"三个级别。评分测验之后,还要再请观众进一步说明喜欢或讨厌广告节目中的哪一部分,并阐明理由,或者征求观众对广告节目的意见、建议。广告主、广告经营者对整个测度过程所收集的改进意见进行统计、汇总,以作为今后设计或制作广告节目的重要依据。

其次是广告效果测度法。广告效果测度法与节目效果测度法的内容基本相同,也是通过邀请具有代表性的观众到剧场或摄影棚,欣赏进行测度的各种广告片。不同之处是,在未看广告片之前,根据入场者持票号码,要求媒介受试者在组织者提供的商品中选择自己喜欢的商品。这些商品中,既有将在广告片中播放的品牌,也有主要竞争对手的品牌。广告片播放以后,请观众再一次做出选择。如果此次结果中所测验的广告商品品牌的选择度高,高出部分就是该广告片的心理效果。通过所得资料进行统计分析,可以综合评定广告的趣味性、传达力、品牌选择倾向和说服力等。

最后是基本电视广告测验法。这种测验法的目的在于客观的评价和判断电视广告片的优劣,力求用标准化的程序测验电视广告的效果。基本电视广告测验的项目主要有趣味反应、回忆程度、理解程度、广告作品诊断、效果评定、购买欲望、广告片的整体效果等。

雪林测度法的优点是客观、全面,能真正反映媒介受众的心理活动状况;但其缺点在于它仅局限于电视广告的效果实验,操作技术性强,成本高,且只能考察消费者初次接触广告时的心理效果。

(三)广告传播效果测度的任务

测度广告传播效果,最重要的任务是测度广告表现效果、媒介接触效果。

1. 广告表现效果的测度

广告表现的最终形式是广告作品,因此,测度广告表现效果,其实就是对广告作品的优劣进行测评。

(1)广告作品的测度内容。

第一,广告主题的测度。广告主题是贯穿广告作品的红线,要求鲜明、突出,诉求有力,针对性强。测评广告主题,就是围绕广告主题是否明确,能否被认可,诉求重点是否突出,与目标消费者的关注点是否一致,能否引起注意,能否满足消费者的需求等问题来展开。

第二,广告创意的测度。主要是对表现广告主题的构思进行检测。看创意有无新意,能否准确、生动地表现和突出广告主题,是否引人入胜,感染力如何。不同类型的广告测评,要求也不一样。对广告创意进行测评,便于充分了解目标受众的有关建议和意见,从而及时调整、修正已有的创意,选择最佳的创意方案,减少广告创作过程中的风险和成本。

第三,广告完成稿的测度。广告完成稿是指已经设计制作完成,但还未进入媒介投放阶段的广告样品。测试广告完成稿,是对广告主题、创意、制作、表现手法等的进一步检测,有利于最后的修补和完善,以保证广告作品能够完美地与目标消费者接触。

(2)广告作品的测度方法。

第一,选好参评测试人员。对广告作品的各项内容进行测评,实际上就是对广告作品的各个创作阶段做出评价。不同内容、不同阶段的测试方法可能不尽相同,但怎样才能达到理想的测评目标,关键在于选择合适的测评人员。参加测评的人员一定要有代表性。

第二,意见反映测试。在广告刊播之前,广告创作人员可对同一商品制作多幅广告原稿,然后邀请预定的诉求对象对不同表现的广告原稿进行评价鉴定。一种方法是采用消费者评价法,由消费者进行评判或进行比较,测验出哪一种广告所引起的反应最大、印象最深;

另一种是采用要点采分法,即预先根据测评的要求,列出评价项目,制成表格,请消费者在表上给各个广告稿打分,以此测度对各个广告稿的印象如何,确定优劣。

第三,室内测度。室内测试有两种形式,一种是节目测验。召集若干名有代表性的观众到剧场,在节目主持人说明测验方法后,由个人按有趣、一般、无趣三个标准进行评分,并请观众具体说明喜爱或厌恶这个节目的哪一部分及其理由,还可进一步征询对节目改进的意见和建议。最后对调查结果进行统计分析,作为今后改进节目内容或形式的参考和依据。另一种是广告测验。与节目测验内容大致相似,邀请有代表性的视听众到剧场或摄影棚,欣赏参加测试的各种电视广告影片。不同的是,入场者要求持票进场,根据票号选择自己喜爱的商品观看。所供选择的广告片,既有广告客户的,也有竞争对手的。在测度之后,请测试对象再次选择自己喜爱的商品。如果参加测试的广告商品选择率高,则说明广告的心理变化效果好;如果不高,则说明广告片还有需要改进的地方。

2. 媒介接触效果的测度

对媒介接触效果进行测度,是对广告受众接触特定媒介和特定广告作品的评判,实际上也是对广告媒介计划的测度。

(1) 广告媒介组合测度。

广告媒介组合测度,也就是评估媒介计划是否正确,选定的媒介及其组合是否针对目标市场进行有效的劝说。测评的内容主要有:

① 广告媒介选择是否正确,能否增加总体效果,形成合力,是否能被所有的目标消费者接触到;

② 不同媒介的传播优势是否得到互补,重点媒介与辅助媒介的搭配是否合理;

③ 媒介覆盖影响力的集中点,是否与广告的重点诉求对象相一致;

④ 媒介的一些主要指标如阅读率、视听率近期有无变化;

⑤ 媒介组合的整体传播效果如何,是否降低了相对成本;

⑥ 所选择的媒介是否符合目标消费者的使用接触习惯及其产生的影响力大小;

⑦ 是否考虑了竞争对手的媒介组合情况,本媒介组合是否有竞争力。

(2) 不同媒介测度的要素和方法。

第一,印刷媒介。印刷媒介主要是指报纸和杂志。对印刷媒介的测度,主要包括三个方面:首先是发行范围和份数。了解某种媒介的发行状况,应包括发行范围和份数两个方面。发行范围主要指该媒介的影响区域,核心是发行数字。可以根据其经过核准公布的数字来参考。其次是读者成分。每种报刊都有其特定的读者群体,这些读者群体与广告的目标受众有着直接的关联。考察报刊的读者对象,主要是看广告需要被接触的目标消费者与媒介所拥有的读者群体之间关系的紧密程度。最后是阅读状况。测度阅读状况,是获取广告认知效果的重要途径之一,是了解、掌握印刷媒介接触效果的重要内容,也是比较复杂的测度工作。

第二,电子媒介。电子媒介接触效果的测度主要包括视听率和认知率等内容。视听率是拥有电视机、收音机的个人和家庭在某一个时间段或者对某一个节目收视、收听所占的比率。广播和电视传递信息都是稍纵即逝,对传播对象的作用在瞬间完成,因而对观(听)众的视听状况难以把握。为了能够吸引广告客户,争取较多的广告投放,有关视听率方面的效果测度一直被高度重视。认知率是个人或家户收看、收听在某一时段或某一节目中插播的广告的比率。但实施这一比率的调查难度更大,要求更加严格和细密。

第三,互联网媒介。互联网媒介的测度,主要侧重于两个方面,即访问和购买数据、访问停留与活跃时间。就访问和购买数据而言,主要观察潜在目标客户在特定时间内访问广告页面的次数或频率,购买产品的种类和数量;就访问停留时间与活跃时间而言,重点在于关注用户点击链接后在广告页面的停留时间,同时,为了剔除用户点击后因忘记关闭而产生的无效停留,还需要关注用户在该页面进行各种操作(如关注、评价、购买产品)的活跃时间。

第四,几种常见的调查方法。首先是日记式调查法。经过抽样,选择适当数量的调查对象,由他们每天所看的或所听的节目,填入设计好的调查问卷中。一般以家庭为单位,把所有家庭成员每天收视(听)广播电视节目的情况,按年龄、性别等类别,全部记录下来。调查期间,由调查员逐日到被调查家庭访问,督促如实记录。7~10天为一个调查周期,调查期满,调查员负责收回问卷,进行统计分析,算出收视比率。其次是电话调查法。通过打电话的方式,向有电视机的家户询问收看节目的情况。具体做法是:先从电话簿中随机抽样出所要调查的家户,确定好某一时间段,由调查员电话询问被调查对象,问题主要包括是否在家看电视,如果在的话,是收看哪个台的哪一个节目,然后在调查记录表上记下电话回答的内容。电话调查询问的问题要简洁,特别是就一个节目的收视率开展调查。再次是机械调查法,即在调查对象的家庭安置自动记录装置,装置用电话线与专业调查机构的计算机相连,按预定设计的时间自动记录电视节目的收视情况,由计算机汇总统计,向有关客户提供统计数据。这是现在调查电视节目收视率最常用的方法。调查对象按社区家户的比例抽取,样本数据根据需要确定。最后是网络调查法,即利用互联网、手机终端等媒介收集、记录、分析客户反馈信息的方法。该方法具有组织简单、费用低廉、不受时空与地域限制、速度较快等优点。作为一种新兴的调查方法,网络调查法是对传统调查法的有益补充,未来将会得到更广泛应用。

二、广告销售效果测度

广告销售效果测度,主要是利用统计分析方法,对一定的广告投入所带来的销售额、利润额的增减变化进行比较研究,以反映广告的经济效果。所以,广告的销售效果测度也称为经济效果测度。销售额和利润额是衡量广告经济效益的两个基础指标。而在实际进行经济效果测度的过程中,广告效益指标、市场竞争力指标等是常用的分析指标。

(一)广告销售效果测度的内容

第一,广告效益指标。广告效益指标,通常指每支出单位广告费用能够带来的销售额、利润额的增加量,包括单位广告费用销售增加额和单位广告费用利润增加额等指标。

第二,市场竞争力指标。市场竞争力指标一般通过市场占有率来反映。市场占有率是指企业某种产品在一定时期内的销售量占市场同类产品销售总额的比率,或单位广告费用销售增加额与同行业同类产品销售总额的比率。市场竞争力指标在一定程度上反映企业产品在市场上的地位、竞争力和广告的市场拓展能力。

(二)广告销售效果测度的方法

广告的销售效果一般要比传播效果难以测度,因为销售除了受广告促销的影响外,还受其他许多因素的影响,诸如产品特色、价格、售后服务、购买难易程度以及竞争者的行动等。这些因素越少,因素的可控制的程度越高,广告对产品销售量的影响就越容易测度。

常用的广告销售效果测度的方法主要有以下几种。

1. 销售试验测度法

销售试验测度必须首先选择某地区作为广告宣传的试验区,试验区的经济结构最好具有独立性,不受周围地区的影响;其次要尽量控制这一地区的其他一切影响销售量的因素,让广告宣传成为影响销售量的唯一因素。试验的做法是在被测试地区内选择若干个销售点,同时销售某种商品,其中有的做广告,有的不做广告。然后根据销售点销售量之差进行统计分析,计算得出效果指数。

2. 比率计算法

比率计算法是通过广告活动前后企业销售额、利润额的变化数据以及广告费用等资料进行统计分析,计算出各种比率,用于衡量广告效果的经济效益。常用的分析方法有广告费用比率法、广告费用利润率法、单位广告费用销售增加额法、市场占有率法、广告商品购买率法、广告收益法等。

广告费用比率法的计算公式为:

$$广告比率 = \frac{广告费}{销售量} \times 100\%$$

单位广告费用销售率(利润率)是广告费用率的倒数,是指广告销售额(利润额)与同期广告费用的比率,是表示每支出一单位广告费用所能实现的销售额(利润额),其计算公式为:

$$单位广告费用销售率(利润率) = \frac{本期广告后的销售额(利润额)}{本期广告费用总额} \times 100\%$$

该指标越大,则说明广告的经济效果越好。该指标越小,说明广告的经济效果有待改善。

单位广告费用销售增加额法主要核算受广告活动影响的、由单位广告费用所引起的销售额的变化。单位广告费用销售增加率表明本期广告费用总额所引起的销售增加额变化的关系状况。计算公式为:

$$每元广告效益 = \frac{广告后的平均销售量 - 广告前的平均销售量}{广告费用}$$

市场占有率法是一种测度某品牌产品在一定时期、一定市场的销售额占同类产品销售总额比例的方法,其计算公式如下:

$$市场占有率 = \frac{某种产品的销售额}{同类产品的销售总额} \times 100\%$$

广告商品购买率是指单独受广告影响而购买广告商品的人数占购买广告商品的人数的比重。通过比较每次广告或同一广告在发布后不同时间的广告效果指数和广告商品购买率,就可知道广告效果的差异。数值越大,说明广告效果越好。

广告收益法是测度广告的绝对收益,其计算公式为:

广告收益＝(本期广告后的销售量－本期广告前的销售量)×单位产品的利润额
－本期广告费费用额

即:
$$A=(S_2-S_1) \cdot P - R$$

上式表明,如果 $A>0$,则说明广告的经济效益是好的;反之,若 $A<0$,则说明是亏本的。

3. 综合测量法

综合测量法是根据下列七项指标来检查广告所取得的经济效果的方法。

(1) 受众是否对该企业或该产品已经有了认识或了解;

(2) 受众是否在提到该企业的时候就想起了他所经营的产品;

(3) 是否招来了新顾客;

(4) 受众是否对该企业产生了好感,或对其产品增强了信心;

(5) 是否使老顾客知道了企业最近的业务活动概况及其发展计划;

(6) 是否在增加了销售的同时还降低了成本;

(7) 是否起到了调节价格、调节商品品种、调节营业额的作用。

三、广告社会效果测度

广告宣传的社会效果是指广告刊播以后对社会政治、文化、伦理等方面的影响。这种影响不是广告活动本身所要达到的目的,却是广告活动所带来的必然产物,有正面的影响也有负面的影响。广告社会效果的测度就是对这种影响的测度。

(一) 广告社会效果测度的内容

1. 真实性与科学性

广告活动要取得良好社会效果,首先必须做到真诚为本、尊重科学。广告宣传如果含有欺骗、浮夸、迷信等内容,就不可能带来良好的社会效果。

2. 合乎法律与道德规范

法律与道德规范是社会价值观念的集中体现,是社会得以健康发展的基础。广告活动必须在法律的框架内、在道德允许的范围内,才能取得良好社会效果。是否合乎法律与道德规范,这是广告社会效果测度的重要内容。

3. 公正性与公平性

广告是宣传广告主及其商品、服务为目的的,难免涉及其他企业、个人以及其他同类商品、服务。广告活动必须本着公正、公平的原则,自觉维护市场经济秩序。广告主和广告经营者在广告经营活动中不应排斥、诋毁其他企业和其他产品,不应利用广告媒介误导消费者。

4. 有利与有益

广告活动应当有利于精神文明建设、有益于社会生活。一般来说广告创作应当体现以下几个有利的原则:有利于引导消费者健康消费,反对奢靡;有利于弘扬中华民族精神和民族文化,增强民族自信心与自豪感;有利于普及推广科学知识、破除和反对封建迷信和伪科

第十章　广告效果测度

学;有利于维护社会公共秩序和树立新的社会风尚;有利于树立健康文明的女性形象;有利于维护未成年人的身心健康和培养儿童良好的思想品德。

（二）广告社会效果测度的方法

测度广告的社会效果,主要采用事前测度和事后测度两种方法。测量广告的短期社会效果时,可采用事前测量法、事后测量法。通过接触广告之前之后的消费者在认知、记忆、理解以及态度反应的差异比较,可测度出广告的短期社会效应。具体的操作手段与测度广告传播效果的方法大体相同。测度广告的长期社会效果时,需要运用较为宏观的、综合的、长期跟踪的调查方法来测度。长期社会效果包含对短期效果的研究,但是还远不止这些,同时要考虑广告复杂多变的社会环境中所产生的社会效果。这方面的研究更多属于人文科学范畴。

1. 事前测度

事前测度在广告发布之前进行。主要是邀请有关专家学者、消费者代表等,从有关法规、道德、文化等方面,对即将推出的广告可能产生的社会影响做出预测评析,包括广告的诉求内容、表现手法、表达方式、语言等,综合有关意见和建议,发现问题,及时修订改正。

2. 事后测度

事后测度在广告发布之后进行。可采用回函、访问、问卷调查等方法,把广大消费者的意见及时收集整理,分析研究社会公众对广告的态度、看法等,据以了解广告的社会影响程度,为进一步的广告活动决策提供参考意见。

 技能训练

阅读下述资料后回答问题。

福特实验:测出你的秘密

福特的市场人员在消费者脑神经研究领域完成了一项探索性实验。福特汽车研究的重点之一是希望认知神经科学研究技术能够帮助他们了解,如何让消费者对福特品牌产生情感上的共鸣。福特公司曾在投放电视广告之前,系统地针对目标群体进行测试调查,但是有时候那些被测试者太客气了,只说一些公司想听的好话。而且这种测试还有一个局限性,就是参与者往往只表达他们有意识的反应,而非常重要的潜意识反应却很难得到。18个月前,福特委托英国的 Pre-Diction 公司,在墨尔本斯威本科技大学脑神经教授理查德·塞尔伯斯坦的带领下,使用一种特殊装置进行了一项研究。受试者戴上装有电极的装置,观看福特和一些其他汽车厂商的电视广告节目。电极装置记录下了大脑中不同部分脑电波的活动强度,从而找寻出哪一个广告更能引起强烈的感官刺激。"虽然这只是一个试验,但我们认为它很有意义。"福特欧洲市场与联络部的经理马提亚·昆斯特说:"我们认识到真实地了解情感表现非常重要,我们必须认真考虑。"

问题(1):案例中所使用的是哪一种广告效果测评技术?对于案例中提到的公司,这样的测评方法是否合适?谈谈你的看法。

问题(2):谈谈如何正确选择广告效果测评方法。

某化妆品广告效果测评

某化妆品店为促进销售,在新年期间利用商品推销员在商店里开展宣传商品活动,散发商品说明书,免费赠送小包装试用品等,直接导致了商品销售量的变化。该化妆品店对本次促销活动的实际情况进行了调查,并通过商品销售量的变化程度来认定此次广告活动的效果。

问题:请说明该广告经济效果的测度运用了哪种方法?这种测度方法需要哪些数据作为支撑?

本章小结

1. 根据广告效果的层次性,可以将广告效果划分为心理效果、经济效果和社会效果。广告效果的特性主要表现在四个方面,即滞后性、积累性、复合性和间接性。

2. 为了确保广告效果测度的科学性和准确性,在测度过程中必须遵循以下六项基本原则,即针对性原则、简便易行原则、可靠性原则、综合性原则、经济性原则和经常性原则。

3. 概括地说,广告效果测度的内容主要包括广告传播效果测度、广告销售效果测度和广告社会效果测度。

4. 传播效果事前测度常用的具体方法主要有专家意见综合法、评分测度法、组群测试法、仪器测试法等。常用的广告效果事中测度法有市场试验法、回函测度法等。广告传播效果事后测度常用的方法主要有要点评分法和雪林测度法。

5. 广告销售效果测度的方法常用的有销售试验测度法、比率计算法、综合测量法等。

6. 广告的社会效果主要采用事前测度和事后测度两种方法。事前测度包括广告的诉求内容、表现手法、表达方式、语言等方面。事后测度可采用回函、访问、问卷调查等方法。

第十一章　广告战略与策略

 知识要点

1. 广告战略的含义和确定机制;
2. 广告策略的构成。

 能力要点

1. 能从广告战略和广告策略的角度,对企业的广告运动展开有效的评价;
2. 能进行简单的广告战略与策略设计。

 实用链接

1. 中国广告协会网;
2. 中国广告媒体网;
3. 第一赢销网。

 关键概念

1. 广告战略:是指企业为了实现一定的经营目标与传播目标,通过对企业内部条件与外部环境的调查和分析,在把握广告发展变化规律的基础上制定的对广告活动具有全局性和较长时期指导意义的决策。
2. 广告策略:是广告运动过程中具体环节的运筹和谋划,是实现广告战略的措施。

海信欧洲杯赚翻:仅央视直播广告价值 5.7 亿

广告价值巨大、品牌认知得到快速提升、市场拉动明显……2016 年 7 月 15 日,海信集团举行"欧洲杯营销总结媒体沟通会",公布了相关数据。全球赛事转播中仅央视 CCTV-5 直播折合广告价值 5.7 亿元。

根据 CSM(中国广视索福瑞媒介研究)数据,央视欧洲杯电视直播累计覆盖 4.24 亿受众;截止到 7 月 11 日全部 51 场赛事,平均收视率 1.203%。决赛尽管在凌晨 3:00,平均每分钟也有 714 万人观看,收视率高达 1.934%,这个数据接近央视王牌栏目《新闻联播》,也超过了上一届奥运会。51 场比赛中,海信 HISENSE 单场广告露出时长为 415 秒,累计露出时长 21165 秒。仅按直播前后中场等同时间段 15 秒广告单价核算,折合广告总金额为 5.7 亿元。此外,整个赛事,国内全媒体、全平台新闻照片、回放等报道海信海量露出,广告价值无法评估。

巨大的曝光和品牌认知提升直接刺激了产品销售。国内市场:6 月份,海信销售额市场份额达到新高 18.74%,环比提高了 1.87 个百分点,销量市场份额提高 1.51 个百分点,品牌指数由 104 提升到 106。欧洲市场:海信电视销售第二季度同比提高了 56%,环比增长了 65%;海信 43M3000 出货为法国市场月度销量第一;德国 Amazon 网站,海信 65 英寸产品是 60~69 英寸单品销量第一名。

业内人士评价,凭借欧洲杯,海信跻身国内一流品牌,并在海外彻底拉开了与中国同行的距离。

第一节 广告战略

一、广告战略的含义及其确定机制

(一)广告战略的含义

企业开展广告活动,尤其是在进行长期性的广告活动之前,首先思考的通常不是采用什么样的广告创意、广告表现、广告媒介等微观方面的问题,而是考虑如何通过广告活动的配合促进企业的经营和发展、促使实现企业广告战略目标等宏观方面的问题。这里的微观方面即广告策略,宏观方面即广告战略。

1. 广告战略的含义

具体地说,广告战略是指企业为了实现一定的经营目标与传播目标,通过对企业内部条件与外部环境的调查和分析,在把握广告发展变化规律的基础上制定的对广告活动具有全局性和较长时期指导意义的决策。它是企业从广告运作的全局出发,为了实现广告目标,而制定的对广告活动具有长期性指导意义的行动纲领,是广告活动在较长时期内稳定不变的基本方针,是广告运作各个环节必须遵循的根本原则。

科学而富有创造性的广告战略,是广告活动成败的关键。在激烈的市场竞争中,广告战略不当,会使大量的资金付诸东流,而巧妙的广告战略则可以运用少量的资金取得较大的效果。

2. 广告战略的特征

优秀的广告战略应充分体现下列五个基本特征。

第一,全局性。广告战略的全局性主要体现在两个方面:一是要服务于企业营销战略。企业营销战略是企业在一定的经营思想指导下,分析企业外部环境、内部条件,确定市场营销目标,对企业营销的要素进行最佳组合后,制定出的实现这些目标的长期的、系统的、全局的谋略。广告战略是企业营销战略的一部分,它既要体现企业营销总体构思的战略意图,又要服从于企业营销战略,并创造性地服务于企业营销战略。二是要着眼于广告活动全部环节。广告战略作为对广告活动的整体规划和总体设计,本身就是一项系统工程,它并不研究广告活动的每一个具体步骤,而是从实际出发,研究广告活动在整体上应持什么态度、坚持什么原则,把握什么方向,着眼于广告活动的全部环节。

第二,指导性。广告战略是对整个广告活动过程的统筹和谋划,对广告过程中的各个具体环节都有指导意义。广告战略策划所要解决的是整体广告策划活动的指导思想与方针的问题,它对广告策划的实践性环节提供了宏观指导,能使广告活动有的放矢、有章可循。

第三,对抗性。作为市场竞争产物的广告活动,其战略设计要针对主要竞争对手的意图,制定出符合实际情况的抗衡对策。

第四,目标性。广告战略目标的确定是广告战略设计的首要任务,广告战略的设计必须确定明确的广告战略目标。目标确定之后,还要明确实现目标的相应指标,即确定目标的计量标准。没有广告目标或者广告目标不明确,广告战略设计也就失去应有的意义。

第五,稳定性。广告战略是在市场调查的基础上经过分析研究制定的,对整个广告活动具有牵一发而动全身的指导作用,在一定时期内具有相对的稳定性。当然,随着条件和环境的变化,广告战略也应具有一定的适应性。但在一般情况下,没有充分的理由和迫不得已的原因,广告战略是不能随意改变的。

(二) 广告战略的确定机制

广告战略的确定一般要相继开展下述六项工作。

1. 分析企业营销活动的微观环境和宏观环境

内部环境的分析主要是对产品和企业进行分析。外部环境的分析主要是指对市场环境、消费者和竞争者的分析,同时还涉及政治、经济、技术、社会等。分析环境的基本目的是找出外部环境中的问题与机会,认识自身的优势与弱势,利用、把握有利因素,消除、克服不利因素,从而制定出正确的广告战略。

2. 确定广告战略思想

广告战略思想是广告活动的指南,往往决定了整个广告战略的基本特征和价值取向。以下几种思想观念对广告战略会产生不同的影响。

(1) 积极进取的观念。持这种广告战略观念的企业对广告的作用十分重视,其在思想和行为上是积极进取的,战略指标是扩张型的,战略姿态是进攻型的,对市场环境的变化反应是迅捷的。

(2) 高效集中的观念。持这种广告战略观念的企业很重视广告的近期效益,在广告战略策划中强调"集中优势兵力,打歼灭战"。以集中的广告投资和大规模的广告宣传,在某一个市场上或某一段时间内形成绝对的广告竞争优势,以求短期内集中奏效。持高效集中观念的企业一般具有较强的经济实力,能达到集中投资、及时见效的目的。

(3) 长期渗透的观念。持长期渗透观念的广告战略策划者特别重视广告的长期效应,在广告战略中强调"持之以恒,潜移默化,逐步渗透"。持长期渗透观念的企业一般面临的市场竞争比较激烈,产品的生命周期较长,企业要在广告宣传上及时奏效困难很大,需要花费较长的时间付出较高的代价。所以,企业往往采取长期渗透的战略,以逐步增强企业在目标市场上的竞争优势。

(4) 稳健持重的观念。具有稳健持重战略观念的企业对广告的作用也比较重视,但在思想和行为上却比较谨慎,一般不轻易改变自己的战略方针。这类企业主要以维持企业的现有市场地位和既得利益为主要目标,很少有进一步扩张的要求,其战略姿态往往是防御型的,以抵御竞争者的进攻为主。

(5) 消极保守的观念。持消极保守观念的广告战略策划者对广告的战略作用不很重视,在思想和行为上比较消极被动。广告活动的主要目标在于推销产品,一般在产品畅销时就停止广告宣传。持消极保守观念的企业大多缺乏市场营销意识,不懂得广告的战略作用。当然,有些企业由于在经营上处于垄断地位,或由于市场环境的原因而缺乏外在的竞争压力,也会持消极保守的观念。

3. 确定广告战略目标

广告战略目标是广告活动要达到的预期目的,它规定着广告活动的总体任务,决定着广告活动的行动和发展方向。确定广告战略目标就是企业根据实际情况选择确定适合本企业发展的广告战略目标。从不同的角度,广告战略目标可进行不同的分类。以下是几种最常见的广告战略目标分类。

(1) 按内容划分,广告战略目标可以分为产品推广目标、市场扩展目标、销售增长目标和企业形象目标。

产品推广目标是指通过一个阶段的广告活动使企业的产品为目标消费者所接受。以产品推广为目标的广告战略旨在扩大产品影响力,提高产品的知名度和美誉度,关注广告的覆盖面和目标消费群对广告的接受程度。新产品导入期的广告宣传多采用此目标。

市场扩展目标是指通过一个阶段的广告活动吸引新的消费者加入产品的消费行列。以市场扩展为目标的广告战略注重在新的消费群体中树立产品或企业形象,改变消费者原有的消费观念。

销售增长目标是指通过一个阶段的广告活动使产品的销售额增加到一定程度的广告策略,采用此目标一般注重对消费者的购买欲望进行刺激,适用于在市场上已有一定影响力的

第十一章 广告战略与策略

产品。

企业形象目标是指通过广告活动,提高企业的知名度和美誉度,建立良好的公共关系,增强企业的影响力。企业形象目标的关注重点是企业和目标消费者之间的情感沟通。

(2)按阶段划分,广告战略目标可以分为创牌广告目标、竞争广告目标和保牌广告目标。

创牌广告目标旨在开发新产品和开拓新市场。即通过对产品的性能、特点和用途的宣传,增加消费者对产品的认识、理解和记忆程度,从而提高产品的知名度。

竞争广告目标旨在提高产品的市场竞争力。即通过宣传本企业产品不同于其他产品的优势所在,使消费者认识到本企业产品的特殊利益点,增强消费者对本产品的偏爱,促使消费者认牌购买,并努力改变消费者对竞争产品的偏好态度。

保牌广告目标旨在巩固原有的市场,深入发掘潜在市场和刺激消费者的潜在需求,提高产品的市场占有率。即通过在广告活动中加深消费者对产品的认识和印象,劝说和诱导消费者保持对该产品已有的好感和偏爱,形成购买习惯,并促使潜在消费者对产品发生兴趣、促成购买。保牌广告目标的诉求重点是保持和诱导消费者对本产品的好感与偏爱。

4. 广告战略的选择

广告战略目标一旦确定下来,就进入了广告战略设计的过程。广告战略环境分析是制定广告战略的前提和基础,广告战略目标是制定广告战略的核心,而广告战略设计则是广告战略策划的关键。广告战略的制定主要取决于企业自身因素、外部竞争要素和外部市场要素三者的动态平衡,因此我们着重强调从这三个方面制定和选择企业的广告战略要点。

竞争对手间实力的消长、地位的优劣,直接影响甚至决定企业的存亡。因此,每个企业都要制定正确的竞争战略。广告战略是市场竞争战略的重要手段,企业要在激烈的市场竞争中立于不败之地,必须制定与整个竞争战略相符的广告战略。企业要在与同行业的比较中充分认识自身的实力,全面了解本企业的优劣,把握竞争对手的实力,明确本企业在同行业中的地位次序。不同地位次序的企业,其发展战略各不相同,相应的广告策划也要采用位次竞争战略。

任何一种产品通常都有生命周期,产品处在不同的生命发展阶段,其工艺成熟程度、消费者的心理需求、市场竞争状况和市场营销策略等,都有不同的特点。相应的,各阶段的广告战略也就不同,企业需要制定适应的产品市场周期战略。

任何企业,无论其规模如何,都不可能满足所有顾客的整体要求,而只能为自己的产品销售选定一个或几个目标市场。企业的目标市场定位不同,广告战略也就不一样。因此,企业必须依据其目标市场的特点来规定目标市场战略。

5. 发展广告策略

广告的成功,一半在于战略,另一半在于战术,也就是广告策略。广告策略是进行广告活动的具体方式和方法。广告战略要从宏观上确定广告目标,广告策略则是实现广告战略的基础和保证。因此,企业要根据广告战略来确定广告策略,以展开战略,推进战略的实施。主要的广告策略有广告推进策略、广告实施策略和广告促销策略。

6. 制定广告战略预算

广告战略预算规定了广告计划期内广告活动所需的费用总额、使用范围和使用方法。

企业市场竞争必然要投入资金做广告,但是投入多少资金、资金怎样分配、要达到什么效果、如何防止资金不足或浪费等,都需要广告主事先制定一个能够表明某段时间内打算进行各项广告活动经费开支的方案。

二、广告战略的备择空间

(一)位次竞争战略

随着竞争的激化,企业有必要采取位次竞争战略来取胜。所谓位次竞争战略,是指在梯级式的竞争结构中,明确本企业的竞争地位,对不同位次的竞争对手采用相应的对策。如果企业在实际竞争中忽视了自己的地位,采取与自己的位次不相称的对策,就会进入价格竞争、产品更新竞争等各种竞争,不仅会给产业界造成混乱,而且最后也达不到目标。

1. 市场领导者战略

市场领导者是指在相关产品的市场上占有率最高的企业。该企业在价格变动、新产品开发、分销渠道的宽度和深度等方面处于主导地位,是市场竞争的领导者。例如,美国汽车市场的通用汽车公司、饮料市场的可口可乐公司、电脑软件市场的微软公司,中国电冰箱市场的海尔集团等,都是市场的主导者。市场主导者所具备的优势包括:消费者对品牌的忠诚度高、营销渠道的建立和运行高效、营销经验的积累迅速等。市场主导者必然会面临着竞争者挑战,要保持自己的优势,就必须采取一定的措施。

市场主导者为了维护自己的地位,必须在营销策略上精心设计:一是通过寻找新的用户、开发新的用途刺激销量增加,扩大市场需求,增加市场容量;二是通过开发新产品,以新的设计和包装等手段,保护市场,扩大市场占有率。这时,广告战略就必须配合营销战略,在扩大市场需求、进行市场反击等方面发挥其导向作用,实现整体营销战略。

在保牌的广告市场战略里,通常有以下途径可循。

(1)强化领导者地位。获得领导者地位的企业能首先进入人们的内心世界。而保持这一地位的有效办法就是不断加强最初的观念。不间断的广告能够不断提醒人们该企业的实力所在,在这种情况下,广告战略的重点应放在如何经济有效地保持长久又相对强势的广告力度以及如何与人们遗忘心理和求新心理抗衡等方面上。

(2)不断推出新产品与品牌。宝洁公司的多品牌策略就是这种广告策略的典型代表。它在洗涤有关的大部分领域都建立了自己的牌子。对竞争对手围追堵截,需要企业有强大的实力做后盾。广告信息潜在强调的是多个品牌背后的企业形象。比如,在电视广告上,多个宝洁公司品牌的广告常集中播放,表现了其他洗涤类产品无法企及的领导者形象。

2. 市场挑战者战略

市场挑战者是指那些在市场上处于次要地位的企业,如美国汽车市场的福特公司、饮料市场的百事可乐公司等。这些处于次要地位的企业通常有两种战略:一是争取市场领先地位,向竞争者挑战。二是安于现状,和主导者"和平共处"。企业要根据自己的实力和环境变化的需要选择采取相应的广告战略。如选择以挑战者姿态出现,企业就要主动出击,向市场主导者挑战,以争得市场领先地位。这种战略往往采用进攻性的竞争战略,例如采用降价手段抢占市场,或对市场进行细分,采用市场渗透战略,以短期促销和价格竞争打击对手。广告战略同时要配合企业的降价和促销活动,进行大力的造势宣传,吸引消费者,扩大市场份额。

最有效的挑战是重塑定位规则与秩序,这种方式往往在发展的市场中更加适用。这种方式是新秩序挑战旧秩序,是对领导品牌的正面冲击,需要相当的竞争实力,并在营销环节上投入大量资金。当然如果竞争得法,回报也很大,在现实市场中常造成"双赢"的态势。百事可乐对可口可乐长达百年的挑战可谓是最经典的案例。

日产公司的次位战略

在日本轿车产业,处于第二位的日产公司的次位战略,是与第一位的丰田公司休战,不首先采取低价格竞争等策略,而是比丰田公司更注意加强产品力量和技术力量,更早地预先掌握环境变化,并在节省能源的技术革新、海外生产、对国外市场政策等方面,抢在丰田公司的前面适应变化,以便在新形成的市场中争取第一名,然后再慢慢地向原有领域渗透、竞争。而对后位的跟随者三菱、本田等,日产公司的主要对策是,一方面注意扩大与它们在市场占有率上的差距,一方面避免它们和第一位企业结成同盟。

3. 跟随者战略

跟随者战略不是被动地单纯跟随主导者,而是必须找到一条不致引起竞争性报复的发展道路。对于小企业来说,采取进攻性战略会承担巨大的风险,所以,通常较为安全的方式就是仿效市场领先者进行市场营销。

市场跟随者一般采用三种方法:一是紧密跟随,在各细分市场和营销组合上仿效市场主导者;二是距离跟随,与市场领先者保持一定的距离,只在主要市场和产品创新、分销渠道上跟随市场领先者;三是选择跟随,只选择某些方面跟随主导者。

针对不同的跟随战略,相应的广告战略也要进行不同的设计,既要配合跟随战略的发挥,同时又要不致引起领导者的报复。

4. 市场补缺者战略

所谓补缺者,是指精心服务于市场的某些细小部分,而不与市场上主要的企业竞争,只是通过专业化经营来占据有利的市场位置的企业。这种企业要符合以下特点:有足够的市场潜力和购买力,利润有增长的潜力,对主要的竞争者不具有吸引力,企业具备补缺者的资源和能力,企业要有信誉足以对抗竞争者。

市场补缺者希望找到一个或多个安全有利的补缺基点,通过专门化的操作,在被忽略的领域寻求生存发展的机会。广告战略也同样要针对企业的不同特点,在宣传上进行与市场主导者不同的定位,宣传自己产品的优势,避开主要竞争对手,开辟属于自己的领域。

(二) 市场周期战略

产品的市场周期是指一个产品从投放市场到被市场淘汰的全过程,一般经历四个阶段:导入期、成长期、成熟期和衰退期。产品处在生命周期的不同阶段,其工艺成熟程度、消费者的心理需求、市场竞争状况和市场营销策略等,都有不同的特点,因此,广告战略也有所不同。

1. 导入期的广告战略

产品的导入期是指一种新的产品投放市场的初期,市场销售增长缓慢的时期。此时,企业在投入了大量产品研发、生产费用后,消费者对产品还不了解,产品销售不畅。在这一阶段,由于产品刚刚引入市场,还不被市场所接受。此时产品的知名度和美誉度很低,销售量有限,销售增长缓慢,几乎没有利润甚至是负增长。在产品市场周期的这个阶段,企业应致力于在短时间内使市场认知与接受产品。导入期是使产品被市场认可的关键一步,产品进入市场顺利与否关系到新产品推出的成败。

根据该阶段的市场特点,广告战略应以创品牌为目标,使消费者产生新的需要,执行开拓市场的战略。具体战略要点如下。

第一,要以提高新产品的知名度为主,尽力使广告宣传范围较广,使尽可能多的人了解新产品,广告宣传的对象是重点启发那些有可能最先购买的用户。广告形式也要求尽量多样。

第二,广告宣传的中心内容是新产品的功能。要求宣传新产品与以前同类产品的优越之处。

第三,广告宣传的预算不外乎高额和低额两大类。高额类就是企业以高额的广告费用打开局面。这种方法的优点是能以最快的速度进行市场渗透和提高商品的知名度。低额类就是在广告上投入预算较低,在新产品开拓市场中,广告只作为次要地位的手段来使用,辅助配合推销或者营业推广等其他主导性的手段来开拓市场。

2. 成长期的广告战略

成长阶段的标志是销售量的迅速增长。产品迅速被市场接受,市场占有率上升,企业利润增加。由于有大规模的生产和利润的吸引,新的追随者与竞争者进入市场,市场进一步增大,分销网点逐日增多。

企业此时应通过改进产品质量、款式或赋予产品新特点、增加附翼产品,以进入新细分市场与渠道;在需求迅速增加的同时,产品价格应维持不变或略有下降,以保持市场占有率。企业在产品成长期的广告战略目标是紧紧围绕如何进一步提高市场占有率而建立的。应该予以重视的是,能否对商品进行准确的定位,往往会影响商品的整个市场生命。该时期最重要的战略决策就是检查前期的消费者反馈,调整并确定广告定位。广告内容从原先建立知名度出发转向说服消费者接受和采取购买行动上。因为竞争加剧,同时产品的定位也逐渐明确,信息不再仅仅满足于向消费者提供告知性的理性知识,而是加紧了品牌形象的塑造,以求得在目标市场中的长久坚固的地位,竞争性广告开始增多。

3. 成熟期的广告战略

产品在市场上被广泛知晓和接受,消费群体中潜在消费者逐渐减少,这时产品就进入了成熟期。

进入成熟期后,产品的市场供应量虽然有所增长,但市场需求基本趋于饱和,销售增长率下降,利润由缓慢增长转向缓慢下降,原有消费者的兴趣开始转向其他产品或替代产品;市场上同类产品增多,市场竞争更加激烈,同类企业竞相实施多种多样的促销策略,试图扩大产品销售。

这一阶段是企业面临艰巨挑战的时期。此时产品的质量已基本定型,消费者强调选择名牌,市场需求量逐渐饱和,同类企业之间的竞争已达到白热化的程度。应根据需求弹性加大广告投入,同时着眼长远战略目标。这一时期广告战略的重点如下。

第一,转变广告宣传重点,从早期以知名度为主的宣传,转为做整个企业形象的广告。重点宣传本企业的商标、工艺水平、产品质量与服务保证,以求树立名牌的形象。

第二,加大宣传范围、增加促销费用,巩固和进一步开发流通渠道,提高销售现场广告的水平,增强商品的竞争力,赢得消费者的信任。

第三,广告宣传与企业其他促销工作配合而行,如寻找新的市场、改进生产、降低价格等,积极开展其他促销活动,将广告宣传的效果具体落实到实现利润上。

第四,参照竞争对手的广告费用和规模增加或减少广告费用,提高广告竞争的力量。

4. 衰退期的广告战略

所谓衰退期,是指产品在市场上已经非常饱和,销售额下降,利润额逐渐趋向于零的时期。这时,产品要退出市场,或转向另一轮循环。进入衰退期后,产品销售量急剧下降,企业从这种产品中获得的利润很低,大量的竞争者退出市场。

衰退的速度也许是缓慢的,也许是迅速的,导致了企业不同的营销战略。继续经营一种疲软的产品对企业的代价非常高,除了无法收回的显性费用与利润,还有相当多的隐性成本的丧失。企业应尽快分析老化产品的利润挖掘可能,考虑应该采取增加投资,取得竞争优势,还是转移投资以开发新产品,为放弃老产品做准备,逐步淘汰无盈利的分销网点。

这一时期广告战略的重点放在产品新的改良、新的用途上,或放在售后服务上,要根据企业对产品的战略来设计广告战略。企业可以通过广告尽量维持现有市场占有率,保持一定的需求水平,延缓销售量的下降速度,或者将广告重点转移到其他更有潜力的产品上。

(三)目标市场战略

目标市场战略是企业在细分市场的基础上,根据自身的资源优势,选择最有可能进入而且开发潜力较大的市场采取的市场营销战略。企业所选择的目标市场不同,营销战略也就不同,广告战略也随之变化。目标市场战略一般可分为无差异目标市场战略、差异化目标市场战略和集中性目标市场战略,与此相应,广告战略也可以分为无差异市场广告战略、差异市场广告战略和集中市场广告战略。

1. 无差异市场广告战略

无差异市场广告战略是面对总体市场的广告战略,就是一定时间内在一个大的目标市场运用各种媒介组合,做同一主题内容的广告。比如美国可口可乐公司的可口可乐产品遍布全世界,以统一的产品和形象赢得了消费者的青睐,这一广告战略的运用非常成功。无差

异市场广告战略,在新产品处于市场生命周期的导入期与成长期阶段,或者在市场供不应求、还无竞争对手时,或者在竞争不激烈的情况下,是一种经常采用的战略。

无差异市场广告战略,是为了配合企业无差异性营销战略的。无差异性营销战略将总体市场看成同质性的,向市场中的所有消费者推销产品。采用面向总体市场的战略,广告活动就必须充分考虑如何迎合普通大众的需求和口味。首先,广告的语言、形象等必须是大众化的,要用大众熟悉的语言讲话,用大众可以接受的形象来推销产品;其次,广告必须在大众可以接受的媒介上传播;最后,广告还必须能够具体配合这种无差别营销的推广活动,如保持长期稳定的广告形象、广告口号、劝说重点等。

无差异市场广告战略有利于运用各种媒介统一宣传广告内容,能迅速提高消费者对产品的知名度,达到塑造品牌形象的目的。这种广告战略不过多考虑广告的针对性,只需要保持基本形象的稳固即可。目前,这一战略由于针对性不强,不能针对不同的目标市场受众实施广告诉求,因而采用此策略的企业越来越少。

2. 差异市场广告战略

差异市场广告战略是指设计一系列有意义的差异,以使本企业的营销和广告活动与竞争者相区别的广告战略。企业的差异化有市场差异化、产品差异化、性能差异化、服务差异化、渠道差异化等多种不同的内容。而市场差异化是指企业在一定的时间内,针对细分的目标市场,运用不同的媒介组合,做不同主题内容的广告。

通用汽车的崛起

20世纪初期,美国的汽车工业刚刚兴起,福特公司率先采用了流水线生产方式。凭借这一技术上划时代的创新之举,福特公司建立起了同行企业无可比拟的大规模、低成本的竞争优势,一举成长为美国汽车产业的巨人。但是,福特公司19年来坚持只生产一种黑色的T型车,而它的竞争对手美国通用汽车公司,却在差异市场广告战略指导下,推出了高级豪华的富翁型"卡迪拉克"牌汽车、中档的"奥尔兹·莫比尔"牌汽车、低档的"雪佛莱"牌汽车。这些产品推向市场后,通用汽车公司的市场占有率一下升为第一,打败了老牌的福特公司,成为美国最大的汽车公司。

为了配合差异化营销战略,广告战略决策也需要适应这种生产和销售的差异化要求。所以,面对分隔市场的广告战略要求,广告活动应是多样化的,只有如此才能有效迎合各种类型的消费者,并以多种劝说方式推销多样化的产品。这种广告战略下,广告活动不能再是大型的统一行动,而应该采用企业整体广告同具体产品广告相结合的方式。有一定数量和规模地宣传企业自身、企业商标、企业营销标记、企业形象等的广告,连续不断地在大众化的媒介上推出;同时,又有一系列具体宣传各种产品的广告,以不同的劝说方式在各种针对性强的媒介上推出。这两类广告的总体效果是,既不断强化企业的整体形象,又向不同类型的消费者推销不同品种的产品。

面对差异化市场的广告战略形式较为复杂,需要对不同类型的消费者,采用不同的劝说方式,推销不同的产品。如果广告的针对性没有把握好,广告活动就可能会失败。但是,这种广告战略是为了适应市场变化而发展起来的,只要其针对性好,广告的推销效果会更加明显。随着消费水平的提高,消费者的个性化趋向越来越明显,对企业生产的产品提出了更加多样化的要求。所以,差异化市场的广告战略越来越受到重视,被越来越多的企业所采用。

3. 集中市场广告战略

集中市场广告战略就是企业把广告宣传的力量集中在细分市场中的一个或几个目标市场上。这种广告战略,要选择的产品具有优势的目标市场,集中宣传产品的质量、价格、好处、良好的售后服务等内容。实施此战略的企业追求的不是在较大市场占有较小份额,而是在较小的细分市场上占有较大的份额。

采取集中市场战略的企业,一般是本身资源能力有限的中小型企业,为了发挥优势,避免力量分散,只挑选对自己有利的、力所能及的较小市场作为目标市场。

第二节 广 告 策 略

一、广告策略的含义及特征

广告策略是广告活动过程中具体环节的运筹和谋划,是实现广告战略的措施,它具有多样性、针对性、灵活性、具体性等特征。

(1) 多样性。在广告活动中广告策略则是多种多样的,广告活动的各个环节都含有相应的广告策略。因此,广告策略具有多样性。

(2) 针对性。广告策略要针对不同的产品、不同的媒介、不同的消费者、不同的广告活动环节来策划,因此具有针对性。

(3) 灵活性。广告策划主体由于参照的背景条件、媒介的差异而选择不同的广告策略,同时还可以根据变化了的情况做相应的调整,以保证广告战略的实施。

(4) 具体性。广告策略是实现广告战略的手段、方式,侧重于广告活动的具体环节,因此具有具体性。

广告策略虽然有着与广告战略不同的特点,但是广告策略是广告战略的一部分。广告战略与广告策略是全局与局部的关系,二者相互依存。一方面,广告策略是广告战略的组成要素,必须服从和服务于广告战略的总体安排,为实现广告战略目标服务。另一方面,广告战略目标的实现,必须通过具体的广告策略的制定和实施才能取得理想成效。出色的广告战略必须依靠广告策略的具体开展才能顺利达成。

二、广告策略的备择空间

从功效角度看,广告策略主要包括广告推进策略、广告实施策略和广告促销策略。

(一) 广告推进策略

1. 广告主题策略

广告推进策略包括独特销售主题策略,广告表现策略,广告媒介策略。

广告主题是广告的中心思想,是广告的灵魂,它统率广告作品的创意、文案、形象等要素。发展广告主题的一般性策略方法主要有独特销售主题策略、品牌形象策略和产品定位策略。

(1) 独特销售主题策略。

独特销售主题策略是由美国特德·贝茨广告公司的广告设计师罗素·瑞夫斯首先提出的。瑞夫斯认为任何产品都有很多特性,如果能找出顾客最喜欢的特性,那么商品的效能就能为顾客重视。与其他品牌相比,本企业产品的个性越独特,其效用就越大,顾客就越喜欢。

符合独特销售主题的最佳建议,是根据对做广告的产品的分析和顾客对该产品的反应提出来的。采用独特销售主题策略时,必须以广告宣传的产品在功能上有明显的差异为前提,并非所有产品都适用。

(2) 品牌形象策略。

美国奥美广告公司的大卫·奥格威认为,经营威士忌、香烟、啤酒这类商品的企业,顾客很难看出它们之间的差异,因此应该培植品牌威信,使顾客保持对品牌长期的好感,从竞争品牌中确立本品牌的优势地位。品牌策划者在运用这一策略时,必须长期使用某一象征,借以塑造品牌的高级感、高品质形象。

(3) 产品定位策略。

产品定位的观念起源于20世纪70年代。20世纪80年代以后,市场营销专家逐渐将产品定位视为品牌形象,但二者之间有一定的差别。产品定位富有竞争的意识,因为顾客面对洪水般的广告泛滥,已无法从广告中辨别出产品的好坏,所以才有品牌定位理论的产生。产品定位不仅包括品牌印象,而且包括独特销售主题的内容。概括地讲,产品定位是指发现产品在顾客印象中最适当的位置。

2. 广告表现策略

所谓广告表现策略,就是按照广告的整体策略,为广告信息的传达寻找有说服力的表达方式和为广告发布提供成型的广告作品的策划全过程。广告表现策略主要涉及广告创意、广告作品的设计与制作等问题,即要考虑表达、创作的吸引力问题,必须考虑如何通过文字、图像、声音等向消费者诉求产品特征,以吸引众多的消费者。

广告表现要遵循一些基本原则。首先是醒目鲜明,在这个信息传播过剩的时代,即使本身非常具有吸引力的信息也很容易被其他包装得更华丽的信息所淹没。因此,醒目和鲜明是对成功广告表现的首要要求。其次要简洁易懂,受众每天都在通过各种媒介接触大量的信息,对信息的有效注意时间非常有限,因此信息必须简洁易懂,要能够瞬间抓住消费者的注意力。最后要统一均衡,在广告活动中,通过所有形式的媒介传达的广告信息主题和风格应该尽量保持协调,以使受众产生统一完整的印象,因此广告信息应该追求统一均衡。此外还要注重创新变化,受众总是对具有新奇感的信息更容易产生较浓厚的兴趣和较深刻的印象,因此创新和变化是对广告信息的根本要求。

3. 广告媒介策略

(1) 制定媒介目标。

制定媒介目标,即确定具体的媒介发布目标信息力度和针对目标受众的发布时机。简言之,即发布的问题,包括发布的对象、地区、数量和时间等多个维度的策略性选择。

首先是向谁发布。媒介必须能够到达目标受众,这是决定广告效果的重要因素。广告主投入广告费用,最关注的是广告目标的达成。任何一种媒介都有其特定的范围和受众,只有针对目标受众进行传播,才能取得理想的广告效果。

其次是在何处发布,就是说要明确广告发布的空间范围。从理论上讲,只要找到能够与广告主分销系统覆盖的地理区域相吻合的媒介就可以了。在实际运作中,确定媒介发布的还需要对品牌表现、竞争对手的活动等因素加以考虑。

再次是发布多少,就是说应该明确广告发布总量或信息力度。信息力度通常用总印象数来表示。总印象数即媒介受众的总数乘以特定时间内发布广告信息的次数。

最后是何时发布,就是说要明确广告发布时机。选择恰当的时间作为广告推出时间。时机选择应根据消费者购买产品的时间而定。认真了解消费者的购买时间,有助于对广告发布时机做出选择。此外,任何传播媒介自身也都有时间限制。只有把握好信息传播时间,才能达到最佳的广告效果。

(2) 媒介的选择。

首先是媒介门类的选择。有关媒介的门类,通常比较重视主流媒介(如报纸、电视、广播、杂志等)。随着媒介产业的发展,各种新型的广告媒介不断出现,四大媒介虽然仍旧是广告媒介的主力,但其他新兴媒介也不可忽视,如互联网、直邮广告媒介、交通广告媒介以及各种各样的户外媒介等。媒介本身属性各异,并无优劣可分,关键是要找到适合企业广告的媒介。媒介策划人员必须分析产品或服务特性,并根据营销目标和广告目标来衡量媒介是否适用。

然后是媒介具体形式的选择。媒介门类确定之后,下一步要对媒介的具体形式进行选择。对媒介具体形式进行选择的目的是要挑选出最合适的媒介形态。例如,如果建议使用杂志,哪家杂志最合适。

最后还要就媒介的组合做出选择。媒介组合指广告投放过程中对各种媒介的搭配。大多数情况下,广告活动往往并不局限于某一种媒介,一般是几种媒介联合发布。媒介组合主要包括媒介种类的组合、媒介载体的组合、媒介单元的组合。

(二) 广告实施策略

严格地说,广告活动从计划、制作到实施的一系列过程中,在不同的阶段都有各不相同的特点和策略。广告的实施策略主要有差别策略、系列策略和时间策略等。

1. 广告的差别策略

广告的差别策略是以发现差别、突出差别为手段,充分显示企业及产品特点的一种广告策略,包括产品差别策略、服务差别策略和企业差别策略等三方面内容。

(1) 产品差别策略。

产品差别策略是突出产品的功能差别、品质差别、价格差别、花色品种差别、包装差别和销售服务差别的广告宣传策略。因为产品的上述差别可以是新旧产品间的差别,也可以是同类产品间的差别,因此,广告的产品差别策略是具有竞争性的。运用产品差别策略时,首先要发现该产品的功效差别,在设计制作广告作品时要突出它的功效差别,给予消费者能够获得某种利益的鲜明印象。这是在同质同类产品竞争中击败对手的一种有效方法。

(2) 服务差别策略。

服务差别策略的基本原理与产品差别相同,主要是突出和显示同类服务中的差别性,从而说明本企业的服务能给消费者带来更多的方便与利益。

(3) 企业差别策略。

企业差别策略包括企业设备差别、技术差别、管理水平差别、服务措施差别和企业环境差别等各项内容。

总之,产品差别策略、服务差别策略和企业差别策略是在实践中运用较多、效果也较好的差别策略。此外,还有心理差别策略和观念形态差别策略等也较为常用。

2. 广告的系列策略

广告的系列策略是企业在广告计划期内连续、有计划地发布有统一设计形式或内容的系列广告,不断加深广告印象、增强广告效果的手段。广告系列策略的运用,主要有形式系列策略、主题系列策略、功效系列策略和产品系列策略等。

(1) 形式系列策略。

形式系列策略是在一定时期内有计划地发布一系列设计形式相同,但内容有所改变的广告的策略。由于设计形式相对固定,有利于加深消费者对广告的印象,增加企业的知名度,便于在众多的广告中分辨出本企业的广告。这种策略的运用,适合于内容更新快、发布频度大的广告,如旅游广告、文娱广告、交通广告和食品广告等。

(2) 主题系列策略。

主题系列策略是企业在发布广告时依据每一时期的广告目标市场的特点和市场营销策略的需要,不断变换广告主题,以适应不同的广告对象的心理欲求的策略。

(3) 功效系列策略。

功效系列策略则是通过多则广告逐步深入强调商品功效的广告策略。这种策略或是运用不同的商品观念来体现商品的多种用途;或是在多则广告中的每一则都强调一种功效,使消费者易于理解和记忆;或是结合市场形式的变化在不同时期突出宣传商品的某一用途,起到立竿见影的促销作用。

(4) 产品系列策略。

产品系列策略则是为了适应和配合企业系列产品的经营要求而实施的广告策略。产品系列策略密切结合系列产品的营销特点进行,由于系列产品具有种类多、声势大、连带性强的特点,因而在广告中可以灵活运用。

3. 广告的时间策略

广告的时间策略是对广告发布的时间和频度做出统一合理的安排。广告时间策略的制定,要视广告产品的生命周期阶段、广告的竞争状况、企业的营销策略、市场竞争等多种因素的变化而灵活运用。一般而言,即效性广告要求发布时间集中、时限性强、频度起伏大;迟效性广告则要求广告发布时间均衡、时限从容、频度波动小。广告的时间策略是否运用得当,对广告的效果有很大影响。

(1) 按时限运用划分。

广告的时间策略在时限运用上主要有集中时间策略、均衡时间策略、季节时间策略、节假日时间策略等四种。

集中时间策略主要是集中力量在短时期内对目标市场进行突击性的广告攻势,其目的在于集中优势,在短时间内迅速造成广告声势,扩大广告的影响,迅速地提高产品或企业的声誉。这种策略适用于新产品投入市场前后、新企业开张前后、流行性商品上市前后、或在广告竞争激烈时刻,以及商品销售量急剧下降的时刻。运用此策略时,一般运用媒介组合方式,掀起广告高潮。

均衡时间策略是有计划地反复对目标市场进行广告的策略,其目的是为了持续地加深消费者对商品或企业的印象,保持消费者的记忆,挖掘市场潜力,扩大商品的知名度。在运用均衡时间策略时一定要注意广告表现的变化,不断给人以新鲜感,而不要长期地重复同一广告内容,广告的频度也要疏密有致,不要给人以单调感。

季节时间策略主要用于季节性强的商品,一般在销售旺季到来之前就要开展广告活动,为销售旺季的到来做好信息准备和心理准备。在销售旺季,广告活动达到高峰,而旺季一过广告便可停止。这类广告策略要求掌握好季节性商品的变化规律。过早开展广告活动,会造成广告费的浪费;而过迟,则会延误时机,直接影响商品销售。

节假日时间策略是零售企业和服务行业常用的广告时间策略。一般在节假日之前数天便开展广告活动,而节假日一到,广告即告停止。这类广告要求有特色,把品种、价格、服务时间以及异乎寻常之处的信息突出地、迅速地和及时地告诉消费者。

(2) 按频度划分。

广告的频度是指在一定的广告时期内发布广告的次数。广告的时间策略在频度上有固定频度策略和变动频度策略两种基本形式,通常可根据实际情况需要,交替运用固定频度策略和变动频度策略。

固定频度策略是均衡广告时间常用的时间频度策略,其目的在于实现有计划的持续广告效果。固定频度策略有两种时间序列:均匀时间序列和延长时间序列。均匀时间序列的广告时间按时限周期平均运用。如时间周期为五天,则每五天广告一次;若为十天,则每十天广告一次……延长时间序列是根据人的遗忘规律来设计的,广告的频度固定,但时间间隔越来越长。

变动频度策略是广告周期里用各天广告次数不等的办法来发布广告。变化广告频度可以使广告声势适应销售情况的变化。它常用于集中时间广告策略。季节与节假日广告时间策略,以便借助于广告次数的增加,推动销售高潮的到来。

上述各种广告时间策略可视需要组合运用。如集中时间策略与均衡时间策略交替使

用,固定频度与变化频度组合运用等。广告时间策略运用得法,既可以节省广告费,又能实现理想的广告效果。

(三) 广告促销策略

广告促销策略是一种紧密结合市场营销而采取的广告策略,它不仅告知消费者购买产品的获益,以说服其购买,而且结合市场营销的其他手段,给予消费者更多的附加利益,以引起消费者对广告的兴趣,在短期内收到较好的广告效果,有力地推动商品销售。广告促销策略是多种多样的,包括馈赠、文娱、竞赛和抽奖、公益、POP 展示、赞助等促销手段的运用。

1. 馈赠广告促销策略

馈赠广告促销策略是指企业通过发布带有馈赠行为的广告以促进产品销售的广告策略。馈赠广告是一种奖励性广告,其形式很多,如广告赠券等。食品、饮料和日用品的报刊广告多用此法。优待方法多半采用折价购买或附赠小件物品。这个办法既可以扩大销售,又可检测广告的阅读率。除广告赠券外,广告与商品样品赠送配合也是一种介绍商品的有效方法,但费用很高。

2. 文娱性广告促销策略

文娱性广告促销策略是指运用文娱形式发布广告以促进产品销售的广告策略。文娱广告也是广告促销的常用策略,如出资赞助文艺节目和电视剧、广播剧的制作等。此外,如猜谜、有奖征答等,也是广告的有效形式。企业出资赞助文娱节目表演,使广告不再是一种简单的、直观的、赤裸裸的硬性产品宣传,而是变为一种消费者喜欢并参与的、多姿多彩的"广告文化"。有些企业通过邀请明星进行文艺演出,并配合各种营销活动,如在门票上印优惠购物券,让观众在现看演出时,关心企业产品的促销活动。有些企业通过定期搞一些文娱竞赛节目,诸如猜谜语比赛、技术操作比赛、问答比赛等,对获胜者给予奖励。企业在设计文娱活动的同时,进行广告宣传和告知引导,增加产品的知名度。

3. 竞赛和抽奖性广告促销策略

这是通过许诺"无偿产品"和提供有刺激的奖赏等策略制造某种兴奋。竞赛主要是广告主通过竞赛和赞助者的产品联系在一起,抽奖是一种抽奖中奖形式的广告促销手段。好的竞赛和抽奖活动通过广告渲染,可以高度促进消费者参与,扭转滞销,帮助实地展示,为经销商和销售人员提供商品销售激励,为广告赋予活力和主题,并且能为低兴趣产品制造兴趣。竞赛抽奖促销活动在广告宣传时一定要能够调动消费者的参与兴趣,否则就不会达到促销的目的。

4. 公益性广告促销策略

公益性广告促销策略是把公益活动和广告活动结合起来的广告策略。通过关心公益、关心公共关系,开展为社会服务活动,争取民心,树立企业形象,从而增强广告的效果,能给人一种企业利润取之于社会、用之于社会的好感。

5. POP 展示性广告促销策略

POP(销售点广告)展示是指制造商设计给零售商等渠道终端的,唤起最终消费者对产品注意的展示活动。POP 虽然因产业不同而不同,但是可以通过特别的搁物架展示广告卡通、旗帜、标志、价格卡等上百种形式。POP展示是广告的形式之一,其主要是通过各种现场性展示活动营造良好的现场销售气氛,吸引消费者的注意,调动消费者的购物兴趣。如果配合有奖销售或赠品促销,可以更容易地使顾客对品牌产生亲近感。

6. 赞助性广告促销策略

赞助性广告促销策略是企业通过赞助各种不同的活动来促进销售的一种方式,包括体育赞助、娱乐旅行、节日、展览会和年度活动及各种艺术活动。赞助属于特殊事件的公共活动,其主要目的是通过赞助活动力求提高赞助商的品牌在消费者心目中的感知价值。这类广告促销活动主要是通过赞助大型事件来展示企业的形象,增加消费者通过关注各种事件来关注企业或产品,增加消费者对企业的信任感,树立企业的知名度,从而增加产品的销售业绩。

技能训练

阅读下述资料,然后回答后面的问题。

百事可乐与可口可乐百年广告战

百事可乐作为世界饮料业两大巨头之一,100多年来与可口可乐上演了一场蔚为大观的"两乐之战"。"两乐之战"的前期,也即20世纪80年代之前,百事可乐一直惨淡经营。然而经历了与可口可乐无数交锋之后,百事可乐终于明确了自己的定位,即以"新生代的可乐"形象对可口可乐实施了侧翼攻击,从年轻人身上赢得广大市场。

1983年,百事可乐公司聘请罗杰·恩里克担任总裁,他一上任就把目光盯在了广告上。对消费者而言,百事可乐和可口可乐的产品味觉很难分清孰优孰劣,因此,恩里克便将焦点放在塑造商品性格的广告上了。

为了确定自己的产品定位,百事公司作了一次市场调查。调查人员发现:当消费者在挑选软饮料时,他们实际上做出了三项选择,首先他们拿定主意喝软饮料,而不是果汁、水或者牛奶;接着他们选择了可乐,而不是雪碧、七喜或者其他软饮料。只有在这时,他们才开始从百事可乐和可口可乐及其他可乐中挑选。同时,调查结果还表明,消费者认为百事可乐公司是一家年轻的企业,具备新的思想,富有朝气和创新精神,是一个发展很快、赶超第一的企业,不足之处是鲁莽,甚至有点盛气凌人。而可口可乐得到的积极评价是:美国的化身,可口可乐是"真正的"正牌可乐,具备明显的保守传统;不足之处是老成迟钝、自命不凡,还有点社团组织的味道。

于是,恩里克决心选择青少年作为百事可乐的形象,年轻人充满情趣、令人振奋、富有创新精神,正是百事可乐生机勃勃、大胆挑战的写照,他决心重新启动60年代"百事的一代"这一广告战略。结果使百事可乐的销售量扶摇直上。

1994年,百事可乐又投入500万美元聘请了流行乐坛巨星麦克尔·杰克逊拍摄广告片。此举被誉为有史以来最大手笔的广告活动。而且调查表明,这也是有史以来最成功的广告片,这部广告片开播不到30天,百事可乐的销售量就开始上升。从百事可乐的广告攻势看,

一直保持着咄咄逼人的进攻优势。同时这一攻势集中而明确,都围绕着"新的一代"而展开,从而使广告的进攻具备极大杀伤力。第二次世界大战结束时,可口可乐与百事可乐市场销售额之比是3.4∶1,到了1985年,这一比例已变为1.15∶1。

问题(1):分析作为市场挑战者的百事可乐,其广告战略与策略的成功要点与不足之处。

问题(2):在其他行业领域,你知道的市场挑战者企业还有哪些?了解他们的广告活动,并运用本章所学相关理论进行评价。

本 章 小 结

1. 优秀的广告战略应充分体现全局性、指导性、对抗性、目标性和稳定性特征。
2. 广告战略主要包括位次竞争战略、市场周期战略、目标市场战略和集中市场战略。
3. 广告策略是广告活动过程中具体环节的运筹和谋划,是实现广告战略的措施,它具有多样性、针对性、灵活性、具体性等特征。
4. 从功效角度看,广告策略主要包括广告推进策略、广告实施策略和广告促销策略。

第十二章　广告规制

知识要点

1. 广告规制的含义；
2. 我国加强广告规制的必要性；
3. 我国广告规制的具体内容；
4. 我国广告规制的几种途径。

能力要点

利用广告规制的内容，对实际生活中的各类广告进行评价。

实用链接

1. 中华人民共和国国家工商行政管理总局官网；
2. 央视网公益频道。

关键概念

1. 广义的广告规制：泛指一切有关广告的调控、指导和监督，可以理解为国家对广告的管理、广告行业自我管理（广告行业自律）、广告组织的内部管理及广告的社会监督等。
2. 狭义的广告规制：指国务院授予广告执法权的国家工商行政管理部门依法对广告活动和广告经营进行的有效调控、指导和监督。它包括对广告主体、广告行为、广告内容的管理。

"金龙鱼"1∶1∶1广告缘何停播

2004年7月,金龙鱼频繁在其食用油广告中打出1∶1∶1均衡营养概念。金龙鱼方面提供的材料显示,金龙鱼在广告里模糊提出了1∶1∶1的比例,消费者容易错误理解这样的比例说的是油内含量。其油外包装上却写着油内3种酸的比例是0.27∶1∶1,不过字体非常小,不容易辨认。对此,北京市工商局广告处有关负责人认为该广告内容引起消费者误解,不具备真实合法性。

2004年8月26日,北京市媒体刊登了一则题为《您的炒菜油是否健康?》的软文广告。该文借中国粮油学会油脂专业分会副会长李志伟的名义对食用油进行了点评,得出的结论是,长期食用单一的菜籽油、橄榄油、红花籽油、大豆色拉油和花生油,会引起营养不均衡。随后,北京各媒体收到《中国粮油学会油脂专业分会郑重声明》,称该学会油脂专业分会副会长李志伟的名义被"盗用",盗用者错误地宣传了食用单一的菜籽油、橄榄油、红花籽油、大豆色拉油、花生油对人体健康不利,极大地误导了消费者。该声明同时指出:目前国内外市场上没有任何单一食用油或者食用调和油的成分能达到1∶1∶1的均衡营养比例。

北京市工商局广告处召集中央电视台和北京电视台广告部了解情况,之后发出通知,要求该广告在进行整改之前,暂时停止播出。

第一节 广告的社会效应与广告规制

在当前经济快速发展的条件下,广告联系着企业的命脉,也成为千家万户日常生活不可或缺的事物。没有不与广告打交道的消费者,也没有一个企业不为广告的制作、发布而煞费苦心。尤其是当违法广告出现时,则纠纷骤起,无论是仲裁或诉讼,还是行政处罚或行业自律,必是殚精竭虑、耗时伤财,平添几多烦恼。这就要求广告市场的任何一方面——广告主、广告经营者、广告发布者和消费者都了解广告行为规范,熟悉广告监管法律环境,以求举措有方,处置得当,促使我国广告事业健康、正常地发展。

一、广告的社会效应

简单地说,广告效应是广告对其接受者所产生的影响及由于人际传播所达到的综合效应。比如,新产品广告通过广告活动促使消费者了解该品牌优点,从而改变已有品牌消费习惯;企业形象广告通过广告活动宣传企业独特的形象,从而在公众心目中建立企业的良好形象,使消费者对本企业及其各种产品产生亲近感、认同感,最终促进产品销售。

广告的社会效应指广告活动不仅对人们的消费行为、消费观念的变化起作用,也会对整个社会的文化、道德伦理等方面造成影响。我国2015年颁布的《中华人民共和国广告法》第七十四条规定,"大众传播媒介有义务发布公益广告。广播电台、电视台、报刊出版单位应当按照规定的版面、时段、时长发布公益广告。"

二、广告规制的必要性

广告不仅是企业经营管理活动的重要组成部分,而且对政治、经济、文化各个方面具有重要的影响。因此,要使广告健康、正常发展,发挥其对社会生活的积极的促进作用,就必须要对广告活动进行全面的规制。在当前我国广告事业发展比较迅速的时候,对广告的规制问题就显得尤为重要和迫切。

(一)广告规制的含义

广告规制又称广告管理,有广义和狭义之分。广义的广告规制,泛指一切有关广告的调控、指导和监督,可以理解为国家对广告的管理、广告行业自我管理(广告行业自律)、广告组织的内部管理及广告的社会监督等。狭义的广告规制,指国务院授予具有广告执法权的国家工商行政管理部门依法对广告活动和广告经营进行的有效调控、指导和监督,它包括对广告主体、广告行为和广告内容的管理。

(二)广告规制的范围

凡在我国境内利用下列媒介或形式刊播、设置、张贴广告的行为,均在广告规制的范围之内:

(1)利用报纸、期刊、图书、名录等刊登广告;

(2)利用广播、电视、电影、录像、幻灯等播映广告;

(3)利用街道、广场、机场、车站、码头等建筑物或空间设置路牌、霓虹灯、电子显示牌、橱窗、灯箱、墙壁等广告;

(4)利用影剧院、体育场(馆)、文化馆、宾馆、饭店、游乐场、商场等场所内外设置、张贴广告;

(5)利用车、船、飞机等交通工具设置、绘制、张贴广告;

(6)通过邮局邮寄各类广告宣传品;

(7)利用馈赠实物进行广告宣传;

(8)利用其他媒介和形式刊播、设置、张贴广告。

可见,我国广告规制的范围,从空间或来源角度看,包括一切在国内实施的广告,既包括内商广告,也包括外商广告;从广告主体角度看,广告规制对象包括任何广告主体实施的广告;从经营的角度看,广告规制对象包括各种经营方式和手段;从广告内容角度看,包括所有广告的信息含义和表现形式。这就是说,只要是涉及广告的经济活动,广告规制就无时不有、无所不在。

(三)我国加强广告规制的必要性

改革开放以来,我国的广告业务迅速恢复并有了较快发展,已初步形成具有一定质量和规模,服务门类和媒介种类较为齐全的信息产业。实践证明,广告业起着促进生产、引导消

费、活跃市场、交流信息以及方便人民生活的重要作用,是社会主义市场经济不可缺少的一部分。但是,在发展过程中,广告业也暴露出了一些迫切需要解决的严重问题,主要表现在以下方面。

(1) 弄虚作假,欺骗群众。有些广告客户为了招揽顾客,不惜说假话行骗,言不符实,言之无据,使消费者利益受到极大损害。

(2) 标榜洋货,崇洋媚外。有些企业引进了国外技术,进口了一些零部件,唯恐人们不知,在广告中突出宣扬吹擂,实际上是掏钱为洋货做义务广告。更有甚者,把中国的产品,硬要宣传为某个零部件是进口的,或在广告中只用外文,试图以此抬高身价。对广告业中存在的这些有损国家民族尊严的行为需要严格管理。

(3) 知法犯法,我行我素。个别地方、单位的刊物、列车时刻表等印刷品,公然为国家禁做广告的外国卷烟做起广告来。对于一些国家明令禁止做广告的商品,个别广告经营者为牟取个人利益仍然明知故犯、以身试法。对此,确实需要加大执法力度。

(4) 内容庸俗,格调低下。有的广告语言陈腐拙劣,有的广告镜头格调低下,有的广告用患者的形象进行对比,把广告庸俗化了。广告制作亟须通过加强管理来提高文化水平。

(5) 互拉广告,任意压价。某些广告经营单位自定收费标准,自定刊播手续,自己招揽业务,相互之间出现了一些不正当的竞争。有的单位雇用一些社会闲杂人员,用给"回扣"和"酬劳费"的方法四处拉广告,助长了不良风气,使一些广告掮客从中牟利。同类广告的价格差距过大,甚至为了争生意,出现了任意压价的现象。广告行业允许竞争,但必须按国家标准竞争。

上述问题虽然是在发展过程中产生的,但是如果任其发展下去,不仅会败坏广告的声誉,而且会使广大生产者和消费者的利益受到严重损害,甚至会败坏社会风气。所以,为了使广告事业健康发展,为了保护企业和广大消费者的权益,为了根除广告行业的不正之风给社会带来的不良影响,必须对广告经营活动加强规制。

第二节 广告规制的内容

广告规制的内容是广告主、广告经营者、广告发布者在中华人民共和国境内从事广告活动应当遵守的法律法规。其中:广告主是指为推销商品或提供服务,自行或者委托他人设计、制作、发布广告的法人、其他经济组织或者个人;广告经营者是指受委托提供广告设计、制作、代理服务的法人、其他经济组织或者个人;广告发布者则是指为广告主或者广告主委托的广告经营者发布广告的法人或者其他经济组织。

一、广告内容的规制

广告内容简单地说是广告所要宣传的主题,通常是指广告的正文、标题、图像、画面、解说词所包含的内容。对广告内容的规制是广告规制的重要方面,目的在于杜绝各类违法广告、虚假广告,维护广告的真实性、合法性与艺术性,也就是对各类广告主的管理规定。

第十二章 广告规制

（一）保证真实性

所谓真实，就是广告宣传的内容要和客观事实相符，一是一，二是二，不能进行虚构和夸张。广告的真实性对于广告宣传来说尤为重要，它直接关系到广告主的信誉，关系到产品和企业的生命力。因此，在设计和制作广告时，首先应当使宣传与产品的实际情况一致。

为了保证广告内容的真实性，广告规制的一项重要任务就是制止并惩罚制造虚假广告的欺诈行为。近年来，由于某些企业和广告经营部门片面追求经济效益，不惜用虚假广告来蒙骗消费者。有的采用虚构和编造的手法歪曲和隐瞒事实，以达到推销产品、骗取钱财的目的；有的则滥用各种溢美之词，进行吹嘘夸大性宣传；还有的在广告宣传中采用假冒名牌商品、假冒他人科技成果、假冒产品获奖或借他人名义赞扬自己等手法来进行虚假的广告宣传。这些虚假广告严重损害了消费者的利益，败坏了广告业的声誉，扰乱了正常的社会经济秩序，应该给予坚决制止和处罚，以维护广告的真实性。

诈骗性广告的常见表现

- 承诺虚假。
- 令人误解。
- 片面告知。
- 设置陷阱。
- 利用错觉。

（二）注重思想性

广告是商品经济的产物，它的主要作用是促进销售和扩大服务。但是它往往是以艺术的形式出现，它的内容、形式和风格都会对人们产生潜移默化的影响。因此，我们社会主义广告宣传不仅要为经济建设服务，作为一种社会文化现象，还应该为社会主义精神文明建设服务，对社会负责、对民族负责、对青少年负责。必须宣扬良好的社会道德风尚、民族文化和爱国主义传统，注意用健康的手段、高尚的情操、优雅的格调来教育和影响群众。同时，对那些格调庸俗低下，充斥色情、迷信、凶杀内容的广告，应坚决查禁和打击。

（三）讲究艺术性

广告宣传不单纯是一种经济宣传，也是一种文化艺术活动，是一定的艺术形态的反映。一则文稿优美的广告除了具有真实的内容和健康的思想性之外，也是一件生动感人的艺术作品。需要指出的是，广告作品的艺术性不仅具有审美功能，还与广告客户的产品质量、经营状况密切相关："一幅平淡乏味的广告，令人感到该公司业务平平淡淡，跟不上时代的步伐""一幅凌乱的广告，显示卖家是一家凌乱的公司"。可见，真正成功的广告应该是真实性、思想性和艺术性的和谐统一。

二、广告活动的规制

广告活动,也就是广告市场经营活动,主要是指广告经营者、广告发布者取得广告经营权后从事广告经营活动的全过程。由于广告市场经营活动涉及的因素很多,所以对广告市场经营活动的监督管理,不仅包括对广告经营、广告代理、广告发布各环节的监督和控制,而且包括对广告主所要发布广告的监督和控制;不仅需要工商行政管理部门对广告经营活动的监督管理,还需要其他有关行政管理机关的密切配合;不仅需要依据具有普遍适用意义的专门广告监督管理法规,还要依据针对特殊问题而制定的单项法规。

通过对广告市场主体的广告经营行为实施经常性的监管,能够及时发现并纠正广告经营过程中的不规范行为,及时查处并严厉打击其违法行为,才能有效地规范广告市场主体的经营行为,树立广告业的良好形象,维护广告市场正常秩序,保护广告经营单位和消费者的合法权益,促进广告市场健康、有序地发展。

(一)对广告市场主体经营行为监督管理的主要内容

1. 通过资格审批,严把广告市场准入关

工商行政管理机关要根据有关法律、行政法规,对各类广告经营单位的市场准入资格进行严格把关,对于符合市场准入条件的,发给营业证照。对已获得合法证照、开展广告经营活动的单位,也要进行定期清理整顿,及时发现不符合广告经营条件的单位,令其停业整顿,限期完善经营条件,如逾期未达到要求,就注销其广告经营资格。

2. 通过日常监测,严把广告发布关

对正在发布或已经发布的广告进行监测,并运用各种技术手段将其如实记录下来,再对照有关法律、行政法规和广告发布标准等进行分析研究,可以及时了解广告发布的质量和执行法规的情况,掌握违规违法的证据和线索,并予及时处理。

3. 通过执法检查,严把广告行为规范关

广告监督管理机关还要通过定期或不定期的执法检查,规范广告经营单位的广告经营行为。定期检查一般分为季检和年检,检查的内容大多呈综合性特点。不定期检查往往属于专项治理检查,如电视广告执法大检查、户外广告执法大检查等,一般需要广告监督管理部门与国家其他有关行政部门配合行动。应当指出,执法检查只是手段而非目的,其最终目的是通过检查发现问题,及时查处、纠正、规范广告市场主体的不规范广告经营行为。因此在检查中不仅要对广告经营单位的违法行为、违规行为进行严肃处理,还要通过执法检查,广泛宣传有关法律、行政法规和政策,积极开展咨询辅导活动,有条件的要组织广告经营人员和广告主进行培训,不断增强他们的法规意识,规范他们的广告经营行为;同时,还要针对检查中发现的问题,认真进行典型案例分析研究,从中探索规律,总结经验,以便提醒、指导其他广告经营单位避免重犯类似的错误。

(二)对广告主广告行为的监督管理

广告监督管理机构对广告主在广告市场中的广告行为的监督管理重点体现在对广告主经营资格、经营范围、提供广告证明及对广告主不正当竞争行为的查处等。

广告主为了推销商品或服务,自行或者委托他人设计、制作、发布广告,都属于广告活动。其中,广告主利用属于自己的领域和场所,自行设计、制作、发布广告,介绍自己生产、销售的产品或服务项目,虽然不是广告经营的范畴,但必须同时依法承担与广告主、广告经营者和广告发布者相应的法律义务与责任。

广告主的主体资格,是由国家通过颁布营业执照和核准经营范围,对企业进入市场、从事经营活动的范围加以规范。企业在批准的经营范围内从事广告活动是合法的。因此,要求广告主在广告中所推销的商品或服务,必须在自己的经营范围之列。

广告主利用广告推销商品,开拓市场、参与竞争,所进行的整体广告策划、广告设计、制作等一系列活动,要委托经过工商行政管理机关核准登记的,具有设计、制作、发布、代理等广告经营权的广告经营者和广告发布者办理,不能委托不具备上述资格的非法经营者和发布者。

广告主自行或委托他人设计、制作、发布广告,应当具有或提供真实、合法、有效的证明文件。"真实、合法、有效"是对证明文件的本质要求,三者缺一不可。

在广告活动中,广告主的不正当竞争行为主要表现在:第一,利用直接或间接比较的手段,贬低同类或其他类产品、服务或竞争对手。第二,发布虚假夸大的广告。第三,以种种不正当手段得到有利或紧俏的时间、版面等。

(三)对广告经营者广告行为的监督管理

广告监督管理机关对广告经营者在广告市场中经营行为的管理主要表现在对广告经营者市场准入资格,市场经营行为的规范及查处取缔非法经营。

广告业是知识密集、技术密集、人才密集的高新技术产业之一,广告经营者的素质,直接关系广告业、广告市场的生存与发展,必须加强对进入广告市场主体的资格审核。其一是要严格核准广告经营者的资质标准,根据其自身条件,颁发与其自身能力相适应的经营范围的营业执照,并经常性监督检查其是否超越经营范围。其二,监督管理广告经营者是否遵守广告监督管理机关所制定的各项广告管理制度,规范其经营行为。

另外,查处广告经营者在广告经营活动中的垄断和不正当竞争行为应该是对广告行为进行全面规制的重要表现途径。在具体的广告经营活动中,广告经营者的不正当竞争行为主要表现为:

(1) 以回扣或给广告主提供某种便利条件为诱饵,拉拢广告主;

(2) 以种种不正当手段从广告发布者手中争夺有利或紧俏的时间或版面;

(3) 以不正当手段争取户外广告发布地;

(4) 盗取他人商业秘密,散布不利于竞争对手的虚假信息;

(5) 以种种不正当手段拉拢竞争对手的人员为本公司服务;

(6) 联合其他广告经营者、广告发布者排挤竞争对手等。

(四)对广告发布者广告行为的监督管理

根据有关广告管理法规的规定,广告发布者必须具备一定条件,方可从事广告发布活动,并且广告发布单位的其他部门不得从事广告经营活动,记者不得招揽广告业务。基于

此,对广告发布者的广告行为进行规制,其主要内容可以分解如下。

第一,广告发布者所发布的广告必须有明显的标记,能够使大众消费者辨明其为广告,不得以新闻报道形式发布广告。

第二,广告发布者应向广告主和广告经营者提供媒介覆盖率、收视率、发行量等资料,并保证其提供资料的真实性。

第三,广告发布者应该主动遵守广告代理制度、广告合同制度和广告审查制度等。

第四,严格查处广告发布者利用自己拥有的媒介或其他发布手段的优势地位,妨碍、排斥广告经营者之间正当竞争的行为。

在广告市场活动中,广告发布者的不正当竞争行为主要表现在以下方面。

(1) 广告发布者对不同的广告主、广告经营执行不同的收费标准和收费办法以竞争广告客户;

(2) 广告发布者利用媒介时间、版面紧俏的优势,要挟、刁难广告主或广告经营者;

(3) 广告发布者利用自身优势,拒付广告经营者代理费;

(4) 广告发布者委托某一广告经营者全权代理本媒介的广告业务,排斥其他具有广告代理权的经营者参与合法、正当竞争等。

由于广告活动中的不正当竞争损害了其他广告活动主体的合法权益,扰乱了广告市场秩序,严重影响了广告业健康、有序的发展,广告监督管理机关必须加大对不正当竞争行为查处的力度。

(五) 对广告收费的监督管理

广告服务收费,是广告经营者为他人提供设计、制作、咨询、代理服务时所收取的服务费和广告发布者为他人提供广告发布时所收到的广告发布费。

广告服务收费的构成,由广告调查、策划费,广告设计、制作费,广告发布费及广告活动其他费用等四部分构成,其中广告发布费用占全部广告费用的75%左右。

广告收费问题对广告市场经营活动有着至关重要的影响,它决定着广告投入发布范围。混乱的广告收费标准直接影响着广告市场秩序。因此,必须加强对广告服务收费的监督管理。

广告服务收费标准,除国家另有规定外,由广告经营者、广告发布者自行制定。广告服务收费应当合理、公开,应当实行同一广告服务项目同质同价,不能根据不同服务对象制定不同的收费标准及收费办法,严格执行国家有关禁止牟取暴利的规定。

广告经营者、广告发布者规定的广告服务收费标准及收费办法,应当依照《中华人民共和国广告法》的规定向政府价格主管部门和工商行政管理部门备案。

广告经营者接受企业委托提供代理服务,应当认真做好广告的市场调查、信息咨询、战略策划、企业形象策划、媒介安排等各项工作。广告代理收费标准是广告费的15%。广告场地占用的收费标准,应当根据广告的设置方式与地段及占用建筑物或者空间的情况合理确定,原则上不超过广告费的30%。

广告经营者、广告发布者之间开展价格竞争不得采取垄断、哄抬物价和支付回扣等不正当方式。

第三节 广告规制的途径

一、广告规制的法律途径

通过法律途径对广告进行规制是市场经济发展的必然产物,它在广告规制中占有重要地位。在发达国家,广告法已有较长历史,并不断地推出新的法规。如英国1907年颁布的《广告法》对广告发布的范围进行了规定,1927年又进一步完善。美国1911年制定了《普令泰因克广告法草案》,并在1938年和20世纪70年代进一步完善。

我国的广告法律法规,是我国政治、法律制度的一个组成部分,是我国广告事业进行各种广告活动的指南和基础。

我国广告业恢复发展几十年来,广告的法制建设取得了显著成绩。根据我国广告法规的现状,从广义上讲,我国广告管理法规由以下部分组成。

1. 调整广告法律关系的基本法——《中华人民共和国广告法》

现行《中华人民共和国广告法》于第十二届全国人民代表大会常务委员会第十四次会议于2015年4月24日通过,于2015年9月1日起施行,它不仅是进行广告活动和实施广告管理行为的基本法规,也是其他广告法规、规章和地方性法规的立法依据,在广告法律体系中具有最高法律效力。

2. 作为广告法规主体的《广告管理条例》

《广告管理条例》由国务院于1987年10月26日发布,1987年12月1日开始施行。它是中华人民共和国第一部较为全面、完整的广告管理法规。

3. 一系列规章和规范性文件

下述规章和规范性文件构成了对《中华人民共和国广告法》和《广告管理条例》的补充,对相关广告活动同样具有约束力。

(1)《医疗器械广告管理办法》由原国家工商行政管理局和国家中医药管理局于1992年8月8日联合发布,于1992年10月1日起施行。

(2)《食品广告管理办法》由原国家工商行政管理局、卫生部于1993年8月30日联合发布,于1993年10月1日起施行。

(3)《食品广告发布暂行规定》由原国家工商行政管理局于1996年12月30日公布,并于1998年12月3日修订。

(4)《医疗广告管理办法》由国家工商行政管理总局和原卫生部于2006年11月10日联合发布,并于2007年1月1日起施行。

(5)《医疗器械广告审查办法》由原卫生部、国家工商行政管理总局和国家食品药品监督管理局于2009年4月7日联合发布,并于2009年5月20日起施行。

(6)《医疗器械广告审查标准》由国家工商行政管理总局、卫生部和国家食品药品监督管理局于2009年4月28日联合发布,并于2009年5月20日起施行。

(7)《药品广告审查发布标准》由国家工商行政管理总局和国家食品药品监督管理局于

2007年3月3日联合发布,并于2007年5月1日起施行。

(8)《药品广告审查办法》由国家食品药品监督管理局、国家工商行政管理总局于2007年3月13日联合发布,并于2007年5月1日起施行。

(9)《兽药广告审查发布标准》由国家工商行政管理总局于2015年12月24日公布,自2016年2月1日起施行。

(10)《农药广告审查发布标准》由国家工商行政管理总局于2015年12月24日公布,并于2016年2月1日起施行。

(11)《烟草广告管理暂行办法》由原国家工商行政管理局于1995年12月20日公布,并于1996年12月30日修订。

(12)《临时性广告经营管理办法》由原国家工商行政管理局于1995年6月1日公布,并于1998年12月3日修订。

(13)《广告显示屏管理办法》由原国家工商行政管理局于1995年6月1日公布,并于1998年12月3日修订。

(14)《房地产广告发布规定》由国家工商行政管理总局于2015年12月24日公布,并于2016年2月1日起施行。

(15)《店堂广告管理办法》由原国家工商行政管理局于1998年1月15日公布,并于1998年12月3日修订。

(16)《互联网广告管理暂行办法》由国家工商行政管理总局于2016年7月4日公布,并将于2016年9月1日起施行。

4. 地方立法机关和行政机关制定的有关广告管理方面的法规和规章

5. 地方法律中涉及广告的法律规范

二、广告规制的行业途径

(一)广告行业自律的含义

广告规制的行业途径就是通过广告业的自律管理来达到对广告的规制,这种方式是现代广告发展面临的新课题。所谓广告的行业自律,即从事广告业的公司依据有关立法、社会公德、职业道德规范,制定广告公约规章对自身广告行为进行约束的管理。

运用自律方法管理广告业,对于提高广告行业自身的服务水平,维护广告活动秩序,有着不可替代的作用。进行广告业自律,能有效地防止广告主滥用广告,加强广告主和广告公司、广告媒介对消费者的责任;规定对消费者进行广告的伦理准则、广告主之间的伦理准则和广告代理业及媒介业的伦理准则,避免因不正当的竞争手段而造成的经济损失和信誉损失。

(二)广告行业自律的特点

广告行业规范和行业自律作为广告从业人员遵循的规则和制度,主要有以下特点。

1. 自愿性

行业自律,是广告活动主体自愿进行的行为,不需要强制。这种广告组织的规章制度,不像法律、法令那样权威,不需要政府权力来推行。它通常是在自愿的基础上,在遵守行业道德和职业道德的前提下,广告组织及广告人自觉地要求自己。这就是说,广告行业自律靠的是信念和舆论,违反行业自律规范的行为,也主要靠舆论加以谴责。

2. 广泛性

比起广告法规来,广告自律规范的范围更加广泛。不少法规没有顾及的广告活动内容,广告自律规范却可以进行约束。这就是说,广告自律规范比较具体细致。

3. 灵活性

法律的制定由全国最高权力机构全国人民代表大会及其常务委员会来进行,法令政策的制定由政府部门进行,而广告自律规范知识由自由参加的行业组织来制定。随着形势的变化,自律规范还可以不断地进行修改。

(三)广告自律规范具有较强的自我约束性

从自律程度来看,在广告业比较发达的国家,他们的广告业自律规范中对自己提出了明确的要求,确保自尊自重,表现出了较高的自觉性和主动性,确实体现了自我约束的特征。例如,美国《纽约时报》的广告规则提出了14类拒绝刊登的广告,欢迎读者检举,共同保持广告环境的净化,对能举出任何人或商店刊登欺诈图利之不良广告者给予奖金一百美元。

(四)广告规制的行业途径

我国广告行业自律伴随着广告业的恢复和发展而逐步产生、完善和健全。1983年12月27日,中国广告行业最高组织——中国广告协会成立,它的主要职责是实施对全国广告业者的指导、协调、咨询、服务,并协助政府进行行业管理。该协会的最高权力机构是会员代表大会。会员代表大会每三年召开一次,其职责是:确定协会的工作方针、任务;审查理事会的工作报告;制定和修改协会章程;选举理事会成员。

中国广告协会下设报纸、广播、电视、广告公司、学术、公交、铁路、广告主八个专业委员会,并在省、市(地区)县设置了地方协会或协会指导站,形成了全国性的自律组织网络。中国广告协会接受国家工商行政管理总局的领导,地方各级广告协会接受同级工商行政管理局的领导和上级广告协会的业务指导。

中国广告协会成立以来,制定了一系列广告业自律规范,如《中国广告行业自律规则》(2008)、《广告行业公平竞争自律守则》(1999)、《广告宣传精神文明自律规则》(1997)等,为我国广告行业的有序、规范发展做出了积极贡献。

(五)世界广告组织

1. 国际广告协会

国际广告协会成立于1938年,是一个包括广告公司、广告客户和媒介三方面及一些广告界知名人士组成的世界性非营利性的广告行业组织,会员遍及78个国家和地区,总部设在纽约。IAA是世界上最有权威性的广告国际团体。

IAA的作用是通过开展活动和提供服务来发挥的。对已成立专门组织的地区,IAA通过合作示范,鼓励其会员遵守高标准和原则;对未成立广告专门组织的地区,IAA通过协会所属的分会作为公断人、调解人和顾问,在广告业务、政治和社会作用方面提供服务。

IAA 的最高权力机构是世界委员会,至少每两年举行一次会议。会员有 7 种类型:个人会员、团体会员、组织会员、准会员、院校会员、资深会员和名誉会员。

2. 国际 ABC 组织(简称 IFABC)

国际 ABC 组织是国际性的报纸杂志发行量审核机构,负责各国有关报纸杂志发行量问题的协调和资料交换。

国际 ABC 组织的宗旨,在于保障广告主的利益,防止广告公司和媒介代理由于数据失实而造成的策划失误。ABC 组织根据广告主和广告代理的需要,提供有关报纸、杂志等期刊的情况,公布其发行量、发行对象和规范刊物性质,供选择广告媒介、计算广告成本和预测广告效果时参考。

3. 亚洲广告协会联盟

亚洲广告协会联盟成立于 1978 年,由亚洲地区广告协会、与广告有关的贸易协会和国际广告协会在亚洲各国各地区的分会组成。它是亚洲广告业的行业组织,每年召开一次会议,讨论一些共同感兴趣的问题,交流广告经验。

亚洲广告协会联盟的最高权力机构是亚广联国际委员会,联盟的领导机构由国际委员会主席、会长、与委员会数量相等的若干副会长、秘书和财务组成。

三、广告规制的社会监督途径

在广告规制的途径中,除了运用法律途径、行业途径外,还有一种途径也是十分必要的,那就是通过提高社会对广告管理的认识来加强广告的规制,即广告规制的社会监督途径。

消费者监督,是消费者为保护自身经济利益而组织起来的一种群众社会活动,是广告规制的社会途径,包括消费者和社会各界对广告活动的监督、投诉和批评。这种全社会的管理,虽然松散,但却是广告活动最终要面对的群体的监督和管理。很长时间以来,消费者一直处于被动地位,市场提供什么样的商品和服务,就消费什么样的商品和服务,而无法将自己的意愿及对商品和服务的意见向生产者和提供者反映。第二次世界大战以后,由于消费者运动的蓬勃发展,消费者的地位日益受到各国经济主管部门的重视,1960 年,国际消费者联盟成立。1962 年 3 月 15 日,美国总统肯尼迪发表《关于保护消费者利益的总统特别咨文》。1983 年,联合国规定每年 3 月 15 日为"国际消费者权益日",各地协会都在这一天举行宣传咨询服务活动。

我国第一个消费者协会是 1984 年 9 月成立的广州消费者协会。1984 年 12 月 26 日,中国消费者协会成立。它对消费者权利进行了如下概括。

(一)消费者的权利

消费者协会保护消费者如下权利:一是了解商品和服务的权利;二是选择商品和服务的权利;三是获得商品和服务安全卫生的权利;四是监督商品和服务价格及质量的权利;五是对商品和服务提出意见的权利;六是受到商品和服务损害时索取赔偿的权利。

(二)保护消费者权利的方法

广告十分有利于消费者了解、选择商品和服务。但是,虚假和诈骗性广告,特别是大众传播媒介发布的未经严格审查的广告,最容易损害消费者。这就需要政府保护消费者的权益,取缔诈骗和虚假广告,严厉处罚制作和发布此类广告的媒介。而消费者应该主动地维护自己的权益,打破奸商的侥幸心理,揭发制假造假者及其广告制作者、发布者。

消费者在受到损害时,要审时度势、估量代价,采取各种方法保护自己的权益。保护消费者权益的具体方法如下。

第一,向消费者协会投诉。

第二,向工商行政管理部门投诉,由其实行仲裁。

第三,向社会舆论求助。

第四,向法律机关诉讼。

(三)加强消费者监督的能力

加强消费者监督的能力旨在提高消费者的自我保护意识,从而维护消费者的权益,是提升广告社会规制效率的有效途径。要提高消费者的监督能力,就必须使消费者了解、熟悉有关的法律、法规,提高他们的法律意识。同时,提高消费者的监督能力,还必须加强消费者组织的建设工作,完善消费者组织的机构,使消费者有一个"有冤可申"的地方。只有这样才能真正提高消费者的监督能力。

目前由于我国的消费者组织不是消费者自觉组织起来的,所以还不能充分发挥消费者的积极性与主动性,因而也就不能有效发挥其对广告违法行为的监督与控制作用。我们应当逐步把消费者协会办成"消费者之家",使消费者积极自觉地参与对广告的监督活动。

技能训练

1. 利用本章知识,将通过各种渠道(如街头、电视媒介、报纸杂志等)收集到的广告资料进行分析,开展一次关于违法广告的大盘点。建议班级同学自动分成若干组进行,每组以5~6人为宜。

2. 以本班同学为目标对象,模拟成立一个专业广告公司,要求责、权分工明确,就某一产品的宣传推广进行试运行。

3. 阅读下列资料,然后回答问题。

国家工商总局公布2015年涉嫌违反《广告法》的十大典型案例

2015年9月1日,被称为"史上最严"的新《广告法》正式实施,在央视财经频道《中国政策论坛》的录制现场,国家工商总局公布了2015年涉嫌违反《广告法》的十大典型案例。

案例1 虎符兵印大阅兵纪念宝玺

该广告表述,这九尊虎头宝玺都是由中国知名的九种玉制作的,其中有一种为和田老坑玉,每尊总重7.5公斤,有巨大的升值空间,大阅兵期间白送。本广告宣传的其实是一个虚构的事情,说有10尊免费送,谁打进去就免费送给谁,其实如果有人打进电话,就会天天遭到追问什么时候要,而且所谓的"免费"是要交5 000元工本费的。

案例2 十大传世名画

当事人河北某管理咨询公司制作、发布"国宝十绝——中国十大传世名画"的广告,自行或委托广告代理在多地电视媒体进行发布。其内容含有虚构的"由国际收藏家协会监制""限量发行""中国梦文化惠民工程"的表述,称该书画为收藏品,具有较大升值空间,"免费赠送"消费者。

该广告利用知名艺人开展涉嫌虚假宣传。经工商部门调查核实,所谓的"传世名画"只是浙江某工艺品厂生产的丝绸制印刷品,其行为构成误导消费者。

案例3 十二幅书画真迹大全套

广告宣称所销售的是中国十二位书画大师传人或再传弟子的作品真迹,收藏品可能创造千百倍升值,有可能成就下一个亿万富翁,并有文化部颁布的"润格"价为证,十二幅作品免费赠送,只收取装裱费。

经工商部门调查,所谓"大师传人或再传弟子",只是被某某大师指点过,或者听过某某大师的课,或者自认为与某某大师的艺术风格接近,甚至只是与某某大师及其家人合过影、吃过饭的人。另外,文化部也并未颁布过"润格"价。

该广告内容涉嫌虚假,欺骗和误导消费者。

案例4 ××寻宝

该广告中多处使用绝对化用语,如"中国最有价值的五大文玩投资手串套组""中国第一套最昂贵的红木手串大全""世界前几位的顶级材质""中国第一套正规发行带有国家检测手串套组"等。另外,该广告多处涉嫌虚假宣传,如:免费赠送,仅收取报关税及加工费1680元;虚构观众打进热线电话抢购中国五大投资手串的场景;以中国木材与制品流通委员会和北京国博文物鉴定中心的名义联合推出放心收藏活动;将该手串套组与2014年奇楠沉香制手串及2012年香港泰珑手串拍卖价格做不科学的比较,暗示该手串升值空间大等。

案例5 五套人民币收藏

广告中含有虚假内容,对商品做引人误解的虚假宣传,误导消费者购买。

案例6 陈老师泄油瘦身汤

该广告中使用了无法证明真实、准确的数据,且未表明出处。同时该广告使用消费者的名义或者形象做证明,违反了《食品广告发布暂行规定》的有关规定。

案例7 一碗泄油瘦身汤

该广告涉嫌使用未表明出处的数据的违法行为,同时使用消费者的名义或者形象做证明,违反了《食品广告发布暂行规定》的有关规定。

案例8 郑多燕减肥晚餐

"郑多燕营养晚餐"是普通食品,广告中却出现"用郑多燕减肥晚餐,保证让你瘦下来。不节食不运动,躺着就能让你瘦。不腹泻不反胃,没有一例副作用。""郑多燕减肥晚餐1周减掉10斤油,30天狂甩一身肉,用郑多燕减肥晚餐只要一个月,保证让你瘦下来。""3大瘦身新突破,7天断肥根、15天排肥油、终身不反弹"等内容,使用数据无法证明真实、准确,且未表明出处。

案例9 冬虫夏草胶囊

该广告出现了与药品相混淆的广告用语,宣称具有治疗作用,涉及疾病预防及治疗功效,并出现医生、医疗机构的名义和形象,使用专家、消费者做证明。

案例10 舒尼迩滴耳油

该广告中宣称"老年性耳聋、噪音性耳聋、神经性耳聋……"患者如果使用了该产品,就会"交流无障碍,听力恢复得和正常人一样了",同时该广告使用患者形象做证明,涉嫌违反了广告法的相关规定。

问题:本资料中所提及的违反广播电视广告播出秩序的现象是否较为常见?其背后的原因何在?

本 章 小 结

1. 广告不仅是企业经营管理活动的重要组成部分,同时,广告又对社会的政治、经济、文化各个方面具有重要的影响。因此,要使广告健康、正常的发展,发挥其对社会生活的积极的促进作用,就必须要对广告活动进行全面的规制。

2. 我国广告规制的范围,从空间或来源方面,包括一切在国内实施的广告,其中有内商广告和外商广告两部分;在主体方面,包括任何广告主体实施的广告;在经营行为方面,包括各种经营方式和手段;在广告内容方面,包括所有广告的信息含义和表现形式。

3. 广告规制的内容包括对广告内容的规制和对广告活动的规制两个方面。

4. 广告规制的途径主要包括法律途径、行业途径和社会监督途径。

第十三章 综合实训

第一节 实训建议与实训流程

一、实训建议

1. 实训时间:理论课程结束后。
2. 学时:12学时(部分实训需考虑利用学生课余时间)。
3. 形式:系列游戏、分组对抗(每个游戏可独立开展)。
4. 组织(以35人为例):将学生分成广告主组(5人,其中每名学生扮演一位广告主)、广告公司组(三组为宜,每组5人)、媒介组(两组,每组5人,分别拥有报纸、杂志、广播、电视、互联网等媒介资源)、受众组(一组,5人组成,每人可代表若干受众)。以上分组可在不同的实训项目中根据需要进行适当调整。
5. 实训前提:每组均合法而无成本经营。
6. 实训用品:彩色卡纸与白板笔(供小组讨论、展示实训作品和小组间交流使用)、DV和电脑(供广告作品录制和播放之用,视学生实际情况而定)。

二、实训流程

1. 本实训为综合实训,共包括7个项目,每个项目需按顺序开出和完成。
2. 每个项目开出前,教师进行相关知识的总结性介绍或提示,并提出实训的目标任务。
3. 每个项目结束后,教师应组织进行总结,形成实训报告。
4. 教师可在后续实训项目基础上开发其他细节性项目。

第二节 实训项目

实训项目1

一、实训目的

1. 收集广告公司人员构成和管理模式情况。
2. 了解广告公司运营初期工作重点。

二、实训知识点

广告环境

三、实训内容

1. 每个广告公司选举产生经理(兼任广告总监),负责公司的总体管理。
2. 广告公司确定名称、标识和经营口号,由公司经理负责宣布、解释和说明。
3. 其余各组讨论后,派代表对广告公司的名称、标识和经营口号进行总体评价。

实训项目 2

一、实训目的

1. 理解广告代理制度。
2. 理解广告媒介选择的依据。

二、实训知识点

1. 广告代理。
2. 广告媒介。

三、实训内容

1. 广告主组对外发布广告计划。
2. 媒介组对外推介自己的媒介资源。
3. 广告公司各组进行客户沟通,争取客户订单。

实训项目 3

一、实训目的

1. 理解广告受众对广告活动的影响。
2. 熟悉广告调查的基本方法。
3. 熟悉广告策划的基本方法。

二、实训知识点

1. 广告受众。
2. 广告调查。
3. 广告策划。

三、实训内容

1. 广告公司组进行市场调查,了解受众信息、媒介信息和竞争者信息。
2. 广告公司举行内部讨论会,应用头脑风暴法等形成广告核心概念。
3. 各广告公司进行广告创意和策划。

实训项目 4

一、实训目的

了解广告文案确定流程。

二、实训知识点

1. 广告文案。
2. 广告制作。

三、实训内容

1. 广告公司提案。
2. 广告主提出客户意见。
3. 广告公司进行修改。
4. 广告主最后确认。

实训项目 5

一、实训目的

1. 理解广告媒体选择与组合策略的开发要点。
2. 理解广告投放过程中需要注意的基本事项。

二、实训知识点

1. 广告媒介。
2. 广告投放。

三、实训内容

1. 广告公司组进行媒介选择,确认投放方案。
2. 广告投放。

实训项目 6

一、实训目的

1. 理解广告监播的现实意义。
2. 熟练掌握广告效果调查的方法。
3. 理解广告作品评价的原则。

二、实训知识点

1. 广告效果测度。
2. 广告效果反馈。

三、实训内容

1. 广告主进行广告监播。
2. 广告公司进行广告效果调查和分析。
3. 广告作品评价。

实训项目 7

1. 广告总监进行广告活动总结。
2. 全班讨论,进行实训分析与总结。

附 录

中华人民共和国广告法

（1994年10月27日第八届全国人民代表大会常务委员会第十次会议通过，2015年4月24日第十二届全国人民代表大会常务委员会第十四次会议修订）

目 录

第一章 总则
第二章 广告内容准则
第三章 广告行为规范
第四章 监督管理
第五章 法律责任
第六章 附则

第一章 总 则

第一条 为了规范广告活动，保护消费者的合法权益，促进广告业的健康发展，维护社会经济秩序，制定本法。

第二条 在中华人民共和国境内，商品经营者或者服务提供者通过一定媒介和形式直接或者间接地介绍自己所推销的商品或者服务的商业广告活动，适用本法。

本法所称广告主，是指为推销商品或者服务，自行或者委托他人设计、制作、发布广告的自然人、法人或者其他组织。

本法所称广告经营者，是指接受委托提供广告设计、制作、代理服务的自然人、法人或者其他组织。

本法所称广告发布者，是指为广告主或者广告主委托的广告经营者发布广告的自然人、法人或者其他组织。

本法所称广告代言人，是指广告主以外的，在广告中以自己的名义或者形象对商品、服务作推荐、证明的自然人、法人或者其他组织。

第三条 广告应当真实、合法，以健康的表现形式表达广告内容，符合社会主义精神文明建设和弘扬中华民族优秀传统文化的要求。

第四条 广告不得含有虚假或者引人误解的内容，不得欺骗、误导消费者。

广告主应当对广告内容的真实性负责。

第五条 广告主、广告经营者、广告发布者从事广告活动,应当遵守法律、法规,诚实信用,公平竞争。

第六条 国务院工商行政管理部门主管全国的广告监督管理工作,国务院有关部门在各自的职责范围内负责广告管理相关工作。

县级以上地方工商行政管理部门主管本行政区域的广告监督管理工作,县级以上地方人民政府有关部门在各自的职责范围内负责广告管理相关工作。

第七条 广告行业组织依照法律、法规和章程的规定,制定行业规范,加强行业自律,促进行业发展,引导会员依法从事广告活动,推动广告行业诚信建设。

第二章 广告内容准则

第八条 广告中对商品的性能、功能、产地、用途、质量、成分、价格、生产者、有效期限、允诺等或者对服务的内容、提供者、形式、质量、价格、允诺等有表示的,应当准确、清楚、明白。

广告中表明推销的商品或者服务附带赠送的,应当明示所附带赠送商品或者服务的品种、规格、数量、期限和方式。

法律、行政法规规定广告中应当明示的内容,应当显著、清晰表示。

第九条 广告不得有下列情形:

(一)使用或者变相使用中华人民共和国的国旗、国歌、国徽,军旗、军歌、军徽;

(二)使用或者变相使用国家机关、国家机关工作人员的名义或者形象;

(三)使用"国家级""最高级""最佳"等用语;

(四)损害国家的尊严或者利益,泄露国家秘密;

(五)妨碍社会安定,损害社会公共利益;

(六)危害人身、财产安全,泄露个人隐私;

(七)妨碍社会公共秩序或者违背社会良好风尚;

(八)含有淫秽、色情、赌博、迷信、恐怖、暴力的内容;

(九)含有民族、种族、宗教、性别歧视的内容;

(十)妨碍环境、自然资源或者文化遗产保护;

(十一)法律、行政法规规定禁止的其他情形。

第十条 广告不得损害未成年人和残疾人的身心健康。

第十一条 广告内容涉及的事项需要取得行政许可的,应当与许可的内容相符合。

广告使用数据、统计资料、调查结果、文摘、引用语等引证内容的,应当真实、准确,并表明出处。引证内容有适用范围和有效期限的,应当明确表示。

第十二条 广告中涉及专利产品或者专利方法的,应当标明专利号和专利种类。

未取得专利权的,不得在广告中谎称取得专利权。

禁止使用未授予专利权的专利申请和已经终止、撤销、无效的专利作广告。

第十三条 广告不得贬低其他生产经营者的商品或者服务。

第十四条 广告应当具有可识别性,能够使消费者辨明其为广告。

大众传播媒介不得以新闻报道形式变相发布广告。通过大众传播媒介发布的广告应当显著标明"广告",与其他非广告信息相区别,不得使消费者产生误解。

广播电台、电视台发布广告,应当遵守国务院有关部门关于时长、方式的规定,并应当对广告时长作出明显提示。

第十五条 麻醉药品、精神药品、医疗用毒性药品、放射性药品等特殊药品,药品类易制毒化学品,以及戒毒治疗的药品、医疗器械和治疗方法,不得作广告。

前款规定以外的处方药,只能在国务院卫生行政部门和国务院药品监督管理部门共同指定的医学、药学专业刊物上作广告。

第十六条 医疗、药品、医疗器械广告不得含有下列内容:

(一)表示功效、安全性的断言或者保证;

(二)说明治愈率或者有效率;

(三)与其他药品、医疗器械的功效和安全性或者其他医疗机构比较;

(四)利用广告代言人作推荐、证明;

(五)法律、行政法规规定禁止的其他内容。

药品广告的内容不得与国务院药品监督管理部门批准的说明书不一致,并应当显著标明禁忌、不良反应。处方药广告应当显著标明"本广告仅供医学药学专业人士阅读",非处方药广告应当显著标明"请按药品说明书或者在药师指导下购买和使用"。

推荐给个人自用的医疗器械的广告,应当显著标明"请仔细阅读产品说明书或者在医务人员的指导下购买和使用"。医疗器械产品注册证明文件中有禁忌内容、注意事项的,广告中应当显著标明"禁忌内容或者注意事项详见说明书"。

第十七条 除医疗、药品、医疗器械广告外,禁止其他任何广告涉及疾病治疗功能,并不得使用医疗用语或者易使推销的商品与药品、医疗器械相混淆的用语。

第十八条 保健食品广告不得含有下列内容:

(一)表示功效、安全性的断言或者保证;

(二)涉及疾病预防、治疗功能;

(三)声称或者暗示广告商品为保障健康所必需;

(四)与药品、其他保健食品进行比较;

(五)利用广告代言人作推荐、证明;

(六)法律、行政法规规定禁止的其他内容。

保健食品广告应当显著标明"本品不能代替药物"。

第十九条 广播电台、电视台、报刊音像出版单位、互联网信息服务提供者不得以介绍健康、养生知识等形式变相发布医疗、药品、医疗器械、保健食品广告。

第二十条 禁止在大众传播媒介或者公共场所发布声称全部或者部分替代母乳的婴儿乳制品、饮料和其他食品广告。

第二十一条 农药、兽药、饲料和饲料添加剂广告不得含有下列内容:

（一）表示功效、安全性的断言或者保证；

（二）利用科研单位、学术机构、技术推广机构、行业协会或者专业人士、用户的名义或者形象作推荐、证明；

（三）说明有效率；

（四）违反安全使用规程的文字、语言或者画面；

（五）法律、行政法规规定禁止的其他内容。

第二十二条　禁止在大众传播媒介或者公共场所、公共交通工具、户外发布烟草广告。禁止向未成年人发送任何形式的烟草广告。

禁止利用其他商品或者服务的广告、公益广告，宣传烟草制品名称、商标、包装、装潢以及类似内容。

烟草制品生产者或者销售者发布的迁址、更名、招聘等启事中，不得含有烟草制品名称、商标、包装、装潢以及类似内容。

第二十三条　酒类广告不得含有下列内容：

（一）诱导、怂恿饮酒或者宣传无节制饮酒；

（二）出现饮酒的动作；

（三）表现驾驶车、船、飞机等活动；

（四）明示或者暗示饮酒有消除紧张和焦虑、增加体力等功效。

第二十四条　教育、培训广告不得含有下列内容：

（一）对升学、通过考试、获得学位学历或者合格证书，或者对教育、培训的效果作出明示或者暗示的保证性承诺；

（二）明示或者暗示有相关考试机构或者其工作人员、考试命题人员参与教育、培训；

（三）利用科研单位、学术机构、教育机构、行业协会、专业人士、受益者的名义或者形象作推荐、证明。

第二十五条　招商等有投资回报预期的商品或者服务广告，应当对可能存在的风险以及风险责任承担有合理提示或者警示，并不得含有下列内容：

（一）对未来效果、收益或者与其相关的情况作出保证性承诺，明示或者暗示保本、无风险或者保收益等，国家另有规定的除外；

（二）利用学术机构、行业协会、专业人士、受益者的名义或者形象作推荐、证明。

第二十六条　房地产广告，房源信息应当真实，面积应当表明为建筑面积或者套内建筑面积，并不得含有下列内容：

（一）升值或者投资回报的承诺；

（二）以项目到达某一具体参照物的所需时间表示项目位置；

（三）违反国家有关价格管理的规定；

（四）对规划或者建设中的交通、商业、文化教育设施以及其他市政条件作误导宣传。

第二十七条　农作物种子、林木种子、草种子、种畜禽、水产苗种和种养殖广告关于品种名称、生产性能、生长量或者产量、品质、抗性、特殊使用价值、经济价值、适宜种植或者养殖

的范围和条件等方面的表述应当真实、清楚、明白,并不得含有下列内容:

(一)作科学上无法验证的断言;

(二)表示功效的断言或者保证;

(三)对经济效益进行分析、预测或者作保证性承诺;

(四)利用科研单位、学术机构、技术推广机构、行业协会或者专业人士、用户的名义或者形象作推荐、证明。

第二十八条 广告以虚假或者引人误解的内容欺骗、误导消费者的,构成虚假广告。

广告有下列情形之一的,为虚假广告:

(一)商品或者服务不存在的;

(二)商品的性能、功能、产地、用途、质量、规格、成分、价格、生产者、有效期限、销售状况、曾获荣誉等信息,或者服务的内容、提供者、形式、质量、价格、销售状况、曾获荣誉等信息,以及与商品或者服务有关的允诺等信息与实际情况不符,对购买行为有实质性影响的;

(三)使用虚构、伪造或者无法验证的科研成果、统计资料、调查结果、文摘、引用语等信息作证明材料的;

(四)虚构使用商品或者接受服务的效果的;

(五)以虚假或者引人误解的内容欺骗、误导消费者的其他情形。

第三章 广告行为规范

第二十九条 广播电台、电视台、报刊出版单位从事广告发布业务的,应当设有专门从事广告业务的机构,配备必要的人员,具有与发布广告相适应的场所、设备,并向县级以上地方工商行政管理部门办理广告发布登记。

第三十条 广告主、广告经营者、广告发布者之间在广告活动中应当依法订立书面合同。

第三十一条 广告主、广告经营者、广告发布者不得在广告活动中进行任何形式的不正当竞争。

第三十二条 广告主委托设计、制作、发布广告,应当委托具有合法经营资格的广告经营者、广告发布者。

第三十三条 广告主或者广告经营者在广告中使用他人名义或者形象的,应当事先取得其书面同意;使用无民事行为能力人、限制民事行为能力人的名义或者形象的,应当事先取得其监护人的书面同意。

第三十四条 广告经营者、广告发布者应当按照国家有关规定,建立、健全广告业务的承接登记、审核、档案管理制度。

广告经营者、广告发布者依据法律、行政法规查验有关证明文件,核对广告内容。对内容不符或者证明文件不全的广告,广告经营者不得提供设计、制作、代理服务,广告发布者不得发布。

第三十五条 广告经营者、广告发布者应当公布其收费标准和收费办法。

第三十六条 广告发布者向广告主、广告经营者提供的覆盖率、收视率、点击率、发行量等资料应当真实。

第三十七条 法律、行政法规规定禁止生产、销售的产品或者提供的服务,以及禁止发布广告的商品或者服务,任何单位或者个人不得设计、制作、代理、发布广告。

第三十八条 广告代言人在广告中对商品、服务作推荐、证明,应当依据事实,符合本法和有关法律、行政法规规定,并不得为其未使用过的商品或者未接受过的服务作推荐、证明。

不得利用不满十周岁的未成年人作为广告代言人。

对在虚假广告中作推荐、证明受到行政处罚未满三年的自然人、法人或者其他组织,不得利用其作为广告代言人。

第三十九条 不得在中小学校、幼儿园内开展广告活动,不得利用中小学生和幼儿的教材、教辅材料、练习册、文具、教具、校服、校车等发布或者变相发布广告,但公益广告除外。

第四十条 在针对未成年人的大众传播媒介上不得发布医疗、药品、保健食品、医疗器械、化妆品、酒类、美容广告,以及不利于未成年人身心健康的网络游戏广告。

针对不满十四周岁的未成年人的商品或者服务的广告不得含有下列内容:

(一)劝诱其要求家长购买广告商品或者服务;

(二)可能引发其模仿不安全行为。

第四十一条 县级以上地方人民政府应当组织有关部门加强对利用户外场所、空间、设施等发布户外广告的监督管理,制定户外广告设置规划和安全要求。

户外广告的管理办法,由地方性法规、地方政府规章规定。

第四十二条 有下列情形之一的,不得设置户外广告:

(一)利用交通安全设施、交通标志的;

(二)影响市政公共设施、交通安全设施、交通标志、消防设施、消防安全标志使用的;

(三)妨碍生产或者人民生活,损害市容市貌的;

(四)在国家机关、文物保护单位、风景名胜区等的建筑控制地带,或者县级以上地方人民政府禁止设置户外广告的区域设置的。

第四十三条 任何单位或者个人未经当事人同意或者请求,不得向其住宅、交通工具等发送广告,也不得以电子信息方式向其发送广告。

以电子信息方式发送广告的,应当明示发送者的真实身份和联系方式,并向接收者提供拒绝继续接收的方式。

第四十四条 利用互联网从事广告活动,适用本法的各项规定。

利用互联网发布、发送广告,不得影响用户正常使用网络。在互联网页面以弹出等形式发布的广告,应当显著标明关闭标志,确保一键关闭。

第四十五条 公共场所的管理者或者电信业务经营者、互联网信息服务提供者对其明知或者应知的利用其场所或者信息传输、发布平台发送、发布违法广告的,应当予以制止。

第四章 监督管理

第四十六条 发布医疗、药品、医疗器械、农药、兽药和保健食品广告,以及法律、行政法

规规定应当进行审查的其他广告,应当在发布前由有关部门(以下称广告审查机关)对广告内容进行审查;未经审查,不得发布。

第四十七条　广告主申请广告审查,应当依照法律、行政法规向广告审查机关提交有关证明文件。

广告审查机关应当依照法律、行政法规规定作出审查决定,并应当将审查批准文件抄送同级工商行政管理部门。广告审查机关应当及时向社会公布批准的广告。

第四十八条　任何单位或者个人不得伪造、变造或者转让广告审查批准文件。

第四十九条　工商行政管理部门履行广告监督管理职责,可以行使下列职权:

(一)对涉嫌从事违法广告活动的场所实施现场检查;

(二)询问涉嫌违法当事人或者其法定代表人、主要负责人和其他有关人员,对有关单位或者个人进行调查;

(三)要求涉嫌违法当事人限期提供有关证明文件;

(四)查阅、复制与涉嫌违法广告有关的合同、票据、账簿、广告作品和其他有关资料;

(五)查封、扣押与涉嫌违法广告直接相关的广告物品、经营工具、设备等财物;

(六)责令暂停发布可能造成严重后果的涉嫌违法广告;

(七)法律、行政法规规定的其他职权。

工商行政管理部门应当建立健全广告监测制度,完善监测措施,及时发现和依法查处违法广告行为。

第五十条　国务院工商行政管理部门会同国务院有关部门,制定大众传播媒介广告发布行为规范。

第五十一条　工商行政管理部门依照本法规定行使职权,当事人应当协助、配合,不得拒绝、阻挠。

第五十二条　工商行政管理部门和有关部门及其工作人员对其在广告监督管理活动中知悉的商业秘密负有保密义务。

第五十三条　任何单位或者个人有权向工商行政管理部门和有关部门投诉、举报违反本法的行为。工商行政管理部门和有关部门应当向社会公开受理投诉、举报的电话、信箱或者电子邮件地址,接到投诉、举报的部门应当自收到投诉之日起七个工作日内,予以处理并告知投诉、举报人。

工商行政管理部门和有关部门不依法履行职责的,任何单位或者个人有权向其上级机关或者监察机关举报。接到举报的机关应当依法作出处理,并将处理结果及时告知举报人。

有关部门应当为投诉、举报人保密。

第五十四条　消费者协会和其他消费者组织对违反本法规定,发布虚假广告侵害消费者合法权益,以及其他损害社会公共利益的行为,依法进行社会监督。

第五章　法律责任

第五十五条　违反本法规定,发布虚假广告的,由工商行政管理部门责令停止发布广告,责令广告主在相应范围内消除影响,处广告费用三倍以上五倍以下的罚款,广告费用无法计算或者明显偏低的,处二十万元以上一百万元以下的罚款;两年内有三次以上违法行为或者有其他严重情节的,处广告费用五倍以上十倍以下的罚款,广告费用无法计算或者明显偏低的,处一百万元以上二百万元以下的罚款,可以吊销营业执照,并由广告审查机关撤销广告审查批准文件、一年内不受理其广告审查申请。

医疗机构有前款规定违法行为,情节严重的,除由工商行政管理部门依照本法处罚外,卫生行政部门可以吊销诊疗科目或者吊销医疗机构执业许可证。

广告经营者、广告发布者明知或者应知广告虚假仍设计、制作、代理、发布的,由工商行政管理部门没收广告费用,并处广告费用三倍以上五倍以下的罚款,广告费用无法计算或者明显偏低的,处二十万元以上一百万元以下的罚款;两年内有三次以上违法行为或者有其他严重情节的,处广告费用五倍以上十倍以下的罚款,广告费用无法计算或者明显偏低的,处一百万元以上二百万元以下的罚款,并可以由有关部门暂停广告发布业务、吊销营业执照、吊销广告发布登记证件。

广告主、广告经营者、广告发布者有本条第一款、第三款规定行为,构成犯罪的,依法追究刑事责任。

第五十六条 违反本法规定,发布虚假广告,欺骗、误导消费者,使购买商品或者接受服务的消费者的合法权益受到损害的,由广告主依法承担民事责任。广告经营者、广告发布者不能提供广告主的真实名称、地址和有效联系方式的,消费者可以要求广告经营者、广告发布者先行赔偿。

关系消费者生命健康的商品或者服务的虚假广告,造成消费者损害的,其广告经营者、广告发布者、广告代言人应当与广告主承担连带责任。

前款规定以外的商品或者服务的虚假广告,造成消费者损害的,其广告经营者、广告发布者、广告代言人,明知或者应知广告虚假仍设计、制作、代理、发布或者作推荐、证明的,应当与广告主承担连带责任。

第五十七条 有下列行为之一的,由工商行政管理部门责令停止发布广告,对广告主处二十万元以上一百万元以下的罚款,情节严重的,并可以吊销营业执照,由广告审查机关撤销广告审查批准文件、一年内不受理其广告审查申请;对广告经营者、广告发布者,由工商行政管理部门没收广告费用,处二十万元以上一百万元以下的罚款,情节严重的,并可以吊销营业执照、吊销广告发布登记证件:

(一)发布有本法第九条、第十条规定的禁止情形的广告的;

(二)违反本法第十五条规定发布处方药广告、药品类易制毒化学品广告、戒毒治疗的医疗器械和治疗方法广告的;

(三)违反本法第二十条规定,发布声称全部或者部分替代母乳的婴儿乳制品、饮料和其他食品广告的;

(四)违反本法第二十二条规定发布烟草广告的;

(五)违反本法第三十七条规定,利用广告推销禁止生产、销售的产品或者提供的服务,或者禁止发布广告的商品或者服务的；

（六）违反本法第四十条第一款规定，在针对未成年人的大众传播媒介上发布医疗、药品、保健食品、医疗器械、化妆品、酒类、美容广告，以及不利于未成年人身心健康的网络游戏广告的。

第五十八条 有下列行为之一的，由工商行政管理部门责令停止发布广告，责令广告主在相应范围内消除影响，处广告费用一倍以上三倍以下的罚款，广告费用无法计算或者明显偏低的，处十万元以上二十万元以下的罚款；情节严重的，处广告费用三倍以上五倍以下的罚款，广告费用无法计算或者明显偏低的，处二十万元以上一百万元以下的罚款，可以吊销营业执照，并由广告审查机关撤销广告审查批准文件、一年内不受理其广告审查申请：

（一）违反本法第十六条规定发布医疗、药品、医疗器械广告的；

（二）违反本法第十七条规定，在广告中涉及疾病治疗功能，以及使用医疗用语或者易使推销的商品与药品、医疗器械相混淆的用语的；

（三）违反本法第十八条规定发布保健食品广告的；

（四）违反本法第二十一条规定发布农药、兽药、饲料和饲料添加剂广告的；

（五）违反本法第二十三条规定发布酒类广告的；

（六）违反本法第二十四条规定发布教育、培训广告的；

（七）违反本法第二十五条规定发布招商等有投资回报预期的商品或者服务广告的；

（八）违反本法第二十六条规定发布房地产广告的；

（九）违反本法第二十七条规定发布农作物种子、林木种子、草种子、种畜禽、水产苗种和种养殖广告的；

（十）违反本法第三十八条第二款规定，利用不满十周岁的未成年人作为广告代言人的；

（十一）违反本法第三十八条第三款规定，利用自然人、法人或者其他组织作为广告代言人的；

（十二）违反本法第三十九条规定，在中小学校、幼儿园内或者利用与中小学生、幼儿有关的物品发布广告的；

（十三）违反本法第四十条第二款规定，发布针对不满十四周岁的未成年人的商品或者服务的广告的；

（十四）违反本法第四十六条规定，未经审查发布广告的。

医疗机构有前款规定违法行为，情节严重的，除由工商行政管理部门依照本法处罚外，卫生行政部门可以吊销诊疗科目或者吊销医疗机构执业许可证。

广告经营者、广告发布者明知或者应知有本条第一款规定违法行为仍设计、制作、代理、发布的，由工商行政管理部门没收广告费用，并处广告费用一倍以上三倍以下的罚款，广告费用无法计算或者明显偏低的，处十万元以上二十万元以下的罚款；情节严重的，处广告费用三倍以上五倍以下的罚款，广告费用无法计算或者明显偏低的，处二十万元以上一百万元以下的罚款，并可以由有关部门暂停广告发布业务、吊销营业执照、吊销广告发布登记证件。

第五十九条 有下列行为之一的，由工商行政管理部门责令停止发布广告，对广告主处十万元以下的罚款：

（一）广告内容违反本法第八条规定的；

（二）广告引证内容违反本法第十一条规定的；

（三）涉及专利的广告违反本法第十二条规定的；

（四）违反本法第十三条规定,广告贬低其他生产经营者的商品或者服务的。

广告经营者、广告发布者明知或者应知有前款规定违法行为仍设计、制作、代理、发布的,由工商行政管理部门处十万元以下的罚款。

广告违反本法第十四条规定,不具有可识别性的,或者违反本法第十九条规定,变相发布医疗、药品、医疗器械、保健食品广告的,由工商行政管理部门责令改正,对广告发布者处十万元以下的罚款。

第六十条　违反本法第二十九条规定,广播电台、电视台、报刊出版单位未办理广告发布登记,擅自从事广告发布业务的,由工商行政管理部门责令改正,没收违法所得,违法所得一万元以上的,并处违法所得一倍以上三倍以下的罚款；违法所得不足一万元的,并处五千元以上三万元以下的罚款。

第六十一条　违反本法第三十四条规定,广告经营者、广告发布者未按照国家有关规定建立、健全广告业务管理制度的,或者未对广告内容进行核对的,由工商行政管理部门责令改正,可以处五万元以下的罚款。

违反本法第三十五条规定,广告经营者、广告发布者未公布其收费标准和收费办法的,由价格主管部门责令改正,可以处五万元以下的罚款。

第六十二条　广告代言人有下列情形之一的,由工商行政管理部门没收违法所得,并处违法所得一倍以上二倍以下的罚款：

（一）违反本法第十六条第一款第四项规定,在医疗、药品、医疗器械广告中作推荐、证明的；

（二）违反本法第十八条第一款第五项规定,在保健食品广告中作推荐、证明的；

（三）违反本法第三十八条第一款规定,为其未使用过的商品或者未接受过的服务作推荐、证明的；

（四）明知或者应知广告虚假仍在广告中对商品、服务作推荐、证明的。

第六十三条　违反本法第四十三条规定发送广告的,由有关部门责令停止违法行为,对广告主处五千元以上三万元以下的罚款。

违反本法第四十四条第二款规定,利用互联网发布广告,未显著标明关闭标志,确保一键关闭的,由工商行政管理部门责令改正,对广告主处五千元以上三万元以下的罚款。

第六十四条　违反本法第四十五条规定,公共场所的管理者和电信业务经营者、互联网信息服务提供者,明知或者应知广告活动违法不予制止的,由工商行政管理部门没收违法所得,违法所得五万元以上的,并处违法所得一倍以上三倍以下的罚款,违法所得不足五万元的,并处一万元以上五万元以下的罚款；情节严重的,由有关部门依法停止相关业务。

第六十五条　违反本法规定,隐瞒真实情况或者提供虚假材料申请广告审查的,广告审

查机关不予受理或者不予批准,予以警告,一年内不受理该申请人的广告审查申请;以欺骗、贿赂等不正当手段取得广告审查批准的,广告审查机关予以撤销,处十万元以上二十万元以下的罚款,三年内不受理该申请人的广告审查申请。

第六十六条 违反本法规定,伪造、变造或者转让广告审查批准文件的,由工商行政管理部门没收违法所得,并处一万元以上十万元以下的罚款。

第六十七条 有本法规定的违法行为的,由工商行政管理部门记入信用档案,并依照有关法律、行政法规规定予以公示。

第六十八条 广播电台、电视台、报刊音像出版单位发布违法广告,或者以新闻报道形式变相发布广告,或者以介绍健康、养生知识等形式变相发布医疗、药品、医疗器械、保健食品广告,工商行政管理部门依照本法给予处罚的,应当通报新闻出版广电部门以及其他有关部门。新闻出版广电部门以及其他有关部门应当依法对负有责任的主管人员和直接责任人员给予处分;情节严重的,并可以暂停媒体的广告发布业务。

新闻出版广电部门以及其他有关部门未依照前款规定对广播电台、电视台、报刊音像出版单位进行处理的,对负有责任的主管人员和直接责任人员,依法给予处分。

第六十九条 广告主、广告经营者、广告发布者违反本法规定,有下列侵权行为之一的,依法承担民事责任:

(一)在广告中损害未成年人或者残疾人的身心健康的;

(二)假冒他人专利的;

(三)贬低其他生产经营者的商品、服务的;

(四)在广告中未经同意使用他人名义或者形象的;

(五)其他侵犯他人合法民事权益的。

第七十条 因发布虚假广告,或者有其他本法规定的违法行为,被吊销营业执照的公司、企业的法定代表人,对违法行为负有个人责任的,自该公司、企业被吊销营业执照之日起三年内不得担任公司、企业的董事、监事、高级管理人员。

第七十一条 违反本法规定,拒绝、阻挠工商行政管理部门监督检查,或者有其他构成违反治安管理行为的,依法给予治安管理处罚;构成犯罪的,依法追究刑事责任。

第七十二条 广告审查机关对违法的广告内容作出审查批准决定的,对负有责任的主管人员和直接责任人员,由任免机关或者监察机关依法给予处分;构成犯罪的,依法追究刑事责任。

第七十三条 工商行政管理部门对在履行广告监测职责中发现的违法广告行为或者对经投诉、举报的违法广告行为,不依法予以查处的,对负有责任的主管人员和直接责任人员,依法给予处分。

工商行政管理部门和负责广告管理相关工作的有关部门的工作人员玩忽职守、滥用职权、徇私舞弊的,依法给予处分。

有前两款行为,构成犯罪的,依法追究刑事责任。

第六章　附　　则

第七十四条　国家鼓励、支持开展公益广告宣传活动,传播社会主义核心价值观,倡导文明风尚。

大众传播媒介有义务发布公益广告。广播电台、电视台、报刊出版单位应当按照规定的版面、时段、时长发布公益广告。公益广告的管理办法,由国务院工商行政管理部门会同有关部门制定。

第七十五条　本法自 2015 年 9 月 1 日起施行。

参 考 文 献

[1] 赵兴元.广告原理与实务[M].大连:东北财经大学出版社,2006.
[2] 商荣华,金依明.广告实务[M].大连:大连理工大学出版社,2007.
[3] 王亚炜.广告学概论[M].兰州:甘肃教育出版社,2007.
[4] 赵爱琴.现代广告学教程[M].北京:北京工业大学出版社,2002.
[5] 陈培爱.广告学概论[M].北京:高等教育出版社,2004.
[6] 丁俊杰,康瑾.现代广告通论[M].2版.北京:中国传媒大学出版社,2007.
[7] 刘志明,倪宁.广告传播学[M].北京:中国人民大学出版社,1991.
[8] 李彬.大众传播学[M].北京:中央广播电视大学出版社,2004.
[9] 刘世军,继红.市场中的"魔鬼"——现代广告[M].北京:中国经济出版社,1994.
[10] 李东进.现代广告——原理与探索[M].北京:企业管理出版社,2000.
[11] 王国全.新广告学[M].广州:广东人民出版社,2002.
[12] 江帆.媒介广告策略[M].杭州:浙江大学出版社,2004.
[13] 王晓,付平.当代中国广告透视[M].北京:中央编译出版社,2004.
[14] 何佳讯.广告案例教程[M].上海:复旦大学出版社,2002.
[15] 吕巍.广告学[M].北京:北京师范大学出版社,2007.
[16] 陈俊良.广告媒介研究——当代广告媒介的选择依据[M].北京:中国物价出版社,1997.
[17] 钟以谦.媒介与广告[M].北京:中国人民大学出版社,2001.
[18] 舒咏平.广告调查[M].武汉:武汉大学出版社,2006.
[19] 黄升民,黄京华,王冰.广告调查[M].2版.北京:中国物价出版社,2002.
[20] 宋小敏.市场营销实例与评析[M].武汉:武汉工业大学出版社,1992.
[21] 余明阳,陈先红.广告策划创意学[M].上海:复旦大学出版社,2001.
[22] 黄合水.广告心理学[M].上海:复旦大学出版社,2003.
[23] 缪启军.广告实务[M].南京:东南大学出版社,2006.
[24] 倪宁.广告学教程[M].2版.北京:中国人民大学出版社,2004.
[25] 马谋超.广告心理[M].3版.北京:中国市场出版社,2008.
[26] 韩平.广告策划与创意[M].北京:高等教育出版社,2006.
[27] 赵洁.广告创意与表现[M].武汉:武汉大学出版社,2007.
[28] 王中义.广告创意思维[M].合肥:合肥工业大学出版社,2005.
[29] 大卫·奥格威.一个广告人的自白[M].北京:中国友谊出版社,1991.
[30] 郑小兰,谢璐.广告原理与实务[M].北京:北京大学出版社,2007.
[31] 丁柏铨.文案写作教程[M].上海:复旦大学出版社,2005.
[32] 杨先顺,陈韵博.广告文案写作原理与技巧[M].2版.广州:暨南大学出版社,2004.

[33] 刘友林.广告运作实务[M].北京:中国广播电视出版社,2003.
[34] 何辉.当代广告学教程[M].北京:北京广播学院出版社,2004.
[35] 伊春兰.广告运动战略与策略[M].北京:中国市场出版社,2007.
[36] 良绪敏,石束.广告策划[M].济南:山东大学出版社,2004.
[37] 吴柏林.广告学原理[M].北京:清华大学出版社,2009.
[38] 何修猛.现代广告学[M].上海:复旦大学出版社,2008.
[39] 苗杰,李国强.现代广告学[M].北京:中国人民大学出版社,2008.
[40] Arens W F.当代广告学(第7版)[M].丁俊杰,等译.北京:华夏出版社,2001.
[41] Wells W.广告学原理和实务(第5版)[M].张红霞、杨翌昀译.昆明:云南大学出版社,2001.